Bibel
für Kinder

In die
deutsche Sprache übertragen
von
Dr. Kurt Heinrich Hansen

Bibel für Kinder

nacherzählt von
Bridget Hadaway
und
Jean Atcheson

BUCH UND ZEIT VERLAGSGESELLSCHAFT MBH, Köln

Titel der Originalausgabe: BIBLE FOR CHILDREN
Text © 1973 by Octopus Books Ltd
Illustrationen © 1973 L'Esperto S.p.A., Milan-Octopus
Books Ltd, London
© deutscher Text by Olde Hansen Verlag, Hamburg
Exklusivausgabe für BUCH UND ZEIT VERLAGSGESELLSCHAFT MBH, Köln
© dieser Ausgabe by Verlag Carl Ueberreuter, Wien

Vorwort

Jedes Kind wird, – sei es in der Schule, beim Spielen mit Kameraden oder zu Haus –, Geschichten aus der Bibel hören, die neugierige Fragen an die Eltern unweigerlich nach sich ziehen. Denken wir nur an die Ursprünge und Hintergründe des Weihnachts-, Oster- oder Pfingstfestes. Diese Kinderbibel hilft all jenen, die Antworten auf diese Fragen finden wollen.

Mit den Augen der Kinder gesehen und in der Sprache der Kinder erzählt, werden die biblischen Geschichten besonders anschaulich dargestellt. Der Verlag war sich durchaus der Schwierigkeit bewußt, die eine Nacherzählung und vor allem eine Illustration der Bibel für Kinder mit sich bringt. Wertvolle Hilfe fanden wir bei Müttern und Kindern aus allen Schichten der Bevölkerung, die uns Anregungen für die Wahl der Sprache und die Gestaltung der farbigen Zeichnungen gaben. Die eindrucksvollen Bilder, an denen gerade junge Leser große Freude haben werden, sind in ihrer Veranschaulichung der biblischen Ereignisse besonders gewinnbringend und nützlich.

Der Entschluß, die Kinderbibel für den deutschen Sprachraum zu veröffentlichen, fiel uns schon deshalb nicht schwer, weil eine Nacherzählung der biblischen Geschehnisse in unserer Sprache besonders viel Freude bereitete.

Der Verlag wünscht seinen kleinen und großen Lesern, daß mit diesem Versuch, die Schriften und Bücher der Bibel für Kinder zu erzählen und zu zeichnen, das Verständnis der Heiligen Schrift erleichtert wird.

Das Alte Testament

INHALT

Die Schöpfung	10
Der Garten Eden und die Schlange	12
Kain und Abel	14
Die Sintflut	16
Der Turmbau zu Babel	19
Abrams Berufung	20
Abram und Lot	22
Lots Frau	23
Abrams Traum	24
Isaak und Rebekka	26
Esau und Jakob	29
Jakobs Leiter	32
Jakob und Rahel	34
Jakob und Esau werden wieder Freunde	36
Joseph und seine Brüder	38
Joseph im Haus Potiphars	41
Pharaos Träume	44
Josephs Brüder in Ägypten	47
Jakobs Reise nach Ägypten	50
Die Hungersnot	52
Moses Geburt	54
Moses in Midian	56

Die Stimme aus dem brennenden Busch	58
Pharao und die Israeliten	60
Ägypten wird von Plagen heimgesucht	62
Die Stiftung des Passahmahls	64
Die Nacht des Passahfestes	66
Der Zug durch das Rote Meer	68
Die Israeliten finden Nahrung	71
Wasser aus dem Felsen	72
Der Sieg über die Amalekiter	74
Jethros Rat an Moses	76
Die Zehn Gebote	77
Die Bundeslade	80
Das goldene Kalb	82
Der erneuerte Bund	84
Der Aufbruch von Sinai	86
Die zwölf Kundschafter	88
Der König von Edom	90
König Balak und der Weise Bileam	91
Bileam und der Engel	92
Moses Tod	94
Die Eroberung Kanaans	96
Der Fall von Jericho	98
Josua erobert Kanaan	100
Gideon besiegt die Midianiter	103

Jotham und Abimelech	106
Jephtas Gelübde	108
Simson und Delila	110
Ruth und Naemi	114
Ruth und Boas	116
Samuel, Kind des Herrn	118
Samuel und Saul	120
Saul wird zum König gewählt	122
Jonathan bricht ein Gelübde	123
Sauls Ungehorsam vor Gott	124
David, der Sohn Jsais	125
David und Goliath	127
Sauls Eifersucht auf David	130
David heiratet Sauls Tochter	132
David und Jonathan	134
David und Abigail	136
David, König von Israel	137
David und Bathseba	139
David und Absalom	141
Davids Tod	143
Salomo wird König	144
Das Urteil Salomos	145
Der Bau des Tempels	148
Der Besuch der Königin von Saba	150

Elia wird von den Raben ernährt	153
Die Priester Baals	154
Die leise Stimme Gottes	156
Naboths Weingarten	157
Elias Himmelfahrt	158
Elisa heilt Naemen	160
Ahab wird auf Anstiftung Elisas gestürzt	162
Joas wird König	164
Elisas Tod	165
Josia und die Weissagungen Jesajas	167
Fall und Untergang Jerusalems	168
Die Juden in babylonischer Gefangenschaft	170
Der Traum des Königs	172
Das goldene Standbild	173
Sadrach, Mesach und Abed-Nego	175
Die Deutung und Erfüllung des Traumes	178
Die Schrift an der Wand	180
Daniel in der Löwengrube	182
Neubau des Tempels	185
Die Mauer wird wieder aufgebaut	186
Esther	188
Gott prüft Hiob	190
Jona und der Wal	191

Die Schöpfung

Bevor du und ich und die Kontinente und Meere, die Welt selbst und die Sterne und das Weltall erschaffen wurden, nahm sich Gott vor, die Erde zu schaffen. Zuerst machte er den Himmel und die Erde, eine Masse aus wirbelnden Wolken und Dämpfen ohne Form oder Festigkeit. Und alles war finster.

Gott sah, daß er noch ganz am Anfang stand. Er sagte: »Es werde Licht«, und es wurde Licht, und Gott trennte das Licht von der Finsternis und machte den Tag und die Nacht.

Aber noch hatte das alles keine Gestalt, und so trennte Gott den Himmel von der Erde und setzte das eine auf das andere.

Auf der Erde sammelte Gott alles Wasser, um daraus die Meere zu machen. Er schuf das trockene Land und ließ auf dem Land Gras wachsen. Er schuf Pflanzen, Samen und Bäume, die Früchte hervorbrachten. Und als er sah, was er gemacht hatte, fand er es gut.

Um die Jahreszeiten, die Tage und die Jahre voneinander zu unterscheiden, schuf Gott die Sonne und den Mond und die Sterne am Himmel, und das alles gefiel ihm.

Dann schuf Gott die Geschöpfe, die auf der Erde leben sollten. Er schuf große Wale und die kleineren Fische und alles, was sich in den Wassern regt, und er schuf die Vögel. Er freute sich daran, und er segnete sie und sprach: »Seid fruchtbar und erfüllt die Wasser der Meere und die Luft unter dem Himmel.«

Und er schuf auch die vielen anderen Geschöpfe, die auf der Erde leben – Raubtiere und Insekten und die Würmer unter der Erde. Und es gefiel ihm, was er geschaffen hatte.

Schließlich sprach Gott: »Ich werde den Menschen schaffen. Nach meinem Ebenbild werde ich ihn schaffen und ihm Gewalt geben über alle Geschöpfe, die ich gemacht habe.« So schuf Gott den Mann und die Frau. Er segnete sie und gebot ihnen, sich zu vermehren und über die Erde zu herrschen.

Gott sprach: »Ich habe euch Pflanzen gegeben, die ihr essen sollt. Und ich habe dem Vieh und den anderen Tieren und allen Geschöpfen, die auf der Erde leben, Pflanzen gegeben.«

Dann betrachtete Gott alles, was er geschaffen hatte, und er sah, daß es gut war.

In sechs Tagen hatte Gott den Himmel und die Erde und alle Geschöpfe und Pflanzen geschaffen. Er hatte sein Werk vollendet.

Und so ruhte Gott am siebenten Tag. Er segnete den siebenten Tag und heiligte ihn in alle Ewigkeit.

Der Garten Eden und die Schlange

Als der erste Regen die Erde bewässert hatte, schuf Gott den Menschen. Er nahm Lehm und formte ihn nach seiner eigenen Gestalt. Dann blies er ihm Leben ein und gab dem Menschen eine lebendige Seele. Der Name des ersten Menschen war Adam. Gott gab ihm einen schönen Garten, in dem er leben sollte, und nannte ihn den Garten Eden, in den Gott Blumen und Früchte und Bäume aller Art gepflanzt hatte. Gott sagte zu Adam, er dürfte von allen Bäumen im Garten essen, nur von einem nicht, dem Baum der Erkenntnis des Guten und Bösen. »Ißt du dennoch von dem Baum«, sagte Gott zu Adam, »dann mußt du sterben.«

Adam war mit seinem Leben in dem Garten zufrieden, aber Gott sah, daß von allen Geschöpfen, die er gemacht hatte, nur der Mensch ohne Gefährtin war. Also versetzte Gott Adam in einen tiefen Schlaf, und während er schlief, nahm Gott eine Rippe aus Adams Rumpf. Aus dieser Rippe machte Gott eine Frau, deren Name Eva war und die Adams Weib und seine Gefährtin sein sollte.

Adam und Eva lebten glücklich miteinander. In dem Garten aber hauste ein Geschöpf, das

Unheil stiften wollte zwischen Gott und den Menschen. Das war die Schlange, die listiger war als alle Tiere, die Gott geschaffen hatte. Eines Tages fand die Schlange Eva allein im Garten und flüsterte ihr ins Ohr: »Ihr werdet nicht sterben, wenn ihr von den Früchten des Baumes der Erkenntnis des Guten und Bösen eßt. Ihr werdet dann alles wissen und beide sein wie Gott.«

Eva glaubte der Schlange und wollte wie Gott sein. Sie nahm von der Frucht und aß und gab sie Adam, der auch davon aß. Und mit einem Schlag änderte sich alles. Unglück überkam sie zum erstenmal, und sie fühlten sich schuldig. Sie schämten sich ihrer Nacktheit und flochten Feigenblätter, um sich zu bedecken.

Am Abend hörten sie Gott durch den Garten gehen, und sie versteckten sich hinter den Bäumen. Gott aber rief: »Adam, wo bist du?« Da mußte Adam aus seinem Versteck hervor-

kommen. »Ich habe deine Stimme gehört«, sagte er zu Gott, »und fürchtete mich, weil ich nackt bin, darum versteckte ich mich.«

»Wer hat dir gesagt, daß du nackt bist?« fragte Gott ihn. »Hast du von dem verbotenen Baum gegessen?« »Die Frau hat mich dazu verführt«, sagte Adam. »Warum hast du das getan?« fragte Gott Eva. »Die Schlange hat mich dazu verführt«, erwiderte sie.

Gott wurde sehr böse und verfluchte die Schlange. Dann wandte er sich an Adam und Eva. »Weil ihr mir nicht gehorcht habt«, sagte er, »werde ich euch aus dem Garten Eden in die Wildnis schicken, wo euch ein hartes Leben erwartet. Die Frau wird in Schmerzen gebären, und der Mann wird, bis er stirbt, schwer zu arbeiten haben, um die Früchte der Erde zu ernten. Aus Erde habe ich euch gemacht, und zu Erde sollt ihr werden.«

So mußten Adam und Eva den Garten verlassen, in dem sie so glücklich gewesen waren, und Gott entsandte einen Engel mit einem flammenden Schwert als Wächter, der ihnen die Rückkehr verwehren sollte.

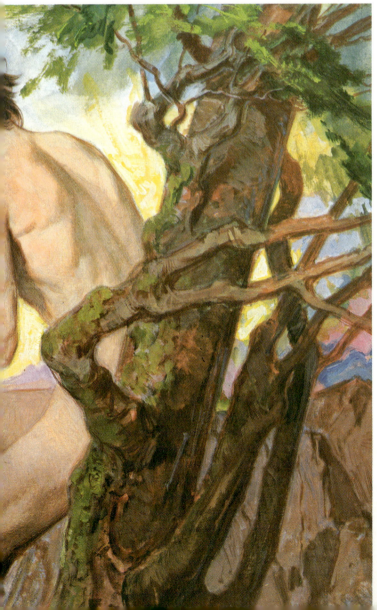

Kain und Abel

Für Adam und Eva war, wie Gott es gesagt hatte, das Leben außerhalb des Gartens schwer. Eva brachte einen Sohn zur Welt, den sie Kain nannten. Bald darauf gebar sie einen zweiten Sohn, dem sie den Namen Abel gaben. So hatten sie und Adam zwei Söhne, die ihnen bei der Ernte und der Aufzucht der Tiere helfen konnten. Als die Jungen aufwuchsen, wurde Kain Bauer und arbeitete auf den Feldern, während sich Abel als Hirte um die Schafe kümmerte.

Adam und Eva suchten Gott ihre Liebe und ihre Achtung zu beweisen, indem sie Opfer darbrachten. Sie bauten einen Altar aus Steinen, entzündeten ein Feuer und durchschnitten die Kehle des besten Lammes oder der besten Ziege ihrer Herde und ließen das Blut in eine Schüssel fließen. Dann verbrannten sie das Lamm oder die Ziege auf dem Altar. Sie brachten auch andere Opfer – Früchte, Gemüse und Korn –, aber immer nur von den besten Sorten, um Gott für seine Gaben zu danken.

Eines Tages brachten auch Kain und Abel Opfer. Kain nahm dazu Korn aus seiner Ernte und Abel Lämmer aus seiner Herde. Gott freute sich über Abels Opfer, weil er es gern dargebracht hatte; aber weil er wußte, daß sich Kain nur unwillig dazu bereit gefunden hatte, nahm er dessen Opfer nicht an. Da erboste Kain. »Warum bist du so wütend?« fragte ihn Gott. »Wenn du gutartig bist und gerne gibst, dann wird dein Opfer auch angenommen. Aber wenn deine Gedanken böse sind, dann wird das Böse über dich herrschen.«

Kains Wut aber legte sich nicht, er wurde nun auch noch eifersüchtig auf Abel, und als sie das nächste Mal gemeinsam aufs Feld gingen, erhob er sich gegen seinen Bruder und schlug Abel tot.

Als Kain nach Hause kam, fragte ihn Gott: »Wo ist dein Bruder Abel?« Und Kain antwortete: »Ich weiß nicht – ist es etwa meine Sache, mich darum zu kümmern, wo er ist?«

»Was hast du getan?« sagte Gott zu Kain. »Ich weiß, daß du deinen Bruder getötet hast – die Stimme seines Blutes schreit zu mir aus der Erde. Von jetzt an wirst du nicht mehr den Acker bebauen und seine Früchte ernten. Wie ein Fremder wirst du bis an das Ende deiner Tage unstet auf der Erde wandern und nirgendwo hingehören.«

»Ich soll dich also nie wiedersehen und nirgends ein Zuhause finden, und jeder, der mich trifft, soll mir nach dem Leben trachten«, versuchte Kain sich flehend zu verteidigen. »Eine so furchtbare Strafe kann ich nicht ertragen.«

Gott machte ein Zeichen an Kain, damit alle Menschen wüßten, daß er seinen Bruder umgebracht hatte und keiner ihn töten würde. So würde er bis ans Ende ohne Freunde bleiben und diese Strafe bis ans Ende seines Lebens erleiden müssen.

Die Sintflut

Jahre vergingen, und viele Menschen lebten auf Erden, aber ihre Niedertracht war groß. Sie stritten miteinander und bekämpften sich, sie stahlen und logen und betrogen sich gegenseitig, so daß Gott bereute, daß er Menschen geschaffen hatte, die ihm solchen Kummer bereiteten, und er sich entschloß, sie zu vernichten.

Ein Mann aber lebte unter ihnen, der war gut. Er hieß Noah, und Gott liebte ihn. Und so sprach er mit Noah und erzählte ihm, was er vorhatte. Er wollte es so lange regnen lassen, daß alles auf Erden in einer großen Sintflut ertrinken würde.

Als Noah das hörte, packte ihn die Angst, Gott aber sagte: »Mach dir keine Sorgen, Noah, du bist ein guter Mensch, und ich werde weder dich und deine Frau noch deine Söhne

und ihre Frauen vernichten. Aber du mußt genau das tun, was ich dir sage, weil du dich nur so vor der Flut retten kannst.«

Gott befahl Noah, ein großes Boot zu bauen, eine Arche. Sie sollte 130 Meter lang, 23 Meter breit und 13 Meter hoch sein. Bauen sollte er sie aus Zypressenholz, sie mit Schilf abdecken und innen und außen mit Teer streichen. Noah schlug Holz und zersägte es, machte daraus Planken und bog es zu Spanten. Er baute drei Decks, brachte an einer Seite ein großes Tor an und sägte oben ein Fenster aus.

Seine Nachbarn lachten ihn aus, als sie ihn die Arche bauen sahen. »Warum baust du ein Boot – wir sind hier nicht am Meer. Du hast den Verstand verloren«, sagten sie.

Aber Noah ließ sie reden.

»Diese Arche ist nicht nur für dich bestimmt«, sagte Gott zu Noah. »Ich will, daß du von allen Tieren und allen Vögeln und Reptilien ein Männchen und ein Weibchen aussuchst und sie mit dir in die Arche nimmst. Geh jetzt und sammle Nahrung, soviel du für dich und für sie finden kannst. Du wirst auf der langen Reise, die du vor dir hast, viel brauchen.«

Als Noahs Nachbarn ihn und seine Familie die Arche mit Früchten und Getreide, mit Laub und Heu beladen sahen, da johlten sie noch lauter als vorher. Aber Noah und seine Familie kümmerten sich nicht um sie und ließen sich nicht in ihrer Arbeit stören. Zwei Tiere und Vögel und Reptilien von jeder Gattung brauchen eine Menge Futter. Und schon sehr bald würde es anfangen zu regnen.

Als die Ladung verstaut war, holten Noah und seine Frau, seine Söhne und deren Frauen die Tiere. Sie folgten Noah Paar für Paar in die Arche. Kaum waren alle an Bord, da fielen schon die ersten Regentropfen.

Es regnete und regnete. Schon bald hob sich die Arche und begann zu schwimmen, das Wasser aber stieg und stieg, bis es die Berggipfel bedeckte und alle lebenden Geschöpfe, die nicht in der Arche waren, ertränkte. Aber immer noch regnete es. 40 Tage und Nächte lang, und als schließlich der Regen aufhörte, bedeckte die Flut 150 Tage lang die Erde.

Gott aber hatte Noah und die Arche nicht vergessen und ließ einen heftigen Wind aufkommen, der das Flutwasser allmählich vertrieb. Die Arche aber kam auf dem Rücken eines Berges zur Ruhe. Noah ließ Vögel ausfliegen, um zu erfahren, ob sie trockenes Land finden würden, auf dem sie sich niederlassen könnten. Doch überall war noch Wasser. Da schickte Noah eines Tages eine Taube aus, die am Abend mit einem Olivenzweig im Schnabel zurückkam. An einigen Stellen mußte das Wasser also gefallen sein. Als Noah die Taube ein zweites Mal ausfliegen ließ, kam sie nicht zurück, und so wußte er, daß die Gefahr vorüber war und er die Arche verlassen konnte.

Also kamen Noah und seine Familie und alle Geschöpfe, die sie mitgenommen hatten, aus der Arche heraus und betraten das trockene Land. Noah baute einen Altar und brachte zum Dank ein Opfer dar. Das gefiel Gott, und er segnete Noah und seine Familie: »Seid fruchtbar und vermehrt euch und bevölkert die Erde wieder mit Menschen.«

»Dir und all deinen Kindern«, sagte Gott, »verspreche ich, daß nie wieder eine Flut kommen und alles zerstören wird. In jede Regenwolke werde ich einen Regenbogen setzen. Immer, wenn du den siehst, sollst du dich an mein Versprechen erinnern, das für alle Zeit gilt.«

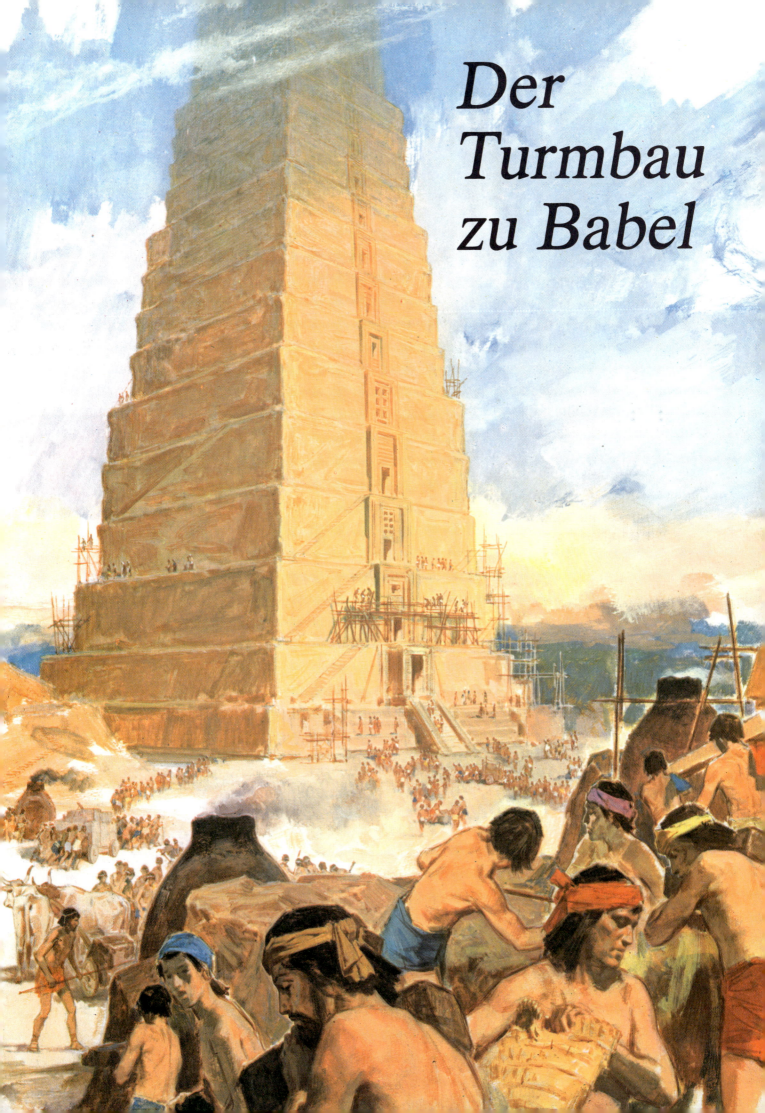

Der Turmbau zu Babel

Der Turmbau zu Babel

Alle Menschen sprachen einmal ein und dieselbe Sprache und verstanden sich untereinander. In jenen Tagen zogen die Leute nach Osten und suchten nach einem Ort, an dem sie sich ansiedeln könnten.

Als sie zu einer Ebene im Lande Sinear kamen, sagten sie: »Wie schön würde sich hier an Stelle dieser Wildnis eine Stadt machen! Wir werden die Bäume und Sträucher roden und Häuser und Alleen bauen. Und eine starke Mauer, die uns schützen soll. Wir werden Dome bauen, die in der Sonne glitzern, und Gärten mit Springbrunnen, in denen wir uns nach der Arbeit erfrischen. Wir werden tief in der Erde nach Quellen suchen und Türme bauen, die an den Himmel reichen. Wir werden einen Turm errichten, so hoch, daß er an Gott reicht.«

Nach einer Weile kam Gott zu ihnen herab und wurde sehr böse, als er ihre Stadt und ihren Turm sah. »Wenn die Menschen so etwas zu schaffen imstande sind«, sagte er sich, »dann gibt es nichts, was außer ihrer Macht stünde. Ich werde ihre Sprache verwirren, so daß keiner mehr wie der andere redet und sie sich nicht mehr verständigen können.«

Plötzlich konnte keiner mehr verstehen, was der andere zu ihm sagte. Eine furchtbare Verwirrung herrschte in der Stadt. Die Leute hörten auf zu arbeiten, zogen in verschiedenen Richtungen davon und verstreuten sich über die ganze Erde.

Die Stadt, die sie unvollendet zurückließen, erhielt den Namen Babel, weil dies der Ort war, an dem Gott aus der Sprache der Bewohner ein Gebabbel gemacht hatte.

Abrams Berufung

In der Stadt Haran im Lande Mesopotamien wohnte einst ein Mann mit Namen Abram. Abram war ein guter Mensch, und er liebte seine Frau Sarai, aber sie hatten keine Kinder miteinander. Eines Tages sagte Gott zu Abram: »Verlaß dein Haus und dein Land und deine Verwandten und geh in ein anderes Land, das ich dir zeigen will. Ich habe dich zum Vater eines großen Volkes erwählt und will dich segnen und dich so berühmt machen, daß die Menschen sich immer an dich erinnern werden. Alle, die dich segnen, will auch ich segnen, und wer dir flucht, den will auch ich verfluchen. Alle Geschlechter auf Erden werden darum beten, gesegnet zu werden, wie du gesegnet worden bist.«

Abram tat, was Gott ihm befohlen hatte, und verließ mit seiner Frau Sarai, seinem Neffen Lot, seinen Herden, seinem Geld und seinen Knechten die Stadt Haran. Sie reisten so lange, bis sie zu dem Land Kanaan kamen, das von den Kanaanitern bewohnt war. Und wieder erschien Gott dem Abram und sagte: »Dir und deinen Nachkommen gebe ich dieses Land auf alle Zeit.« Abram baute an der Stelle, wo er Gottes Stimme gehört hatte, einen Altar und opferte ihm. Dann wanderte er weiter zur Wüste Negev. Im Lande Kanaan herrschte eine große Hungersnot, und so führte Abram seine Familie nach Ägypten, um eine Zeitlang in diesem von Pharao regierten Land zu leben. Auf dem Wege dorthin sagte Abram zu Sarai: »Du bist eine so schöne Frau, daß ich fürchte, die Ägypter werden mich töten, um dich zu einer der Frauen von Pharao zu machen. Geben wir dich also als meine Schwester aus, nicht als meine Frau, dann werden sie mich, um deine Gunst zu erringen, gut behandeln.« Sarai war mit diesem Plan einverstanden.

Als sie in Ägypten ankamen, trat ein, was Abram vorausgesagt hatte. Pharaos Höflinge, als sie Sarai gesehen hatten, sagten zu ihrem König, wie schön sie sei und daß er sie zu seiner Frau machen solle. Darauf schickte Pharao dem Abram viele Geschenke, Schafe und Rinder und Esel und Kamele und außerdem männliche und weibliche Sklaven, und er nahm Sarai in sein Haus und beabsichtigte, sie zu einer seiner Frauen zu machen.

Aber Gott sorgte dafür, daß Pharao und alle seine Leute von einer schweren Krankheit befallen wurden. Pharao merkte wohl, daß Gott ihm dies wegen Sarai angetan hatte, und er rief Abram zu sich und sagte: »Warum hast du mich dazu gebracht, diesen furchtbaren Fehler zu begehen? Du hättest mir sagen sollen, daß sie deine Frau ist. Nimm sie mit dir und geh.«

Also verließ Abram Ägypten und ging mit Sarai, seinem Neffen Lot und allem Gold und Silber und dem Vieh, das er besaß, zurück in die Wüste Negev. Er war jetzt ein reicher Mann, denn Pharao hatte ihn großzügig beschenkt und nicht auf die Rückgabe der Geschenke bestanden, als er Ägypten verließ.

Gott sagte zu Abram: »Sieh um dich weit in die Ferne nach Norden und Süden und Westen und Osten. Dir und deinen Nachkommen will ich das Land, soweit du sehen kannst, auf alle Zeit geben. Deine Nachkommen sollen so zahlreich sein wie die Staubkörner auf der Erde. Gehe jetzt und erkunde das Land, denn es gehört dir.«

Darauf durchreiste Abram das Land, das Gott ihm gegeben hatte, in allen Richtungen und baute dem Herrn in der Ebene von Hebron einen Altar.

Abram und Lot

Als Abram darauf mit seinem Neffen Lot nach Kanaan zurückkehrte, merkte er, daß das Land arm war und er nicht genügend Nahrung und Wasser finden würde für seine Familie und die Knechte und sein eigenes und Lots Vieh. Streit brach aus zwischen Abrams Hirten und den Hirten von Lot. Da sagte Abram zu Lot: »Was sollen die Streitereien zwischen uns und unseren Hirten? Vor uns ist offenes Land. Warum trennen wir uns nicht? Gehst du nach links hinüber, dann gehe ich nach rechts; wenn du nach rechts hinüber willst, dann gehe ich nach links. Sag mir also, welchen Weg du gehen willst.«

Lot blickte sich um und sah, wie wasserreich das Land um den Jordan war. Es war so grün wie die Ebenen an den Ufern des Nils in Ägypten. So fiel die Wahl Lots auf die Gegend am Jordan. Dort zog er hin und siedelte sich in der Nähe von Sodom an.

Einige Zeit danach brach zwischen den Königen von fünf benachbarten Königreichen und vier Königen aus den Ländern um den Jordan ein Krieg aus; zwei von ihnen waren die Könige von Sodom und dessen Zwillingsstadt Gomorrha. Die vier Könige wurden geschlagen, und Lot und seine Familie gerieten zusammen mit ihnen in Gefangenschaft.

Als Abram hörte, daß sein Neffe gefangengenommen worden war, rief er seine Männer zusammen, jagte den Feinden nach und umzingelte sie bei Nacht.

Abram befreite Lot und die anderen Gefangenen und wurde wegen seiner Tapferkeit und seiner Rechtschaffenheit vom Hohenpriester gesegnet.

Lots Frau

Von den Bewohnern der Städte Sodom und Gomorrha war weit und breit bekannt, was für ein verdammenswertes Leben sie führten. Aber bevor Gott in seinem Zorn die beiden Städte zerstörte, schickte er zwei Boten nach Sodom, die feststellen sollten, ob es dort auch gute Menschen gäbe. Denn wenn es nur fünf Menschen wert gewesen wären, daß sie gerettet würden, dann hätte er auch alle anderen verschont.

Die Boten kamen am Abend nach Sodom und fanden dort Lot am Stadttor sitzen. Er hieß sie willkommen und lud sie ein, mit ihm zu essen und bei ihm im Hause zu übernachten.

Während sie bei Tisch saßen, kamen die Männer und schlugen gegen Lots Tür.

»Bring die Fremden zu uns heraus«, riefen sie. »Wir wollen unseren Spaß haben.«

»Nein!« rief Lot zurück.

»Dann bringen wir dich statt dessen um«, brüllten die Männer und versuchten, die Tür aufzubrechen, um sich Lot zu greifen. Aber Gott schlug sie einen wie den anderen mit Blindheit, so daß sie herumtappten.

»Flieh um dein Leben«, sagten die Boten Gottes zu Lot, »und nimm deine Frau und deine Töchter mit dir. Diese Leute müssen bestraft werden, aber seht euch nicht um und haltet nicht an, sonst wird euch wie sie das Verderben treffen.«

Darauf fachte Gott einen Sturm an, der wie der Ausbruch eines Vulkans war, und Feuer und Asche regneten auf Sodom und Gomorrha herab, und Erdbeben erschütterten die Stadt bis in die Grundmauern. Alles wurde vernichtet, nur Lot nicht, der mit seiner Frau und seinen Töchtern auf der Flucht war.

Lots Frau aber hielt an und blickte zurück, denn es fiel ihr nicht leicht, die Vergnügungen der Stadt hinter sich zu lassen – und auf der Stelle erstarrte sie zu einer Salzsäule.

Abrams Traum

Als Abram ein alter Mann war, erschien ihm Gott im Traum und sprach: »Fürchte dich nicht, Abram, denn ich will dich reich belohnen. Siehst du dort die Sterne am Himmel? So zahlreich wie diese Sterne sollen deine Nachkommen sein.«

»Aber Herr«, sagte Abram, »Sarai und ich hatten keine Kinder miteinander, und jetzt sind wir zu alt, um noch welche zu bekommen.«

»Hab Vertrauen zu mir«, sagte Gott zu ihm, »ich gebe dir jetzt ein Versprechen. Eine Zeitlang wird deine Familie in einem fremden Land leben, wo die Leute sich grausam an ihr vergreifen. Aber ich werde das Volk bestrafen, das sie zu Sklaven machte, und sie als reiche Leute nach Hause zurückschicken. Dieses Land Kanaan vom Nil bis zum Tigris gebe ich dir und deinen Nachkommen auf alle Zeit. Dein Name wird nun nicht mehr Abram sein, sondern Abraham, denn du wirst der Vater von vielen Völkern sein. Deine Aufgabe in dem Bund zwischen mir und dir wird es sein, daß du jeden Knaben, der in deinem Hause geboren wird, beschneiden läßt. Einen unbeschnittenen Mann werde ich nicht als Mitglied deiner Familie anerkennen.«

Danach sagte Gott: »Auch deine Frau Sarai wird einen anderen Namen erhalten, den Namen Sara. So alt sie ist, ich werd sie segnen, so daß sie dir einen Sohn schenkt, den du Isaak nennen sollst. Ismael, der Sohn, den du von der Sklavin Hagar hast, wird Vater von Prinzen und eines großen Volkes werden. Die Kinder von Isaak aber – deines und Saras Sohn – sind es,

die dann mein Versprechen erfüllen werden.«

Abraham und Sara warteten geduldig darauf, daß Gottes Versprechen erfüllt würde. Eines Tages erschienen drei Männer vor ihrem Zelt, und Abraham gab ihnen zu essen und Wasser, damit sie sich erfrischten. »Dein Sohn wird im Frühling geboren werden«, sagten die Männer, die von Gott als Boten geschickt waren.

Als der Frühling kam, brachte Sara einen Sohn zur Welt. Sie nannten ihn Isaak, und Abraham beschnitt ihn.

Als Isaak herangewachsen war, beschloß Gott, Abrahams Glaubensfestigkeit zu prüfen. Er befahl ihm, seinen Sohn in die Berge mitzunehmen und ihn statt des Lammes, das er gewöhnlich dem Herrn opferte, zu töten.

Abraham liebte Isaak innig, aber auch seine Liebe zu Gott war groß. Er brach schweren Herzens auf, und Isaak, das Holz für das Feuer unter den Armen, begleitete ihn in die Berge. Als sie an den Fuß der Berge kamen, sagte Isaak zu seinem Vater: »Vater, wir sind nun den ganzen Weg gegangen und haben kein Lamm als Opfer zur Ehre Gottes mitgenommen.« »Gott wird für das Opfer schon sorgen«, sagte Abraham.

Als sie an die rechte Stelle gekommen waren, baute Abraham aus Steinen einen Altar und entzündete darauf das Feuer. Dann fesselte er Isaak und wollte gerade das Messer heben, um den entsetzten Jungen zu töten, als Gott rief und ihm Einhalt gebot.

»Nicht weit ist ein Widder, der sich mit seinen Hörnern in einer Hecke verfangen hat. Nimm ihn als Opfer anstelle deines geliebten Sohnes. Du hast mir jetzt deinen Glauben und deine Liebe zu mir bewiesen.«

Abraham löste die Fesseln, umarmte Isaak und drückte ihn an sich. Sie fingen den Widder und opferten ihn, wie Gott es gesagt hatte. Dann gingen Vater und Sohn, von Freude und Glück erfüllt, nach Hause.

Isaak und Rebekka

Als Abraham schon sehr alt war, wollte er, daß sein Sohn Isaak sich eine Frau nähme. Aber er sollte keine Frau aus Kanaan heiraten, wohin Gott sie zuerst geschickt hatte; nur eine Frau aus seinem eigenen Land, aus Haran, weit im Norden, würde die richtige sein. Abraham rief einen alten, ihm lange vertrauten Knecht zu sich und sagte:

»Geh hin in das Land meiner Väter. Ich möchte, daß du unter den Töchtern dort eine Frau für Isaak aussuchst.«

Der Knecht sagte: »Aber wenn das Mädchen nun nicht mit mir in ein fremdes Land kommen will? Wäre es nicht besser, wenn dein Sohn sich selbst in deinem Land auf die Suche machte?«

Abraham antwortete: »Nein, Isaak darf diesen Ort nicht verlassen. Gott hat uns befohlen, uns hier niederzulassen, und er wird dich auf deinem Wege führen und dir das Mädchen zeigen, das die Frau meines Sohnes werden soll.«

So trat der Knecht mit zehn Kamelen und vielen Geschenken die Reise an. Es war Abend geworden, als er schließlich zur Stadt Haran kam. Er war nach der langen Reise müde, und so ließ er die Kamele an dem Brunnen niederknien, an dem er auf die Frauen wartete, die von der Stadt hierherkamen, um Wasser zu schöpfen. Er betete zu Gott um ein Zeichen, durch das er die Frau erkennen würde, die Isaaks Braut werden sollte.

Bevor er sein Gebet beendet hatte, kam ein schönes Mädchen mit einem Eimer auf der Schulter daher, das den Namen Rebekka trug und die Tochter von Abrahams Bruder Bethuel war. Als sie den Eimer sorgsam gefüllt hatte, bat Abrahams Knecht sie um einen Schluck von dem Wasser. Bereitwillig gab sie dem alten Mann zu trinken. Dann sagte sie: »Deine Kamele werden gewiß auch durstig sein. Ich werde ihnen so viel Wasser zu trinken geben, wie sie brauchen.«

Der Knecht nahm einen goldenen Ring und zwei schwere goldene Armbänder aus seiner Satteltasche und gab sie Rebekka. »Bitte sag mir, wessen Tochter du bist und ob du meinst, daß ich in dem Hause deines Vaters übernachten könnte.«

»Ich bin Bethuels Tochter«, erwiderte sie, »und gewiß haben wir Platz genug, um dich und deine Tiere zu beherbergen.« Sie eilte ihm voran zum Haus, und als ihr Bruder Laban den Goldschmuck sah, den sie trug, kam er heraus, um den erschöpften Reisenden zu begrüßen. Dem alten Mann wurde Wasser zum Waschen und etwas zum Essen gebracht, und die Kamele wurden mit Futter versorgt. Aber er wollte von der Speise nicht essen, bevor er Rebekka erzählt hatte, weshalb er gekommen war:

»Nachdem mein Herr Abraham diese Stadt verlassen hatte, wurde er von Gott vielfältig gesegnet und zu einem reichen und mächtigen Mann. Er hat Schaf- und Rinderherden, er hat Gold und Silber, Sklaven, Kamele und Esel. Isaak, der Sohn meines Herrn, wird all diesen Reichtum erben, und mein Herr wünscht, daß er eine Frau aus seinem eigenen Geschlecht hier in Haran heiratet. Als ich zu dieser Stadt kam und mich draußen am Brunnen ausruhte, betete ich: ›Oh, Herr, zu der ersten jungen Frau, die aus der Stadt herkommt, um Wasser zu schöpfen, werde ich sagen: Bitte gib mir etwas Wasser zu trinken. Wenn sie dann mir und auch meinen Kamelen zu trinken gibt, werde ich das als Zeichen dafür nehmen, daß sie die erwählte Braut ist.‹

Bevor ich mein Gebet beendet hatte, sah ich Rebekka mit ihrem Eimer auf der Schulter

herauskommen. Und dann geschah alles, wie ich es in meinem Gebet erfleht hatte. Sie bot mir Wasser an und gab meinen Kamelen zu trinken, und sie erzählte mir, daß sie eine Tochter aus Abrahams Familie sei. Darauf gab ich ihr die Geschenke, und sie führte mich zu euch. Sagt mir jetzt, ob ihr sie mit mir ziehen lassen wollt, damit sie die Braut Isaaks werde.«

Rebekkas Vater Bethuel und ihr Bruder Laban hatten keinen Zweifel daran, daß Gott es so wollte, und so riefen sie Rebekka und fragten sie, ob sie bereit sei, das Haus zu verlassen und noch am selben Tag mit Abrahams Knecht zu gehen. »Ja, das bin ich«, sagte sie, und sie und ihre Amme packten ihre Satteltaschen, bestiegen ihre Kamele und ritten mit dem alten Mann davon.

Isaak wanderte an diesem Abend durch die Felder, und als er aufsah, erblickte er die Reisenden, die auf ihren Kamelen daherkamen. Rebekka hatte ihn auch gesehen und fragte den Knecht, wer das sei. »Das ist mein Herr«, erwiderte der alte Mann, und da sprang sie schnell von ihrem Kamel herab. Isaak trat auf sie zu und nahm sie mit zum Zelt seiner Mutter.

Abraham dankte dem alten Knecht, daß er seine Sache so gut gemacht und eine so liebreizende Braut mitgebracht hatte. Rebekka und Isaak wurden getraut und liebten sich innig.

Esau und Jakob

Isaak und Rebekka waren nun schon Jahre verheiratet und traurig darüber, daß sie keine Kinder miteinander hatten. Da betete Isaak zu Gott und flehte ihn um ein Kind an, und Gott erhörte seine Gebete. Nicht lange danach brachte Rebekka Zwillinge zur Welt. Bevor sie geboren wurden, sagte Gott zu Rebekka: »Deine Söhne werden die Väter von zwei Völkern sein. Das eine wird stärker sein als das andere, und der ältere wird Diener des jüngeren sein.«

Die Jungen wurden geboren, und ihre Eltern nannten sie Esau und Jakob. Esau, der ältere, wurde Jäger und durchstreifte das Land nach Wild. Jakob aber blieb lieber zu Hause bei den Zelten seines Vaters. Isaak zog es zu Esau hin, während Rebekka Jakob mehr liebte als den anderen Sohn.

Eines Tages kam Esau hungrig von der Jagd zurück und wollte voller Gier etwas essen. »Gib mir von deinem Brot und von der Suppe, die du gekocht hast«, sagte er zu Jakob. »Erst wenn du dein Recht als erstgeborener Sohn an mich verkaufst, nach dem du das meiste vom Besitz unseres Vaters erbst«, erwiderte Jakob.

Esau nahm sich gar nicht erst die Zeit, über Jakobs Forderung nachzudenken. In seiner Gier nach einer kräftigen Mahlzeit schien ihm sein Geburtsrecht unwichtig. »Ich komme vor Hunger und Erschöpfung fast um – was schert mich da dieses läppische Geburtsrecht«, dachte er. Und so schwor er einen Eid und gab für die Suppe, die sein Bruder gekocht hatte, sein Geburtsrecht an Jakob.

Die Zeit verging, und Isaak wurde alt und fast blind. Eines Tages rief er Esau zu sich und sagte: »Ich bin alt, und mein Leben geht seinem Ende zu. Nimm deinen Bogen und deine Pfeile und schieß mir ein Reh auf den Feldern. Koch mir das Fleisch so, wie ich es gern hab', meine Seele wird dich dann segnen.«

Rebekka aber hatte Isaaks Worte gehört, und als Esau auf die Jagd gegangen war, sagte sie zu Jakob: »Höre mir gut zu und tu, was ich dir sage. Geh zu unserer Herde und suche zwei junge Ziegenböcke heraus. Ich werde deinem Vater daraus ein Essen in einer Soße aus bitteren Kräutern machen, wie er es gern hat, und dann trägst du es zu ihm und sagst, du seist Esau. Dann wird er dich vor dem Herrn segnen,

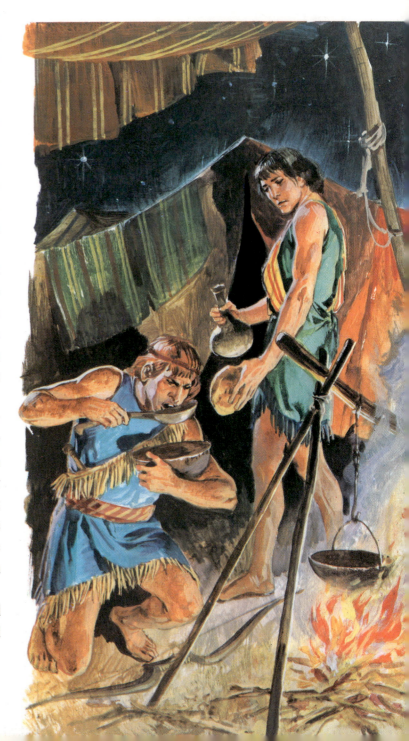

wie ein Vater den Sohn segnet, den er als Erben einsetzt.«

»Aber Esau hat eine rauhe Haut«, sagte Jakob, »und meine Haut ist weich. Ich weiß, daß mein Vater fast blind ist, aber sobald er mich berührt, wird er wissen, daß ich ihn zu betrügen versuche, und mich verfluchen anstatt mich zu segnen.« »Das überlaß mir«, sagte seine Mutter, »geh jetzt und bring mir die Ziegenböcke.«

Also schlachtete Jakob zwei kleine Böcke, und Rebekka zog ihnen die Haut ab und kochte sie mit Kräutern. Sie bedeckte Jakobs Arme und seinen Hals mit den Häuten und zog ihm eins von Esaus Kleidern an. Dann gab sie ihm die Schüssel mit dem Essen, und er trug sie zu seinem Vater und bat ihn um seinen Segen.

»Komm nahe heran und laß dich betasten, mein Sohn«, sagte Isaak, »damit ich weiß, ob du Esau bist oder nicht.« Jakob kniete vor ihm nieder, so daß Isaak ihn mit seinen Händen berühren konnte. »Deine Stimme ist die Stimme Jakobs«, sagte sein Vater, während er über die Häute strich, »aber deine Arme fühlen sich an wie die Arme Esaus. Bist du auch wirklich Esau?« fragte er, und Jakob log und sagte: »Ja.«

Isaak aß die Mahlzeit, die Jakob ihm gebracht hatte, und bat dann seinen Sohn, ihn zu küssen. Als er seine Arme um Jakob legte, erkannte er an dem Geruch Esaus Kleider und zweifelte nicht daran, daß er seinen erstgeborenen Sohn umarmte, und segnete ihn:

»Gott gebe dir immer Wasser in Hülle und Fülle und die reichsten Ernten auf Erden. Die Völker sollen dir dienen und die Leute dich verehren. Du wirst der Herrscher sein über deine Brüder, und sie müssen tun, was du zu ihnen sagst. Ich verfluche alle, die dir schaden wollen, und ich segne jeden, der dir hilft.«

Jakob hatte seinen Vater kaum verlassen, als Esau mit dem Reh zurückkam, das er auf der Jagd erlegt hatte. Er kochte es so, wie sein Vater es gern hatte, brachte es zu ihm und bat um seinen Segen.

»Aber wer bist du?« fragte Isaak, und Esau

erwiderte: »Ich bin Esau, dein Erstgeborener.«

Isaak war wie vom Donner gerührt und sagte: »Wer war es denn, der mir eben die Mahlzeit brachte? Ich habe davon gegessen und *ihn* gesegnet, und dieser Segen kann ihm nicht genommen werden.« Da rief Esau erbittert: »Segne auch mich, Vater!«

»Dein Bruder hat sich den Segen erschlichen«, antwortete Isaak. »Ich habe ihn zum Herrn über dich gemacht und ihm alles gegeben, was ich habe.«

»Hast du denn gar keinen Segen zurückbehalten für mich?« schrie Esau. »Bitte, segne auch mich, Vater.«

»Du wirst nie in deinem Leben viel besitzen«, sagte Isaak zu ihm. »Du wirst deinen Unterhalt mit dem Schwert erkämpfen und deinem Bruder dienen müssen. Aber eines Tages wirst du ausbrechen und frei sein.«

Von da an haßte Esau Jakob und nahm sich vor, ihn umzubringen. Esau sprach zu sich selbst: »Mein Vater Isaak wird bald sterben, und dann werde ich meinen Bruder töten, denn er hat mich betrogen und mir mein Geburtsrecht und den Segen meines Vaters genommen.«

Jakobs Leiter

Rebekka merkte bald, daß Esau darauf aus war, seinen Bruder Jakob zu töten, und sie machte sich große Sorgen. Sie wußte, daß Esau seinen Bruder jederzeit anfallen konnte, und wenn dann Jakob zurückschlug, dann konnte es sein, daß sie ihre beiden Söhne verlöre.

»Du mußt dieses Land sofort verlassen«, sagte sie zu Jakob, »geh so weit weg wie möglich. Geh nach Haran zu meinem Bruder Laban; bei ihm kannst du eine Zeitlang wohnen. Wenn dann Esaus Zorn verraucht ist, werde ich dir Nachricht geben, daß du zurückkommen kannst.«

Also entschloß sich Jakob, Beerseba so rasch wie möglich zu verlassen. Aber Rebekka erzählte ihrem Mann, was Jakob vorhatte, und am Abend vor seiner Abreise ließ Isaak ihn kommen und sagte:

»Ich möchte, daß du dir in Haran eine Frau suchst, die unserem Geschlecht angehört. Ich will nicht, daß du eine Frau aus dem Land Kanaan heiratest. Gott wird dich segnen, du wirst eine große Schar von Nachkommen haben, und das Land Kanaan wird euch gehören, so wie es Gott deinem Großvater Abraham versprochen hat.«

Und so brach Jakob nach Haran auf. Obwohl der Segen seines Vaters ihm dessen Herden als Erbe zugesprochen hatte, trug er außer etwas Reiseproviant nichts bei sich. Auch nichts an Kleidern, außer seinem Reisezeug. Er ging den ganzen Tag, bis er spät am Abend müde wurde und Rast machte. Er nahm einen Stein als Kissen für seinen Kopf, wickelte sich in seinen Mantel und legte sich hin, um zu schlafen.

Er träumte von einer Leiter, die von der Erde bis in den Himmel reichte und auf der Engel auf- und niederstiegen. Oben auf ihr stand Gott und sagte zu Jakob:

»Das Land, auf dem du dort liegst, gebe ich dir und deinen Nachkommen. Sie werden so zahlreich sein wie die Staubkörner der Erde und werden sich weiter nach Norden und Süden und nach Osten und Westen ausbreiten. Ich werde bei dir sein und dich behüten, wo immer du hingehst, und ich werde dich zurückbringen in dieses Land, um das Versprechen zu erfüllen, das ich deinem Großvater Abraham gab.«

Da erwachte Jakob und wußte sofort, daß Gott bei ihm gewesen war und zu ihm gesprochen hatte. Er nahm den Stein, den er als Kissen benutzt hatte, richtete ihn als ein heiliges Mal auf und goß als Dank an Gott Öl darauf.

Jakob und Rahel

Auf dem Wege nach Haran überlegte sich Jakob, was für ein Leben er wohl unter den Verwandten, die er alle nicht kannte, führen und wen er dort als Ehefrau finden würde. Er war schon ganz in der Nähe der Stadt, als er einen Brunnen sah, um den sich einige Schafherden versammelt hatten. Er fragte die Hirten, die die Schafe hüteten, woher sie kämen, und sie sagten ihm, sie wären aus Haran. »Kennt ihr meinen Onkel Laban?« fragte Jakob sie. »Aber gewiß«, erwiderten sie, »das Mädchen, das dort seine Herde hütet, ist seine Tochter Rahel.«

Als Rahel zum Brunnen kam, half Jakob ihr beim Tränken der Schafe. Dann sagte er ihr, wer er sei, und sie eilte nach Hause, um es ihrem Vater zu sagen. Laban machte sich auf, um seinen Neffen zu begrüßen, und hieß ihn willkommen.

So blieb Jakob bei Laban und arbeitete für ihn. »Du sollst deine Arbeit nicht umsonst tun, nur weil du mein Neffe bist«, sagte Laban eines Tages zu ihm. »Wie kann ich mich dir erkenntlich zeigen?« »Ich will sieben Jahre ohne Entgelt für dich arbeiten«, erwiderte Jakob, »wenn du mir deine Tochter Rahel zur Frau gibst.«

Laban aber hatte zwei Töchter: Lea, die ältere, war unansehnlich und langsam, und Rahel, die jüngere, war voller Anmut und schön. Laban sagte zu Jakob: »Du wirst ein guter Ehemann sein. Arbeite sieben Jahre für

mich, dann kannst du Rahel zur Frau nehmen.« So arbeitete Jakob für Laban, und die Jahre kamen ihm vor wie Tage, weil er Rahel so sehr liebte.

Als er seine Zeit abgedient hatte, sagte Jakob zu Laban: »Ich habe dir gedient, so gut ich konnte. Nun gib mir Rahel, damit wir heiraten und zusammen leben können.«

Darauf ließ Laban alles zu einem prächtigen Hochzeitsfest richten. Am Abend aber brachte er seine ältere Tochter zu Jakob und gab vor, daß es Rahel sei. Als Jakob am Morgen erkannte, daß er die falsche Schwester geheiratet hatte, rief er: »Was hast du getan? Ich habe all die Jahre für Rahel gearbeitet, nicht für Lea.«

»In unserem Land«, erwiderte Laban, »ist es nicht üblich, daß die jüngere Tochter vor der älteren heiratet. Ich werde dir Rahel als zweite Frau geben, wenn du noch einmal sieben Jahre für mich arbeitest.«

Also wurde auch Rahel Jakobs Frau, und sie liebten sich noch inniger als zuvor. Aber sieben Jahre hatte er nun noch für seinen Onkel zu arbeiten.

Er arbeitete hart und wurde reich, und seine Frauen schenkten ihm viele Söhne. Laban aber wurde eifersüchtig, weil Jakob so großen Erfolg hatte, und Jakob sehnte sich zurück nach Hause. Eines Nachts erschien ihm Gott im Traum und sagte: »Geh zurück nach Kanaan in das Land deiner Väter. Ich werde dich behüten.«

Jakob also trieb seine Herden zusammen, sattelte seine Kamele und brach mit seinen Frauen, seinen Söhnen und all seinem Besitz auf, um nach Kanaan zurückzukehren. Er hatte Laban nichts davon erzählt, weil er Angst hatte, sein Onkel würde seine Rückkehr verhindern oder ihm seine Töchter Lea und Rahel fortnehmen. Was er nicht wußte, war, daß Rahel die Hausgötzen der Familie mitgenommen hatte – die Bildwerke, vor denen ihr Vater gewöhnlich mit ihnen Andachten abhielt und die er höher schätzte als alles, was er besaß.

Jakob und Esau werden wieder Freunde

Als Laban herausfand, daß Jakob abgereist war, ritt er voller Wut hinter ihm her. Aber Gott erschien ihm im Traum und hielt ihn davon ab, seinem Schwiegersohn etwas zuleide zu tun.

»Warum bist du weggegangen, ohne mir etwas zu sagen?« fragte Laban Jakob, als er ihn eingeholt hatte. »Und warum hast du meine Hausgötter gestohlen?«

»Ich fürchtete, du würdest mich zurückhalten oder mich daran hindern, meine Frauen mitzunehmen«, antwortete Jakob. »Aber deine Götter habe ich nicht gestohlen. Du kannst gern mein Lager durchsuchen und alles mitnehmen, was dir gehört.«

Laban durchsuchte alle Zelte und Reisetaschen, aber er fand seine Götter nicht, denn Rahel hatte sie unter dem Sattel versteckt, auf dem sie saß. So schieden Laban und Jakob in Frieden, und Laban segnete seine Familie und ritt wieder nach Hause.

Als sie im Begriff waren, den Fluß zwischen Haran und dem Lande Kanaan zu überqueren, schickte Jakob Boten aus, die seinen Bruder Esau von seiner Rückkehr benachrichtigen sollten. Als die Boten zurückkamen, erzählten sie Jakob, daß sie Esau getroffen hatten und daß er seinem Bruder mit 400 Mann entgegenzöge.

Jakob erschrak, als er das hörte, denn er wußte, daß Esau ihn umbringen wollte, aus Rache dafür, daß sich Jakob vor vielen Jahren den Segen seines Vaters erschlichen hatte. »O Herr, Gott meiner Väter«, betete Jakob, »du hast mir befohlen zurückzukehren und mir versprochen, mich zu behüten und zu belohnen. Schütze uns jetzt, mich und meine Familie, vor der Rache meines Bruders.«

Jakob entschloß sich, Esau reich mit Ziegen und Schafen, Kamelen, Kühen und Eseln zu beschenken – 600 Tiere im ganzen. Er schickte sie ihm in einem langen Zug entgegen und wies die Hirten an, Esau mitzuteilen, daß sie von Jakob kämen.

Spät am Abend schickte er seine Familie voran, während er selbst am Ufer des Flusses zurückblieb. Um Mitternacht begann er hinüberzuwaten. Als er in der Mitte des Flusses war, stellte sich ihm eine dunkle Gestalt entgegen und rang mit ihm und versuchte, ihn mit

Gewalt unter Wasser zu drücken. »Wer bist du?« fragte Jakob keuchend, aber er bekam keine Antwort und war gezwungen, stehenzubleiben und bis zum Tagesgrauen mit diesem Wesen zu kämpfen. Als es hell wurde, bat der Mann Jakob, von ihm abzulassen. Jakob wußte nun, daß es ein Engel des Herrn war, und er wollte ihn nicht gehen lassen, bevor er ihn gesegnet hätte. Schließlich sagte die Gestalt: »Gesegnet seist du, Jakob, und dein Name soll von jetzt an Israel sein, denn du hast mit Gott und mit Menschen gekämpft und gesiegt.«

Am Morgen tauchten Esau und seine Männer auf. Jakob ließ alle anhalten und ging, sich tief verbeugend, langsam auf seinen Bruder zu. Aber Esau wartete nicht ab, bis sein Bruder ihn erreichte, sondern stürzte vor, und die beiden fielen sich in die Arme und weinten vor Freude. Esau nahm Jakobs Geschenke freudig entgegen und hieß ihn im Lande Kanaan willkommen. Von diesem Tage an waren sie wieder gute Freunde.

Joseph und seine Brüder

Gott hatte Jakob befohlen, in das Land Kanaan zurückzukehren und dort zusammen mit seinen Söhnen Ackerbau zu treiben. Jakob hatte zwölf Söhne, von denen aber nur zwei von seiner über alles geliebten Frau Rahel stammten. Den älteren von diesen beiden, Joseph, liebte Jakob mehr als seine anderen Kinder, aber den jüngeren, dessen Name Benjamin war, liebte er fast ebensosehr.

Als Joseph siebzehn Jahre alt war, begannen seine Brüder ihn zu hassen, weil sie eifersüchtig waren auf ihn, der von seinem Vater so sehr geliebt wurde. Ihre Wut steigerte sich, als Joseph ihnen einen Rock zeigte, den Jakob ihm geschenkt hatte. Er schimmerte in vielen Farben und hatte Ärmel, wie sie sonst nur von Prinzen getragen werden. »Unser Vater verwöhnt den Jungen«, sagten sie untereinander.

Eines Nachts hatte Joseph einen Traum, den er am Morgen seinen Brüdern erzählte: »Ich habe geträumt, wir alle wären draußen auf dem Feld und bänden Garben, meine Garbe aber reckte sich hoch und stand aufrecht, während eure Garben ringsum standen und sich zur Erde niederbeugten.«

»Was!« sagten da seine Brüder. »Glaubst du etwa, du wirst eines Tages König sein und über uns herrschen?« Und sie haßten ihn noch mehr als zuvor.

Einen anderen Traum erzählte Joseph seinem Vater und auch seinen Brüdern. »Mir träumte«, sagte er, »daß sich die Sonne und der Mond und elf Sterne alle vor mir verbeugten.«

Selbst sein Vater wurde sehr böse, als er das hörte. »Was hat dieser Traum zu bedeuten?« sagte er. »Müssen wir nun alle vor dich hintreten und uns verneigen, ich und deine Mutter und deine Brüder, als wärest du König?«

Hiernach wurden Josephs Brüder noch wilder in ihrer Eifersucht und haßten seinen Stolz. Sein Vater vergaß den Traum nicht.

Eines Tages, als die Brüder die Schafe ihres Vaters hüteten, schickte Jakob Joseph aufs Feld, wo er nachsehen und ihm berichten sollte, ob dort draußen alles in Ordnung sei. Joseph machte sich auf die Suche nach ihnen und traf einen Mann, der ihm erzählte, in welcher Gegend die Herden grasten.

Die Brüder sahen Joseph schon aus weiter Ferne und erkannten ihn an seinem Rock. »Da kommt der Träumer«, sagten sie. »Das ist die beste Gelegenheit, ihn umzubringen, denn wir sind allein, und niemand wird je davon erfahren. Wir werfen seine Leiche in eine tiefe Grube und sagen, ein Raubtier hätte ihn gefressen.«

Ruben aber, der älteste der Brüder, hatte Mitleid mit Joseph und überredete sie, sein Leben zu schonen. Doch nahmen sie sich vor, ihn zusammenzuschlagen und in eine Grube zu

38

werfen, wo er, wie sie hofften, an seinen Verletzungen sterben würde. Ruben jedoch entschloß sich, auf eigene Faust zurückzukehren und Joseph zu retten.

Als Joseph zu seinen Brüdern kam, begrüßten sie ihn nicht erst, sondern gingen gleich auf ihn los und schlugen grausam auf ihn ein. Dann rissen sie ihm seinen Rock vom Leib und warfen ihn in eine Grube.

Danach setzten sie sich, um etwas zu essen, und als sie sich hinterher ausruhten, sahen sie in der Ferne eine Karawane, die nach Süden zog, um Gewürze nach Ägypten zu bringen. Da sagte Juda: »Ich habe eine Idee. Warum verkaufen wir unseren Bruder nicht an diese Händler, statt ihn in der Grube verrecken zu lassen?« So zogen sie Joseph aus der Grube und verkauften ihn für zwanzig Silberlinge an die Händler. Die nahmen Joseph mit nach Ägypten und verschacherten ihn als Sklaven.

Als Ruben, um Joseph zu retten, zur Grube zurückkam, fand er sie leer. »Der Junge ist nicht da«, rief er verzweifelt. »Wie soll ich ihn jetzt zu seinem Vater zurückbringen?« Und er zerriß seine Kleider vor Kummer.

Die anderen hatten unterdessen einen Ziegenbock getötet und Josephs Rock in das Blut des geschlachteten Tieres getaucht. Sie rissen den Rock in Fetzen, als hätte ein Raubtier ihn zwischen den Fängen gehabt, und brachten ihn zu ihrem Vater. »Sieh dir das hier an!« riefen sie. »Erkennst du das? Ist das nicht Josephs Rock?«

»Ja, ja«, sagte Jakob betrübt, »es ist Josephs Rock. Ein wildes Tier hat ihn angefallen und ihn in Stücke gerissen.« Und er weinte und zerriß seine Kleider in seinem Kummer um den Sohn, den er so sehr geliebt hatte. Seine anderen Söhne versuchten ihn zu trösten, aber es war vergeblich. »Ich werde um Joseph trauern bis zu dem Tag, an dem ich sterbe«, sagte er.

Joseph im Hause Potiphars

Die Händler, die Joseph nach Ägypten mitgenommen hatten, brachten ihn auf den Sklavenmarkt und boten ihn zum Verkauf an. Und zwar als *Hebräer*, was bedeutet, »ein Einwanderer vom anderen Ufer des Flusses«. Potiphar, der Hauptmann von Pharaos Leibwache, kaufte ihn und nahm ihn als Sklaven in sein Haus.

Gott aber nahm Joseph in seine Hut und lenkte ihn bei seiner Arbeit, so daß er sich bewährte und das Lob seines ägyptischen Herrn erntete. Potiphar machte Joseph bald zu seinem persönlichen Sklaven; dann beauftragte er ihn mit der Aufsicht über seinen gesamten Haushalt; schließlich ließ er alles, was er besaß, von Joseph verwalten. Potiphar arbeitete kaum noch und verließ sich in fast allem auf seinen hebräischen Sklaven.

Potiphars Frau warf ein Auge auf den jungen und gutaussehenden Joseph. Sie fühlte sich mehr und mehr zu ihm hingezogen. Eines Tages bat sie ihn, mit ihr zu schlafen. Aber Joseph weigerte sich. »Das kann ich meinem Herrn nicht antun«, sagte er. »Er hat mir sein Hab und Gut anvertraut. Ich kann ihn nicht betrügen oder etwas an mich nehmen, das ihm gehört.«

Dieses anständige Betragen machte großen Eindruck auf Potiphars Frau, und sie liebte und bewunderte ihn um so mehr und suchte auch in ihm Liebe zu ihr zu entfachen. Aber Joseph wandte sich ab und wollte nichts mit ihr zu tun haben. Da wurde sie sehr böse und nahm sich vor, sich an ihm zu rächen. Sie erzählte ihrem Mann, Joseph wäre in ihr Zimmer gekommen und hätte versucht, ihr Gewalt anzutun. Als Beweis zeigte sie ihm Josephs Rock und behauptete, er hätte ihn zurückgelassen, als sie, um sich gegen seine Umarmungen zu wehren mit ihm kämpfte.

Potiphar glaubte den Lügen seiner Frau und geriet in Wut. Er ließ Joseph ins Gefängnis werfen. Er kam in den Runden Turm, in dem Pharaos Gefangene ihre Strafen verbüßten. Aber auch hier nahm sich Gott seiner an, so daß Joseph bald das Vertrauen des Verwalters gewann und mit der Aufsicht über die anderen Gefangenen betraut wurde.

Bald danach fielen Pharaos Mundschenk und sein Hofbäcker bei ihrem König in Ungnade und wurden ins Gefängnis geworfen. Sie kamen in den Runden Turm zu Joseph, und der Gefängnisverwalter befahl Joseph, sie zu beaufsichtigen. Er gewann ihr Vertrauen, so daß sie ihn mit ihren Angelegenheiten betrauten, wie es schon Potiphar getan hatte.

Als sie schon einige Zeit im Gefängnis waren, hatten der Mundschenk und der Hofbäcker jeder einen Traum, der sie in Angst und Schrecken versetzte. Sie suchten nach jemandem, der ihnen ihre Träume auslegen könnte. Als Joseph merkte, wie aufgeregt sie waren, sagte er zu ihnen: »Erzählt mir eure Träume, mein Gott wird mir helfen, sie auszulegen.«

Zuerst erzählte der Mundschenk seinen Traum:

»Mir träumte von einem Weinstock, der drei mit Knospen bedeckte Zweige hatte; dann begann er zu blühen, und die Blüten reiften zu Trauben, und da nahm ich die Trauben und zerdrückte sie in Pharaos Becher und gab

Pharao den aufgefüllten Becher in die Hand.«

Joseph sagte zu ihm: »Die drei Zweige bedeuten drei Tage. In drei Tagen wird Pharao dich zu sich rufen und dich wieder in dein Amt einsetzen, und du wirst ihm dienen, wie du es vorher getan hast. Aber denke an mich, wenn du wieder frei bist, und erzähl Pharao von mir, so daß ich aus dem Turm herauskomme. Ich habe nichts getan, womit ich diese Strafe verdient hätte.«

Jetzt war der Hofbäcker an der Reihe, seinen Traum zu erzählen, und er tat es voller Hoffnung, nachdem er Josephs Deutung gehört hatte.

»Ich habe geträumt«, sagte er, »ich hätte drei Körbe mit Weißbrot auf meinem Kopf. Im obersten Korb waren Speisen, wie ich sie für Pharao zubereitet hatte, und die Vögel aßen aus diesem Korb oben auf meinem Kopf.«

Joseph sagte: »Diese drei Körbe bedeuten ebenfalls drei Tage. In drei Tagen wird Pharao dich zu sich bestellen, und dann wird er dich an einen Galgen hängen lassen, so daß du sterben wirst, und die Vögel werden kommen und von deinem Fleisch fressen.«

Der Bäcker, als er das hörte, geriet in Verzweiflung. Die ersten beiden Tage vergingen, am dritten aber war Pharaos Geburtstag, an dem er gewöhnlich ein Fest für seine ganze Dienerschaft gab, und er befahl, daß der Mundschenk und der Hofbäcker aus dem Gefängnis geholt würden.

Als sie ihm vorgeführt wurden, sagte er: »Ich setze meinen Mundschenk wieder in sein Amt ein, so daß er mir dienen kann, wie er es vorher getan hat. Mein Hofbäcker aber hat ein Verbrechen begangen und muß sterben.«

Der Bäcker wurde, wie Joseph es vorausgesagt hatte, zum Tod am Galgen verurteilt, und die Vögel kamen und fraßen sein Fleisch von den Knochen.

Der Mundschenk war glücklich, wieder frei zu sein und seinem Herrn dienen zu können, aber er vergaß Joseph und setzte sich nicht für ihn bei Pharao ein.

Pharaos Träume

Zwei Jahre vergingen, und noch immer saß Joseph in dem Runden Turm und wartete darauf, freigelassen zu werden. Es schien, als sei er nicht nur von dem Mundschenk, sondern von allen vergessen.

Und dann hatte eines Nachts Pharao einen Traum: Er stand am Nil und sah plötzlich sieben wohlgenährte, fette Kühe aus dem Fluß kommen, die am Ufer zu grasen begannen. Darauf sah Pharao sieben weitere, abgemagerte und sehr zottige Kühe aus dem Fluß kommen und sich unter die sieben fetten Kühe mischen. Hierauf gingen die mageren Kühe mit gesenkten Hörnern auf die fetten los und fraßen sie auf. Pharao fuhr aus seinem Traum auf.

Als er wieder einschlief, hatte er einen zweiten Traum: Er sah einen Halm, an dem sieben reife Weizenähren wuchsen, und dahinter standen leere, unter dem Wind verschrumpelte Ähren. Die dünnen Ähren aber verschlangen die vollen und dicken, und wieder wachte Pharao auf und ängstigte sich.

Als der Morgen kam, rief er alle Wahrsager und Weisen Ägyptens zusammen. Er erzählte ihnen seine Träume, aber keiner wußte zu sagen, was sie zu bedeuten hatten. Da plötzlich erinnerte sich Pharaos Mundschenk an Joseph, und er erzählte seinem Herrn, wie Joseph ihre Träume im Gefängnis gedeutet und richtig vorausgesagt hatte, daß er seine Freiheit wiedergewinnen und der Bäcker am Galgen sterben würde.

Das machte großen Eindruck auf Pharao, und er befahl, Joseph aus dem Runden Turm zu holen. Als er an den Hof kam und Pharaos Traum gehört hatte, sagte er: »Diese beiden Träume sind in Wirklichkeit ein Traum. Gott hat Pharao damit kundgetan, was er vorhat. Die sieben fetten Kühe bedeuten sieben Jahre, und die sieben vollen Weizenähren bedeuten ebenfalls sieben Jahre – dies werden sieben üppige Jahre sein. Die sieben mageren Kühe sind ebenfalls sieben Jahre, ebenso wie die dünnen Weizenähren sieben Jahre bedeuten – und dies werden Jahre der Hungersnot sein. Dies bedeutet, daß sieben Jahre mit reichen Ernten und großem Wohlstand kommen und dann sieben Jahre der Dürre und Hungersnot folgen werden. In diesen Jahren wird nichts wachsen, die Herden werden eingehen und das ganze Land Ägypten wird in Trümmern liegen.

Weil Gott dieses vorhat, wäre es gut, in allen Teilen des Landes Aufseher und Verwalter

einzusetzen, die dafür zu sorgen hätten, daß ein Fünftel von jeder Ernte einbehalten und als Vorrat für die Jahre der Hungersnot auf Lager genommen wird. Ihr müßt neue Getreidespeicher und Lagerhäuser bauen und sie gut bewachen lassen. Nur so werdet ihr genügend Nahrung für das Volk haben, wenn die Jahre der Dürre beginnen. Nur so könnt ihr Ägypten retten.«

Pharao war erstaunt über die Art, wie Joseph seine Träume auslegte, und fand die Ratschläge, die er gegeben hatte, gut. Er sagte zu Joseph:

»Da es Gott ist, der dir diese Dinge kundgetan hat, mußt du mit ungewöhnlich großer Weisheit und mit einer Macht ausgestattet sein, die über das Vermögen anderer Menschen hinausgeht. Ich betraue dich mit der Aufsicht über meinen Hof, und alle meine Leute sollen die Befehle ausführen, die du ihnen gibst. Ich gebe dir hiermit Vollmacht und setze dich als Verwalter über das ganze Land Ägypten ein.«

Pharao nahm seinen königlichen Ring und steckte ihn Joseph an den Finger zum Zeichen, daß er von nun an Vizekönig sei. Dann ließ er prächtige Kleider für Joseph bringen und hängte ihm eine goldene Amtskette um den Hals. Er gab ihm einen königlichen Wagen zur Fahrt durch das Land und verfügte, daß ihm die Leute Platz zu machen hätten, wenn er mit seinem Wagen angefahren käme. Pharao gab ihm auch eine Ägypterin zur Frau, Asnath, die Tochter Potipheras, und gab ihm einen ägyptschen Namen.

Darauf schickte Gott dem ägyptischen Volk sieben üppige Jahre mit reichen Ernten, und Joseph ließ das Getreide sammeln und in den Städten lagern. Große Speicher wurden gebaut, um das Korn aufzunehmen, das bald zahlreicher als der Sand am Meer überall im Land gelagert war.

Als die sieben fetten Jahre vorüber waren, folgten ihnen, wie es Joseph vorausgesagt hatte, die sieben Jahre der Hungersnot. In allen Ländern der Welt herrschte Dürre, Ägypten aber war als einziges Land darauf vorbereitet und hatte genug Korn, um sein Volk zu ernähren. Während der Hungersnot kamen aus allen Teilen der Welt Leute nach Ägypten, um Getreide von Joseph zu kaufen.

Josephs Brüder in Ägypten

Als Jakob, während die Menschen in aller Welt darbten, hörte, daß es in Ägypten Weizen zu kaufen gäbe, sagte er zu seinen Söhnen: »Geht nach Ägypten, kauft dort reichlich Getreide ein und bringt es her, so daß wir wieder Brot backen und uns ernähren können.«

Da sattelten Jakobs Söhne ihre Maultiere und brachen nach Ägypten auf. Benjamin, den jüngsten der Brüder, ließen sie zu Hause, denn

er war nach Josephs Fortgang der Lieblingssohn seines Vaters, und Jakob hatte Angst, daß er auf der Reise zu Schaden kommen könnte.

Als Jakobs Söhne nach Ägypten kamen, gingen sie zu Joseph, dem Regenten des Landes, verneigten sich vor ihm und baten ihn um Getreide. Joseph erkannte seine Brüder natürlich, aber er tat so, als wären sie Fremde, und herrschte sie an: »Wo kommt ihr her?« »Aus Kanaan«, erwiderten sie. »Wir sind gekommen, um Lebensmittel zu kaufen.«

Sie erkannten Joseph nicht, denn sie rechneten nicht damit, daß sie ihren Bruder jemals wiedersehen würden, und ganz gewiß nicht als die rechte Hand Pharaos und als wichtigsten Mann in Ägypten.

»Spione seid ihr«, sagte Joseph zu ihnen. »Ihr seid gekommen, um Ägyptens Verteidigungsanlagen auszukundschaften, ein Gericht wird euch zu harten Strafen verurteilen.«

»Nein, nein, Herr«, protestierten seine Brüder, »wir sind keine Spione, wir sind gekommen, um Lebensmittel zu kaufen. Wir haben nichts Böses im Sinn, Herr, wir sind zwölf Brüder aus dem Lande Kanaan. Der jüngste von uns ist bei seinem Vater geblieben, und ein anderer ist abhandengekommen.«

Nun sehnte sich Joseph sehr, Benjamin wiederzusehen, denn er war der jüngste und außer ihm selbst der einzige Sohn von Rahel.

Er sagte zu seinen Brüdern: »Ich werde schon feststellen, ob ihr die Wahrheit sagt. Laßt einen eurer Brüder hier bei mir, nehmt die Lebensmittel mit, die ihr für eure Leute braucht, und geht. Wenn ihr zurückkehrt und euren jüngsten Bruder mitbringt, werde ich wissen, daß ihr keine Spione seid, sondern ehrliche Männer. Dann werde ich euren zurückgelassenen Bruder freilassen, und ihr könnt unbehelligt heimkehren.«

Er nahm seinen Bruder Simeon als Geisel und ließ ihre Säcke mit Getreide füllen. Dann kehrten sie zu ihrem Vater Jakob nach Kanaan zurück.

Jakob wollte Benjamin nicht verlieren und verbot seinen Brüdern, ihn mitzunehmen nach Ägypten. Als aber die Lebensmittel aufgezehrt waren, herrschte in Kanaan wieder eine furchtbare Hungersnot, so daß sie gezwungen waren, noch einmal nach Ägypten zu reisen. Diesmal nahmen sie Benjamin mit, und um den Regenten von Ägypten gegen seine Söhne freundlich zu stimmen, gab Jakob ihnen als Geschenk Balsam, Honig, Myrrhen und Mandeln mit.

Als Joseph sah, daß seine Brüder Benjamin mitgebracht hatten, war er außer sich vor Freude und ließ alles zu einem großen Fest herrichten. »Lebt euer Vater noch?« fragte er sie. »Geht es ihm gut?« »Ja, Herr«, antworteten sie, »er lebt und ist wohlauf.«

Da kamen Joseph die Tränen, und er wandte sich ab und verbarg sich vor ihnen, damit sie nicht sähen, daß er weinte. Aber es war noch nicht an der Zeit, daß er sich als Bruder zu erkennen gab, und so wischte er die Tränen ab, kam zu ihnen zurück und veranstaltete das Fest.

Als es vorüber war, ließ Joseph die Säcke seiner Brüder mit Getreide füllen, und unter dem Korn in Benjamins Sack versteckte er seinen eigenen Silberbecher.

In der Frühe des nächsten Tages brachen die Brüder auf, aber sie waren noch nicht weit gekommen, als Joseph seinen Diener hinter ihnen herschickte, der ihnen den Diebstahl seines Silberbechers vorhalten sollte. Der Diener durchsuchte ihre Säcke und fand den Becher in Benjamins Sack. Die Brüder beteuerten, sie wüßten davon nichts und baten den Diener, ihren jüngsten Bruder unbehelligt zu lassen.

»Darum müßt ihr meinen Herrn selbst bitten«, sagte der Diener. Also kehrten sie in die Stadt zurück, um den ägyptischen Regenten um Gnade für Benjamin zu bitten. Joseph aber sagte: »Weil der Becher bei ihm gefunden wurde, muß er mir nun als Sklave dienen, ihr anderen aber seid frei und könnt gehen.«

Darauf trat Juda auf ihn zu und sagte: »Hört mich an, Herr. Ihr seid ebenso mächtig wie Pharao, und so bitten wir euch um Verständnis

für unsere Lage. Wenn wir unseren Bruder Benjamin hierlassen, wird unser Vater, der sehr alt ist, vor Kummer sterben, denn er hätte dann die beiden Söhne, die er am meisten liebte, verloren. Ich bitte euch, laßt mich an Stelle des Jungen verhaften und ihn frei ausgehen.«

Joseph konnte nicht mehr an sich halten. Er schickte sein ganzes Personal weg und sagte zu ihnen: »Ich bin euer Bruder Joseph, den ihr an die Händler verkauft habt. Gott hat mir geholfen, zu dem zu werden, was ich jetzt bin; ich habe vielen Menschen das Leben gerettet, und jetzt rette ich auch euch um eurer Nachkommen willen. Kehrt zu eurem Vater nach Kanaan zurück und sagt ihm, daß die Hungersnot noch fünf Jahre andauern wird. Bringt ihn hierher nach Ägypten und nehmt auch eure Herden mit und alles, was ihr besitzt. Und beeilt euch!«

Danach umarmte er Benjamin und drückte ihn an sich und küßte auch jeden seiner Brüder.

Jakobs Reise nach Ägypten

Pharao war erfreut, als er hörte, daß die Brüder Josephs, seines hochgeschätzten Regenten, nach Ägypten gekommen waren, um Getreide zu kaufen. Er sagte zu Joseph: »Sag deinen Brüdern, sie sollen mit allen Lebensmitteln, die sie hier gekauft haben, nach Kanaan zurückkehren; sag ihnen, sie sollen deinem Vater erzählen, daß Joseph, der Sohn, den er für tot hielt, am Leben und nach mir der mächtigste Mann in Ägypten ist.«

»Führe deinen Vater zu mir«, fuhr Pharao fort, »und ich werde ihm und deinen Brüdern das beste Land in ganz Ägypten geben, so daß sie sich hier ansiedeln können und in diesem Land eine neue Heimat finden.

»Laß meine Wagen für sie herrichten, damit deine Brüder und ihre Frauen und Kinder mit ihnen hierherfahren können. Sag ihnen, sie sollen es nicht bedauern, daß sie ihr Heim und ihr Besitztum in Kanaan zurücklassen, denn sie werden zehnmal so viel besitzen, wenn sie erst in Ägypten sind.«

Also stellte Joseph seinen Brüdern die Wagen zur Verfügung, ließ ihnen Lebensmittel und neue Kleider für die Reise bringen und zusätzlich Gewänder und 300 Silberstücke für Benjamin. Er gab ihnen zehn mit ägyptischen Kostbarkeiten beladene Maultiere für seinen Vater mit und zehn weitere, die für die Reise mit Brot und anderen Lebensmitteln beladen waren. Dann schickte er seine Brüder nach Kanaan zurück und ermahnte sie, sich auf dieser Heimreise nicht untereinander zu streiten.

Als sie zum Haus ihres Vaters kamen, riefen sie: »Joseph lebt! Er ist Herr über das ganze Land Ägypten!«

Jakob, der einfach nicht glauben konnte, was sie sagten, fiel vor Erregung fast in Ohnmacht. Aber als sie ihm die Geschichte von Anfang bis Ende erzählten, und als er die Wagen, die Maultiere und Geschenke sah, die Joseph ihm schickte, überwältigte ihn die Freude.

»Ich glaube euch«, sagte er zu ihnen. »Ich weiß jetzt, daß mein Sohn Joseph noch am Leben ist, und will nach Ägypten fahren, um ihn vor meinem Tod noch einmal zu sehen.«

So machte sich Jakob mit allem, was er besaß, auf den Weg. Als er nach Beerseba kam, hielt er an und brachte dem Herrn ein Dankopfer. Und Gott sprach zu ihm und sagte:

»Fürchte dich nicht vor der Reise nach Ägypten, Jakob, denn ich werde dich wohlbehalten in dein eigenes Land zurückbringen. Erinnerst du dich daran, daß ich dir, als du auf dem Wege nach Kanaan mit dem Engel kämpftest, den Namen Israel gäb? Das habe ich getan, weil du der Vater eines großen Volkes sein wirst, und deine zwölf Söhne werden die Stammväter der zwölf Stämme Israels sein.«

Als Joseph erfuhr, daß sie sich der Stadt näherten, ließ er seinen Wagen bereit machen und fuhr seinem Vater an einen Ort mit Namen Gosen entgegen. Als sie sich nun nach so vielen Jahren gegenüberstanden, schlang Joseph weinend die Arme um seinen Vater, und Jakob weinte auch und drückte ihn an sich. Dann sagte er zu Joseph: »Da ich dich jetzt wiedergesehen habe, bin ich bereit zu sterben, wann immer es Gott gefällt.«

Joseph erzählte Pharao, daß sein Vater und seine Brüder in Ägypten angekommen seien, und Pharao rief sie zu sich und sagte: »Dies ist euer Land, ihr könnt euch ansiedeln, wo immer ihr wollt.« Pharao wußte, daß diese Hebräer hart arbeiten würden, um aus Ägypten ein reicheres Land zu machen.

Jakob war auf seine Söhne stolz. Er hob die Arme empor und segnete Pharao.

Die Hungersnot

In allen Ländern herrschte Hungersnot, und auch Ägypten und Kanaan hatten furchtbar darunter zu leiden. Joseph, als Regent des Landes, brachte alles Silber, das die Leute in Ägypten und Kanaan für das Getreide zahlten, in Pharaos Schatzhaus unter. Als in Ägypten alles Silbergeld ausgegeben worden war, kamen die Ägypter zu Joseph und sagten: »Gib uns Brot, oder wir müssen sterben. Wir haben kein Silbergeld mehr, um dafür Getreide zu kaufen.«

Joseph sagte: »Wenn ihr alles Silbergeld ausgegeben habt, dann bringt mir eure Herden, für die ich euch Brot geben werde.«

Also trieben die Leute ihre Herde heran, und Joseph gab ihnen dafür Brot. Von dem Brot, daß sie für ihre Herden erhalten hatten, konnten sich die Leute ein ganzes Jahr ernähren. Aber immer noch wütete die Hungersnot, und so kamen die Leute noch einmal zu Joseph und sagten:

»Unser ganzes Silber und unser Vieh hat jetzt Pharao; unsere Leiber und unser Land ist alles, was uns geblieben ist. Nimm uns und unser Land als Zahlung für Brot, und wir werden Pharao als Knechte dienen. Denn wenn

wir nichts zu essen haben, müssen wir sterben, und wenn wir sterben, ist niemand mehr da, der unser Land bearbeitet. Es verödet dann und wird wieder Wüste.«

Also kaufte Joseph alles Land in Ägypten für Pharao, und überall auf den Äckern ließ er die Leute als Sklaven arbeiten. Er versorgte sie mit Saat, so daß sie neue Ernten anpflanzen konnten, und von jeder Ernte ließ er ein Fünftel an Pharao ausliefern.

Schließlich aber kam die Zeit heran, zu der Jakob, Josephs Vater, sein Ende nahen fühlte. Seine Söhne versammelten sich um sein Bett, um seinen letzten Segen entgegenzunehmen. Joseph hatte seine beiden Söhne Manasse und Ephraim bei sich, die ihm in Ägypten geboren worden waren. »Dies sind meine Söhne, die mir Gott gegeben hat«, sagte er zu seinem Vater.

Da drückte Jakob die Jungen an sich, küßte sie und sagte: »Ich hatte nicht mehr geglaubt, daß ich meinen Sohn wiedersehen würde, und jetzt hat mich Gott auch deine Söhne sehen lassen.« Und er segnete sie beide. Dann segnete er jeden seiner zwölf Söhne und sagte ihnen, daß sie die Stammväter der zwölf Stämme Israels sein würden.

»Wenn ich gestorben bin«, sagte er zu ihnen, »dann beerdigt mich nicht in Ägypten. Begrabt mich in Kanaan, dem Land meiner Vorväter.« Und mit diesen Worten starb er.

Pharao setzte in Ägypten eine Trauerzeit für Jakob fest, die 70 Tage dauerte. Alle Personen mit Rang und Namen folgten Joseph und seinen Brüdern, als sie Jakob in Kanaan begruben, in dem Land, das Gott ihm und seinen Nachkommen auf alle Zeit gegeben hatte.

Moses Geburt

Pharao lud Jakobs Söhne ein, nach Ägypten zu kommen und dort zu bleiben. Jahr für Jahr arbeiteten sie schwer, und ihre Familien wurden so zahlreich, daß sie sich überall im Land Ägypten ansiedelten. Nach dem Namen, den Gott Jakob gegeben hatte, nannten sie sich Israeliten.

Aber sie waren dort nicht glücklich. Sie wohnten weiterhin in Gosen, dem fruchtbaren Gebiet, das der freundliche Pharao ihnen gegeben hatte, als er ihre Vorväter nach Ägypten lud. Die jetzigen Ägypter aber sahen darauf, daß sie hart arbeiteten, das Land rodeten und Kanäle durch die Felder gruben, so daß die Ernten vom Nil aus bewässert werden konnten. Sie mußten auch Ziegelsteine brennen, denn es sollte eine große neue Stadt gebaut werden.

Der Pharao, der jetzt auf dem Thron saß, wußte nichts mehr von Joseph und den Seinen. »Diese Israeliten sind uns an Zahl überlegen«, sagte er zu den Ägyptern, »und sie sind mächtiger als wir. Wir müssen Schutzmaßnahmen gegen sie ergreifen, denn wenn ein Krieg ausbricht, werden sie sich auf die Seite unserer Feinde stellen und unser Land an sich reißen.«

Also machte Pharao die Israeliten zu Sklaven und versuchte, ihnen das Rückgrat durch harte Arbeit zu brechen. Aber je übler sie behandelt wurden, desto mehr Kinder setzten sie in die Welt. Ihre Stämme wurden größer und größer, und die Ägypter fürchteten und haßten sie mehr denn je.

Da ließ Pharao die hebräischen Hebammen zu sich kommen und sagte: »Wenn ihr den hebräischen Frauen Geburtshilfe leistet, dann vergewissert euch sogleich, ob das Kind ein Junge ist oder ein Mädchen. Wenn es ein Mädchen ist, dann laßt es leben, aber wenn es ein Junge ist, dann tötet ihn auf der Stelle.«

Die Hebammen wußten, daß es verbrecherisch war, was Pharao verlangte, und so ließen sie die Jungen leben. Darauf befahl Pharao seinen eigenen Leuten, jeden neugeborenen hebräischen Knaben im Nil zu ertränken.

Als zu dieser Zeit eine Frau, die aus der Familie von Jakobs Sohn Levi stammte, einen kräftigen Jungen zur Welt brachte, gelang es ihr, ihn vor den Ägyptern zu verbergen. Doch als das Baby drei Monate alt war, konnte die Frau nicht mehr wagen, es versteckt zu halten. Sie kaufte einen aus Rohr geflochtenen Korb und dichtete ihn mit Lehm und Teer ab. Dann legte sie das Baby hinein und versteckte den Korb im Schilf am Ufer des Flusses. Sie ging weinend nach Hause, aber ihre Tochter blieb in der Nähe, um das Geschehen zu beobachten.

Bald darauf näherte sich Pharaos Tochter, die im Nil baden wollte. Sie bemerkte den im Schilf verborgenen Korb und ließ ihn von einer Dienerin zu sich holen. Als sie den Deckel abnahm, begann das Kind zu weinen, und sie fühlte Mitleid mit ihm. »Das scheint mir ein hebräisches Kind zu sein«, sagte sie. »Jemand hat es ausgesetzt, damit es stirbt.«

In diesem Augenblick trat die Schwester des Säuglings zu ihr. »Soll ich eine hebräische Frau holen, die das Kind für dich in Pflege nimmt?« fragte sie. Pharaos Tochter wollte das Baby behalten, und so bat sie das Mädchen, eine Amme zu holen. Das Mädchen lief davon und brachte, als es zurückkam, die Mutter des Säuglings mit sich.

»Ich habe dieses Kind hier gefunden«, sagte die Prinzessin zu ihr. »Ich möchte, daß du es säugst und für mich pflegst.« Die Frau erzählte der Prinzessin nicht, wer sie war – sie war zu glücklich darüber, daß ihr Kind gerettet war. So nahm sie das Baby an sich und zog es auf, bis es alt genug war, um der Tochter Pharaos dienen zu können. Als die Prinzessin den Jungen sah, gefiel er ihr so gut, daß sie ihn an Sohnes statt annahm. Sie nannte ihn Moses, weil dieser Name bedeutet, daß dies ein Mensch war, der aus dem Wasser gezogen worden war.

Moses in Midian

Die Jahre vergingen, und Moses wuchs im Hause der Tochter von Pharao auf. Jedermann behandelte ihn voller Respekt, weil er das Adoptivkind der Prinzessin war, aber als er älter wurde, blieb ihm nicht verborgen, daß er von Geburt kein Ägypter, sondern ein Israelite war. Auch sah er, daß sein Volk elendig in ägyptischer Knechtschaft dahinlebte.

Eines Tages ging er aus und sah seine hebräischen Landsleute Ziegelsteine brennen und hart auf den Feldern arbeiten, und er erlebte, wie ein Ägypter einen Sklaven zu Boden schlug. Wut packte ihn, und er traf den Ägypter so hart mit der Faust, daß er tot niederstürzte.

Um nicht Pharaos Zorn auf sich zu ziehen, verscharrte er die Leiche des Ägypters im Sand.

Am nächsten Tag sah Moses, wie zwei hebräische Sklaven miteinander stritten. »Warum streitest du dich mit einem Landsmann von dir?« fragte er einen von ihnen. »Wer hat dich zum Richter über uns gemacht?« hielt ihm der Sklave entgegen. »Willst du mich etwa umbringen, wie du den Ägypter umgebracht hast.« Da mußte Moses befürchten, daß auch andere wüßten, was er getan hatte, und er entschloß sich zur Flucht.

Als Pharao erfuhr, daß Moses einen seiner Wächter getötet hatte, befahl er, ihn zu verhaften und hinzurichten. Aber Moses war glücklicherweise schon auf der Flucht in das Land Midian weit im Osten Ägyptens, jenseits des Roten Meeres. Er kannte dort niemanden, aber er war hier vor Pharao sicher.

Eines Tages kam er in ein kleines Dorf und ruhte sich dort am Brunnen aus. Es war ein armes Land und so ausgedörrt, daß kaum irgendwo Gras wuchs. Da sah Moses sieben Mädchen, die ihre Schafe herantrieben und sie tränken wollten, und er erfuhr von den anderen Schafhirten, daß es die Töchter des Dorfpriesters Reguel waren. Der Brunnen hatte einen sehr niedrigen Wasserstand, und die Schafhirten sagten zu den Mädchen, sie sollten warten, bis sie ihre eigenen Herden getränkt hätten.

»Das ist ungerecht«, dachte Moses, als er das sah, und er ging zu den Mädchen, um ihnen zu helfen. Er stieß die Schafhirten beiseite und füllte die Tröge mit Wasser, so daß die Schafe

der Mädchen trinken konnten. Die anderen Schafhirten aber halfen ihm dabei, denn sie hatten Angst vor seiner Kraft.

Als die Töchter Reguels nach Hause kamen, sagte ihr Vater: »Was kommt ihr heute so früh? Wart ihr nicht bei dem Brunnen mit dem niedrigen Wasser, oder haben die anderen Hirten euch daran gehindert, die Schafe zu tränken?«

»Doch«, sagte seine Tochter Zipphora. »Wir waren dort, und die Männer stießen uns beiseite. Ein Fremder aber, der wie ein Ägypter gekleidet war, kam uns zu Hilfe. Er drängte die Männer weg vom Brunnen, schöpfte Wasser für uns und gab unseren Schafen zu trinken.«

»Wo ist der Mann?« fragte der Priester. »Ihr hättet ihn mitbringen sollen. Geht jetzt und ladet ihn ein, in unser Haus zu kommen und mit uns zu essen und zu trinken.«

So kam Moses in das Haus des Priesters Reguel. Der Priester gab Moses nach einiger Zeit seine Tochter Zipphora zur Frau, und sie gebar ihm zwei Söhne. Er blieb in Midian und hütete die Herden seines Schwiegervaters.

Aber er vergaß Ägypten – das Land, aus dem er gekommen war – und seine Landsleute nicht, die dort als Sklaven zur Arbeit gezwungen wurden.

Die Stimme aus dem brennenden Busch

Die Jahre vergingen, und in Ägypten herrschte ein anderer Pharao. Den Israeliten aber erging es auch unter ihm nicht besser. Am Ende erreichten ihr Wehklagen und ihre Gebete Gott und erinnerten ihn an das Versprechen, das er Abraham vor langer Zeit gegeben hatte.

Moses lebte immer noch in Midian und hütete die Herden seines Schwiegervaters. Eines Tages, als er die Schafe in wildes Weideland führte, kam er zum Horeb, dem Berg Gottes, und erlebte etwas, das ihn in großes Staunen versetzte. Am Abhang des Berges brannte ein Busch, aber obwohl Flammen aus ihm herausschlugen, verbrannte der Busch selbst nicht.

Moses stand da und wunderte sich. Plötzlich aber hörte er aus den Flammen die Stimme Gottes: »Moses, Moses!«, und er erwiderte: »Hier bin ich.«

»Komm nicht zu nahe heran«, sagte Gott zu ihm, »und zieh deine Schuhe aus, denn du stehst auf heiligem Grund. Ich bin der Gott Abrahams, der Gott Isaaks und der Gott Jakobs.« Und Moses tat, was ihm Gott befohlen hatte, er verhüllte aber sein Gesicht, denn er fürchtete sich, Gott in die Augen zu schauen.

Da sagte Gott: »Ich habe das Leiden meines Volkes in Ägypten gesehen, ich habe ihre Schreie gehört, und jetzt bin ich gekommen, sie vor den Ägyptern zu retten und sie in ein gutes und fruchtbares Land zu führen, in dem die Kanaaniter und die Hethiter leben. Komm – ich werde dich zu Pharao schicken, und du sollst die Kinder Israels aus Ägypten führen.«

Moses ängstigte sich und sagte zu Gott: »Wer bin ich, daß du mir eine so große Verantwortung überträgst?«

»Fürchte dich nicht«, sagte Gott zu ihm, »ich werde dir helfen, und um zu beweisen, daß ich dich geschickt habe, wirst du, wenn du dein Volk aus Ägypten geholt hast, mit allen hierherkommen und mir auf diesem Berge ein Opfer bringen.«

Darauf sagte Moses: »Wenn ich hingehe und den Israeliten sage, daß der Gott ihrer Vorväter mich geschickt hat, dann werden sie mich nach seinem Namen fragen, und was soll ich dann sagen?«

Gott erwiderte: »Sage ihnen, daß Gott dich geschickt hat, ihr Gott Jehova, der Gott ihrer Väter Abraham und Isaak und Jakob, denn dies ist mein Name in alle Ewigkeit.«

Aber Moses zweifelte noch. »Sie werden mir nicht glauben«, sagte er.

»Was ist es, das du da in deiner Hand hast?« fragte Gott ihn.

»Ein Holzstab«, erwiderte er.

Gott sagte: »Wirf ihn zu Boden«, und Moses tat das, und augenblicks wurde der Stab zu einer sich windenden Schlange. Er sprang entsetzt zurück, Gott aber sagte: »Pack die Schlange am Schwanz.« Moses tat das zitternd, und sofort wurde sie wieder zum Stab.

Da sagte Gott: »Steck deine Hand in deine Bluse«, und Moses tat das. Als er seine Hand wieder herauszog, war sie ganz weiß und von Aussatz bedeckt. Gott wies ihn an, das noch einmal zu tun, und als er sie herauszog, sah er, daß Gott den Aussatz geheilt hatte.

Gott sagte zu Moses: »Wenn dein Volk diese Zeichen an dir sieht, dann wird es glauben, daß du von mir gesandt bist und daß ich, ich ganz allein, dich geschickt habe, um ihnen zu helfen und sie zu führen.«

Pharao und die Israeliten

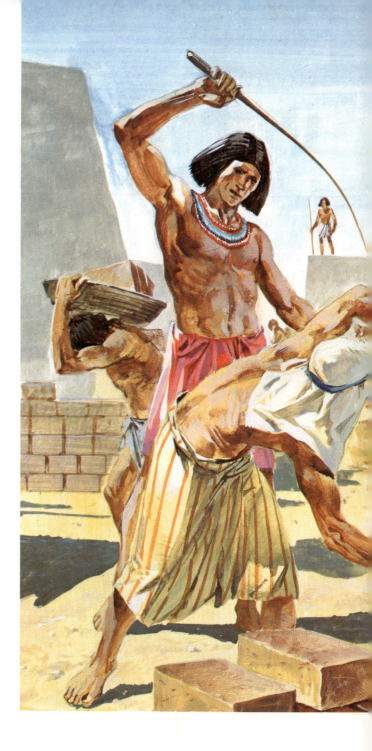

Gott sagte zu Moses: »Gehe jetzt zurück nach Ägypten und führe die Israeliten aus der Sklaverei in die Freiheit.«

Aber Moses erwiderte: »Herr, ich bin nicht der richtige Mann für diese Aufgabe. Ich bin nicht als Redner begabt, ich spreche mit schwerer Zunge und finde nicht die richtigen Worte, um das Volk zu begeistern.« Gott sagte: »Wer, meinst du, gibt einem Menschen die Fähigkeit, gut zu sprechen? Wer macht ihn stumm oder taub, scharfsichtig oder blind? Ich, der Herr. Ich werde bei dir sein, wenn du sprichst, und dir vorsprechen, was du zu sagen hast.«

Danach ging Moses nach Hause und verabschiedete sich von seiner Frau und seinen Söhnen. Er nahm den Stab Gottes in die Hand und brach nach Ägypten auf. Er traf unterwegs seinen Bruder Aaron, und als Moses ihm erzählte, was geschehen war, gingen beide gemeinsam zu den Führern der Israeliten und riefen das Volk zusammen. Aaron berichtete ihnen, was Gott zu seinem Bruder gesagt hatte, und Moses vollbrachte die Zeichen vor ihnen. Alle waren nun überzeugt, daß Gott sie erhört hatte und sie aus der Sklaverei befreien würde, und sie knieten nieder, um Gott zu danken.

Daraufhin gingen Moses und Aaron zu Pharao und sagten:

»Der Herr und Gott Israels hat gesagt: ›Laß mein Volk ziehen, so daß es mir seine Opfer bringen kann.‹ Gib unser Volk frei, Pharao.«

Pharao aber antwortete: »Wie könnt ihr es wagen, Moses und Aaron, meine Sklaven von ihrer Arbeit wegzurufen? Schon übertrifft dein Volk die Ägypter weit an Zahl, und ihr wollt auch noch, daß sie aufhören mit ihrer Arbeit!«

Noch am selben Tag gab Pharao Befehl, daß die Israeliten noch härter zur Arbeit herangezogen werden sollten.

Zu seinen Aufsehern sagte er: »Liefert ihnen kein Stroh mehr zum Brennen der Ziegel. Sie sollen es sich selber suchen. Aber achtet mir darauf, daß sie ebensoviel Ziegel brennen wie vorher.«

Den Israeliten blieb also nichts anderes

übrig, als sich auf den Feldern auf die Suche nach Stoppeln zu machen. Aber natürlich konnten sie jetzt nicht mehr soviel Ziegel herstellen wie vorher, und so wurden sie von den Aufsehern hart geschlagen. Die Sprecher der Israeliten gingen zu Pharao und fragten ihn, warum so grausam mit ihnen umgesprungen wurde.

»Ihr seid eine faule Bande«, antwortete Pharao. »Ihr redet davon, daß ihr eurem Gott opfern wollt, es ist aber nur eine Ausrede, um euch von der Arbeit zu drücken.«

Darauf warfen die Israeliten Moses und Aaron vor, daß sie schuld seien an ihrer üblen Behandlung. Noch einmal gingen die beiden Brüder zu Pharao und baten um Freiheit für die Israeliten. Aaron warf seinen Stab dem Pharao vor die Füße, und er verwandelte sich in eine Schlange. Pharao rief daraufhin seine eigenen Wahrsager und Weisen zu sich, und auch sie warfen ihre Stäbe von sich, die ebenfalls zu Schlangen wurden. Aarons Schlange aber verschlang eine nach der anderen, und dennoch gab Pharao die Israeliten nicht frei.

Ägypten wird von Plagen heimgesucht

Gott sagte zu Moses: »Pharao weigert sich, mein Volk freizulassen. Geh hin an das Ufer des Nils und schlage das Wasser mit deinem Stab, das dann zu Blut werden und alle Flüsse und Quellen Ägyptens in Blut verwandeln wird. Die Fische werden sterben, Gestank wird von den Flüssen aufsteigen, und die Ägypter werden kein Trinkwasser mehr haben. Überall im ganzen Land Ägypten wird Blut fließen – ich werde Pharao zeigen, daß ich der Herr bin.«

Moses tat, was ihm Gott befohlen hatte, aber auch dann noch ließ Pharao die Israeliten nicht frei.

Darauf sagte Gott zu Moses: »Geh noch einmal zu Pharao und sag ihm: ›Laß mein Volk ziehen. Wenn du dich weigerst, wird dein Land von einer Froschplage befallen werden. Sie werden aus den Flüssen hervorkriechen und sich in deinen Betten, in deinen Backöfen und in deinem Brot festsetzen. Wimmelnd werden sie sich über dich und dein Volk hermachen.‹« Und da kamen auch schon die Frösche und überzogen das ganze Land. Dennoch blieb Pharao hart und ließ das Volk nicht frei.

Gott sagte zu Moses: »Hebe deinen Stab und schlage in den Staub auf der Erde, dann wird der Staub aufwirbeln und sich in Moskitos verwandeln. Diese werden sich mit ihren Stacheln über alle Tiere und alle Ägypter im Lande hermachen.« Als Pharao die Moskitos heranschwärmen sah, sagte er zu seinen Zauberern: »Ist eure Zauberkunst nicht dem Zauber der Hebräer überlegen? Macht, daß die Moskitos auf der Stelle verschwinden!« Aber die Zauberer sagten kleinlaut: »Dies ist kein gewöhnli-

cher Zauber. Gott hat diese Plage den Ägyptern geschickt.« Pharao aber blieb verstockt und hörte nicht auf sie.

»Laß mein Volk gehen«, sagte Moses zu Pharao. »Tust du es nicht, dann wird eine Fliegenplage über dein Land kommen. In deinen Häusern wird sich das Ungeziefer in Schwärmen festsetzen, die Häuser meines Volkes aber wird es verschonen.« Und schon summte und wimmelte es in der Luft von Fliegen, aber Pharao ließ die Israeliten nicht ziehen.

Darauf überzog Gott die Herden Ägyptens mit der Pest, an der die meisten Tiere eingingen. Er ließ einen feinen Staub über dem Land niedergehen. Der Staub setzte sich auf Menschen und Tieren fest und bedeckte ihre Leiber mit Blattern und Geschwüren. Pharao aber gab nicht nach. Darauf schickte Gott einen Hagelsturm mit Hageln groß wie Felsbrocken. Der Hagel erschlug alle Menschen und Tiere, die draußen auf den Feldern waren – Pharao aber ließ sich nicht umstimmen.

Darauf sagte Gott zu Moses: »Strecke deinen Stab in die Luft, dann werden Heuschrecken kommen und die Reste der Ernten fressen, die der Hagel nicht vernichtet hat.« Moses tat das, und sofort überfielen so ungeheure Heuschreckenschwärme Ägypten, daß das ganze Land schwarz wurde von ihnen. Sie fraßen und fraßen, bis alles Land kahl und nirgends mehr Grünes zu sehen war.

Darauf sagte Gott zu Moses: »Strecke deinen Stab zum Himmel, dann wird Finsternis über das Land hereinbrechen.« Die Finsternis, die sich auf das Land senkte, war so dicht, daß man sie mit Händen greifen konnte, und drei Tage lang war nirgends Licht.

Darauf erklärte sich Pharao schließlich bereit, die Israeliten gehen zu lassen, aber ihre Herden müßten sie zurücklassen, sagte er. »Nein«, protestierte Moses, »Gott hat unsere Tiere verschont, weil wir sie brauchen, um uns zu ernähren und ihm zu opfern. Unsere Herden nehmen wir mit.«

Da wurde Pharao wütend. »Raus mit dir und laß dich hier nie wieder sehen. Ich werde dein Volk niemals freilassen.«

Die Stiftung des Passahmahls

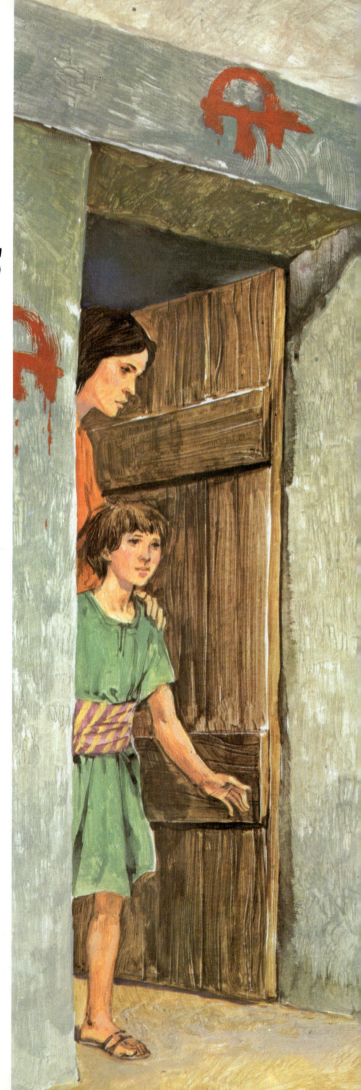

Gott sagte zu Moses: »Ich werde Ägypten mit einer letzten Plage heimsuchen, und dann wird Pharao euch ziehen lassen. So will ich, daß ihr an diesem Abend ein neues Jahr beginnt, weil dieses die letzte Nacht ist, in der ihr in Sklaverei gehalten werdet. Von jetzt an wird dieser Monat der erste Monat eures neuen Jahres sein. Ich will, daß du das Volk zusammenrufst und ihm meine Anweisungen bekanntgibst.«

»Am zehnten Tag dieses Monats soll jeder Mann ein Lamm oder einen Ziegenbock für seine Familie aussuchen – eines in jedem Haushalt, oder wenn die Familie zu klein ist für das Verzehren eines Tieres, sollen sich die Nachbarn zusammentun und das Fleisch teilen. Sie sollen die Kost gleichmäßig nach der Anzahl der Angehörigen einer Familie verteilen, damit jeder von ihnen genug zu essen hat.«

»Das Lamm oder der Ziegenbock müssen die Besten der Herde sein, aber wenn es daran fehlt, könnt ihr auch ein Schaf oder eine Ziege nehmen. Ihr sollt es bis zum vierzehnten Tag des Monats gut aufbewahren, und dann versammelt ihr euch und schlachtet eure Tiere in der Zeit zwischen dem Abend und dem Anbruch der Nacht.«

»Ihr sollt etwas von dem Blut nehmen und damit jeden der Türpfosten und die Schwelle von jedem Haus bestreichen, in dem ein Lamm gegessen wird. Das Fleisch soll über dem Feuer geröstet werden, und ihr sollt ungesäuertes Brot und bittere Kräuter dazu essen. Ihr sollt es

nicht roh oder in Wasser gekocht essen; das ganze Tier mitsamt seinem Kopf und seinen Eingeweiden soll geröstet werden. Kein Stückchen darf bis zum nächsten Tag übrigbleiben, weil es sonst verdirbt. Wenn aber etwas übrigbleibt, dann sollt ihr es verbrennen.«

»Ich will, daß ihr diese Mahlzeit auf eine besondere Art verzehrt – ihr sollt eure Sandalen an den Füßen, eure Stäbe in den Händen haben, und eure Lenden sollen gegürtet sein – und ihr sollt es rasch essen in Erinnerung an den Abend, an dem ich euch aufforderte, Ägypten zu verlassen, und euch die Freiheit zurückgab. Genannt werden soll dieses Mahl das Passah des Herrn, und ich werde in derselben Nacht alle erstgeborenen Kinder in Ägypten töten, an den Häusern der Israeliten aber werde ich vorübergehen und sie verschonen.«

»Nehmt diesen Tag als einen Tag der Erinnerung und macht ihn zu einem Fest. Bewahrt diesen Tag von Generation zu Generation und haltet ihn für alle Zeit in Ehren.«

»Sieben Tage lang sollt ihr Brot essen, das ohne Hefe gebacken ist, damit es nicht aufgeht. Denn ihr sollt nicht Gesäuertes essen. Wer dennoch Brot ißt, das gesäuert ist und aufgeht, der soll ausgestoßen werden. Am ersten der sieben Tage sollt ihr euch zu einem Gottesdienst versammeln und am siebenten Tag wiederum einen Gottesdienst abhalten. An diesen Tagen soll nicht gearbeitet, sondern allein Nahrung für jeden herbeigeschafft werden.«

»Ich will, daß die Israeliten selbst und ihre Kindeskinder diesen Festtag für alle Zeit einhalten. Wenn sie in das verheißene Land Kanaan kommen, müssen sie sich genau nach dem richten, was ich ihnen gesagt habe. Sollten ihre Kinder sie fragen, was dieses Fest zu bedeuten hat, dann können sie ihnen sagen: ›Es ist das Passah des Herrn, mit dem wir Gott ehren und die Nacht feiern, in der er die erstgeborenen Kinder der Ägypter tötete, uns Israeliten aber verschonte und uns aus der Gefangenschaft befreite.‹«

Die Nacht des Passahfestes

Danach schickte Gott Moses zu Pharao, um ihn zu warnen. »Heute um Mitternacht«, sagte Moses zu ihm, »wird der Gott Israels unter den Ägyptern erscheinen, und jedes erstgeborene Kind in diesem Land wird sterben – der älteste Sohn Pharaos und der älteste Sohn der Gefangenen in den Kerkern und die erstgeborenen Tiere aller Herden auf den Feldern.«

»Das ganze Land Ägypten wird aufschreien in entsetzlicher Qual, ein Klagen wird sich erheben, furchtbarer, als es jemals gehört wurde und je wieder gehört werden wird. Aber kein Israelit und kein Tier, das ihnen gehört, wird auch nur verletzt werden – nicht einmal ihren Hunden wird ein Haar gekrümmt werden.«

Pharao aber dachte gar nicht daran, das Volk freizulassen.

Darauf gab Gott seine Anweisungen an Moses, und er rief die Ältesten der Israeliten zusammen und gab ihnen Gottes Befehle bekannt:

»Alle Männer sollen ein Schaf oder einen Ziegenbock aus ihren Herden auswählen, das Tier schlachten und es dem Herrn opfern. Sie sollen dann ein Bündel Majoran nehmen, es in das Blut tauchen und mit dem Blut die beiden Türpfosten und die Schwellen der Türen bestreichen. Niemand darf bis zum Morgen sein Haus verlassen, denn heute nacht wird Gott im Lande Ägypten erscheinen und alle erstgeborenen Söhne töten. Er wird aber, wenn er das Blutzeichen an den Türen der Israeliten sieht, an ihren Häusern vorübergehen und keinem von ihnen etwas zuleide tun.«

Das Volk von Israel kniete, als es Moses' Worte gehört hatte, nieder und betete zu Gott. Dann eilten sie davon, um zu tun, was Gott ihnen befohlen hatte.

Als es Mitternacht wurde, erschlug Gott alle erstgeborenen Kinder in Ägypten, von Pharaos eigenem Sohn im Königspalast bis zu den Erstgeborenen der Gefangenen in seinen Kerkern.

Noch bevor die Nacht vorüber war, hörte man in ganz Ägypten ein entsetzliches Klagen und Schreien, denn an keiner einzigen Familie des Landes war der Tod vorübergegangen.

Noch vor Tagesanbruch bestellte Pharao Moses und Aaron zu sich. »Packt eure Sachen und macht, daß ihr fortkommt«, schrie er sie an.

»Dient eurem Herrn und laßt uns in Ruhe. Nehmt eure Schafe und Rinder und verlaßt mein Land auf Nimmerwiedersehen – und wenn ihr geht, denkt daran, Gott um seinen Segen für mich zu bitten statt dieses furchtbaren Fluches, den er über mich verhängt hat.«

Die Ägypter trieben die Israeliten zur Eile, denn sie wollten sie loswerden, bevor noch Schlimmeres geschah. Die Israeliten brachen hastig auf, weil sie fürchteten, Pharao könnte sich anders besinnen. Sie packten ihre Habseligkeiten zusammen, und weil der Teig für ihr Brot noch nicht aufgegangen war, füllten sie ihn in Schüsseln, die sie unter ihren Kleidern versteckt mit sich nahmen. Dann verließen sie Ägypten, um nie wieder zurückzukehren.

Der Zug durch das Rote Meer

Als die Israeliten Ägypten hinter sich gelassen hatten, rasteten sie und machten Feuer, um ihr Brot zu backen. Sie verwendeten dazu den ungesäuerten Teig, und da er nicht aufging, kneteten sie ihn flach. In späteren Zeiten aßen die Männer und Frauen dieses ungesäuerte Brot voller Stolz, denn es erinnerte sie an die Flucht der Israeliten durch die Wüste in die Freiheit.

Moses führte sein Volk nicht auf dem kürzesten Wege nach Kanaan, denn er hätte dann durch das Land der Philister ziehen müssen. Die Israeliten waren durch die langen Jahre der Gefangenschaft geschwächt und hätten nicht die Kraft gehabt, sich gegen diesen wilden Stamm zu verteidigen. Sie wären von den Philistern umgebracht worden und hätten ihre Herden an den triumphierenden Feind verloren.

»Ich werde mein auserwähltes Volk vor Gefahren schützen«, sagte Gott, »und es durch Gegenden führen, in denen keine Menschen leben.«

Während sie weiterwanderten, erhob sich vor ihnen eine Rauchwolke, die ihnen den Weg zeigte, und nachts wurde diese Wolke zu einem Feuer, das bis an den Himmel reichte.

Das waren die Zeichen, mit deren Hilfe Gott die Israeliten durch die Wildnis zum Ufer des Roten Meeres führte. Hier blieb die Wolke hoch über ihnen stehen, und sie schlugen, von Gott dazu aufgefordert, ein Lager auf.

Als Pharao erfuhr, daß die sechshunderttausend Israeliten mit ihren Familien und Herden abgezogen waren, bereute er es, daß er sie hatte ziehen lassen. Er hatte keine Sklaven mehr, die für ihn arbeiten konnten. Er ließ alle Kriegswagen in Ägypten bereitmachen und jagte mit seiner ganzen Kavallerie und seinen Fußsoldaten hinter den Israeliten her. Es war eine gewaltige Armee, und das Donnern der Hufe und das dröhnende Rumpeln der Wagenräder war schon von weitem zu hören.

Von ihrem Lager aus sahen die Israeliten die

Armee der Ägypter in der Ferne auftauchen.

Angst packte sie, und sie riefen den Herrn um Hilfe an.

Dann wandten sie sich an Moses.

»Warum hast du uns aus Ägypten geführt, nur daß uns jetzt hier Tod und Elend erwarten?« beklagten sie sich. »Wir wären als Sklaven wenigstens am Leben geblieben und hätten es besser gehabt.«

Da sagte Gott zu Moses: »Sag deinem Volk, es soll sich nicht fürchten. Sie sollen ihre Sachen an sich nehmen und dir folgen. Und du, hebe deinen Stab und strecke ihn über das Meer aus. Ich verspreche dir, daß sich das Wasser teilen wird und ihr dann auf dem Trockenen mitten durchs Meer hindurchgehen könnt. Wenn ihr es sicher durchquert habt, werde ich die Herzen der Ägypter mit Haß gegen euch füllen. Sie werden hinter euch herjagen, und dann werde ich sie vernichten.«

Daraufhin bewegte sich die Rauchwolke, die Gott ihnen als Zeichen geschickt hatte, rückwärts hinter die Israeliten, so daß sie zwischen ihnen und den Ägyptern stand und diese nicht

erkennen konnten, was vor ihnen am Meer geschah.

Moses streckte seinen Stab über das Meer, und es kam ein heftiger Wind auf. Er wehte die ganze Nacht so stürmisch, daß er das Wasser zurückdrängte und mitten durchs Meer eine trockene Furt legte. Durch diese zogen die Israeliten, und das Wasser stand links und rechts von ihnen, als wären es hohe Mauern.

Als die Ägypter sahen, daß die Israeliten ihnen entrannen, stürzten sie mit ihren Pferden und Wagen hinter ihnen her in das Meer. Die Wagenräder aber versanken in dem schlammigen Sand, der die Männer und Pferde wie in einen Sumpf hineinzog.

»Gott selbst kämpft auf seiten Israels!« schrien die Ägypter. Sie blickten um sich und sahen mit Entsetzen, daß sie zwischen den mächtigen Wassermauern in eine tödliche Falle geraten waren.

Eine Panik brach aus. Die Soldaten warfen ihre Waffen weg und rannten um ihr Leben. Aber ihre Füße sanken tiefer und tiefer ein. Die Pferde bäumten sich mit schlagenden Hufen auf und rissen laut wiehernd an den Zügeln.

Die Befehlshaber versuchten Ordnung in die Truppe zu bringen. Sie befahlen den Männern, zu den Wagen zurückzukehren und die Räder freizuschaufeln.

Aber es war nutzlos. Sie konnten sich weder vorwärts noch rückwärts bewegen, sie saßen in der Mitte des Roten Meeres fest.

Darauf befahl Gott Moses, seinen Stab noch einmal über das Meer auszustrecken, und da stürzten die Wassermauern zusammen. Mit einem gewaltigen Krachen und Dröhnen brach das Wasser über Pharaos Armee, über seine Wagen und Pferde herein, so daß Tiere und Menschen ertranken.

Als die Israeliten die Vernichtung dieser großen Armee und all die Leichen sahen, die ans Ufer geschwemmt wurden, wurde ihre Furcht vor dem Herrn und zugleich die Achtung vor seinem Diener Moses noch größer, denn sie wußten nun, daß es Gott war, der die Kinder Israels aus der Gewalt Pharaos gerettet hatte.

Miriam aber, die Schwester von Moses und Aron, holte ihr Tamburin hervor und führte einen Freudentanz auf. Und die anderen Frauen folgten ihrem Beispiel, tanzten zum Klang ihrer Tamburins und sangen:

»Singet dem Herrn, denn er hat gesiegt,
Pferde- und Reiterattacken im Meer.
Singet dem Herrn, denn er ist meine Stärke;
Mein Gott und meine Kraft wird er ewig sein.«

Die Israeliten finden Nahrung

Das Volk von Israel brach vom Roten Meer auf und wanderte drei Tage ohne Wasser durch die Wildnis. Schließlich kamen sie an einen Ort, an welchem Teiche mit stehendem Wasser waren. Halb verdurstet knieten sie nieder, um aus den Teichen zu trinken, aber das Wasser war so bitter, daß sie es nicht trinken konnten. »Hilf uns«, baten sie Moses, »gib uns Wasser.« Darauf zeigte Gott ihm einen Baumstamm, und als er ihn ins Wasser warf, wurde es frisch und verlor seine Bitterkeit, und dankbar tranken die Israeliten.

An diesem Ort gab Gott dem Volk ein festes Versprechen. »Wenn ihr mir gehorcht«, sagte er zu ihnen durch den Mund Moses, »wenn ihr meine Gebote anhört und ihnen folgt, werde ich euch die Leiden ersparen, die ich den Ägyptern auferlegt habe.«

Die Israeliten zogen weiter, aber bald hatten sie keine Lebensmittel mehr und fanden nichts, was sie hätten essen können.

Gott sagte zu Moses: »Ich werde Brot vom Himmel regnen lassen. Tag für Tag soll dein Volk aufsammeln, was es für den Tag braucht. Am sechsten Tag werde ich ihnen doppelt soviel senden wie an den anderen Tagen, so daß sie am siebenten Tag feiern können und doch meine Gebote erfüllen.«

Da sagten Moses und Aaron zum Volk: »Ihr werdet bald noch deutlicher gewahr werden, daß es Gott war, der euch aus Ägypten geführt hat. Habt Vertrauen zu ihm – er wird euch Fleisch geben, damit ihr am Abend, und Brot, damit ihr am Morgen zu essen habt.«

Während sie sprachen, sahen die Israeliten hoch und erblickten eine große Feuerwolke über der Wildnis zum Zeichen, daß Gott in ihrer Nähe war.

Am Abend flog ein Schwarm von Wachteln über das Lager und kam herab, so daß die Erde weit und breit von ihnen bedeckt war. Die Leute fingen und schlachteten sie und bekamen auf diese Weise das Fleisch, das Gott ihnen versprochen hatte. Am Morgen sahen dichten Tau liegen, und als er sich auflöste, lagen Flocken wie Reif auf der Erde.

»Was ist das?« fragten die Leute verwundert.

»Das ist das Brot, das Gott euch gesandt hat«, antwortete Moses. »Ihr sollt davon sammeln, soviel ihr könnt, und jeder soll eine Tagesration davon mit in sein Zelt nehmen. Aber ihr sollt nichts bis zum morgigen Tag aufbewahren.«

Sie taten das, und obwohl einige mehr und andere weniger gesammelt hatten, hatte jeder doch genug, um sich daran sattzuessen.

Einige Israeliten versuchten, Brot über Nacht zu horten, aber es wurde schlecht und stank, und Moses schalt mit ihnen.

Am sechsten Tag sammelten sie doppelt soviel wie an den anderen Tagen, so daß sie am siebenten Tag feiern konnten. Einige gingen auch am siebenten Tag auf die Suche nach Brot, aber sie fanden nichts. »Ich habe euch genug Nahrung für den heutigen Tag gegeben«, sagte Gott erbost, »weil ich will, daß ihr zu Hause bleibt. Dieses ist mein Tag, ein Ruhe- und Feiertag für einen jeden.«

Die Israeliten nannten diese neue Speise Mannah. Sie war weiß und schmeckte wie mit Honig gebackene Waffeln. Auf dem ganzen Weg in das verheißene Land ernährten sie sich davon.

Wasser aus den Felsen

Moses und Aaron führten die Israeliten weiter durch die Wildnis, hin zum gelobten Land, aber hin und wieder gab es auch jetzt Streitereien zwischen dem Volk und ihnen.

»Wir finden in dieser Wüste kein Wasser«, riefen sie. »Gib uns Wasser, damit wir zu unserem Mannah etwas zu trinken haben – wir gehen ein vor Durst.«

»Habt Vertrauen zu Gott«, erwiderte ihnen Moses. »Er wird uns schon helfen.«

Aber das Volk ließ sich nicht beschwichtigen. »Warum hast du uns aus Ägypten geführt?« fragten sie ihn erregt. »Nur damit wir hier an Durst verrecken?«

Da betete Moses zu Gott, denn er mußte befürchten, daß sie sich an ihm vergreifen würden.

»Laß dich nicht entmutigen, Moses«, antwortete Gott ihm. »Geh voran und nimm einige Älteste deines Volkes mit dir – und vergiß deinen Stab nicht. Du wirst mich auf dem Berge Horeb finden, wo ich zum erstenmal zu dir sprach. Dort werde ich auf dich warten. Schlage mit deinem Stab gegen den Felsen, und Wasser wird aus ihm hervorströmen. Ich werde nach dir das Volk zu dem Felsen bringen, so daß sie trinken können und sich beruhigen werden.«

Moses tat, was ihm der Herr befohlen hatte. Als er zum Berg Horeb kam, versammelte er die Ältesten der Israeliten um sich und schlug mit seinem Stab gegen den Felsen. Wasser ergoß sich aus ihm, und die Israeliten traten einer nach dem anderen heran und tranken, bis sie ihren Durst gelöscht hatten.

Der Sieg über die Amalekiter

Das Volk von Israel hatte schon einen weiten Weg zurückgelegt, aber sie hatten noch eine lange Strecke vor sich, waren müde und litten an Durst. Der Abstand zwischen denen, die noch bei Kräften waren, und den Schwachen wurde immer größer; die Alten und die ganz Jungen fielen erschöpft zurück, und als letzte kamen die Kranken.

Plötzlich ritt der wilde Stamm der Amalekiter heran und griff sie von hinten an. Sie brachten die zurückgefallenen Alten und Kranken um. Dann forderten sie die anderen Israeliten zu einer Schlacht heraus, in der sie sich am nächsten Tag mit ihnen messen wollten.

Am Abend dieses Tages rief Moses einen jungen Mann mit Namen Josua zu sich ins Zelt. Josua war in den besten Jahren, er war tapfer und ein erfahrener Kämpfer. Moses sagte zu ihm:

»Ich möchte, daß du mir die besten Leute aussuchst und sie morgen in die Schlacht führst. Während ihr mit den Amalekitern auf dieser Ebene hier kämpft, werde ich mich mit dem Stab Gottes auf den Hügel stellen. Gott wird dir beistehen, und ich werde den Kampf genau verfolgen.«

Am nächsten Morgen versammelte Josua die Männer, die er ausgewählt hatte, und sie nahmen ihre Waffen auf und marschierten hinaus in die Ebene. Josua gab ihnen seine Anweisungen für die bevorstehende Schlacht, und sie stellten sich auf und warteten auf den Angriff der Amalekiter.

Moses hatte unterdessen Aaron zu sich gerufen und einen Mann mit Namen Hur, auf den er sich verlassen konnte. Gemeinsam stiegen sie auf den Hügel, von dem aus sie die israelitische Armee und die Staubwolken sehen konnten, an denen sie erkannten, daß die Amalekiter zum Angriff angetreten waren.

Josua gab seinerseits das Signal zum Angriff, und, ihre Schlachtrufe ausstoßend, warfen sich die Israeliten den Amalekitern entgegen, die ihnen eine blutige Schlacht lieferten. Der Kampf wogte hin und her, und eine Zeitlang sah es aus, als gewänne keine der beiden Parteien an Boden.

Daraufhin hob Moses seinen Stab zum Zeichen, daß sein Volk mit der Hilfe Gottes über den Feind siegen würde. Eine große Kraft fühlten die Israeliten in sich strömen, und sie durchbrachen die Reihen der Amalekiter. Nach einer Zeit aber erlahmte Moses' Arm und

er senkte den Stab. Da preschten die Amalekiter vor und gewannen das verlorene Gelände zurück.

Immer wenn Moses seinen Stab hob, wichen die Amalekiter zurück und flohen angstvoll schreiend vor den Israeliten, aber kaum ließ die israelitische Streitmacht nach, da stürzten sie vor und warfen sich wieder in die Schlacht. Denn der Stab war schwer, und Moses' Arm wurde müder und müder. Er mußte den Stab immer wieder senken, und schon verließ die Kraft Gottes seine Männer, und die Amalekiter drangen vor.

Als sie das merkten, trugen Aaron und Hur einen Stein hin, auf den Moses sich setzen konnte; dann stellten sie sich neben ihn auf und stützten seine Arme. Durch diese Hilfe war Moses imstande, den Stab hochzuhalten, und als die Sonne unterging, hatten Josua und die Israeliten die Amalekiter geschlagen und sie in die Wildnis getrieben.

Die Schlacht war vorüber. Aber bevor er sich ausruhte, baute Moses einen Altar für den Herrn und versprach, die Erinnerung an den Sieg über die niederträchtigen Amalekiter für alle Zeit wachzuhalten.

Jethros Rat an Moses

Moses und die Israeliten hatten ihr Lager in der Nähe des Berges Horeb aufgeschlagen, und eines Tages hörte Moses einen Mann rufen: »Dein Schwiegervater Jethro kommt mit deiner Frau und deinen beiden Söhnen ins Lager geritten!«

Moses begrüßte den alten Priester und umarmte seine Frau und seine Söhne. Dann führte er sie in sein Zelt, und sie sprachen über alles. Jethro sagte:

»Gott hat wirklich Wunderbares vollbracht, indem er das Volk von Israel aus der ägyptischen Gefangenschaft befreite. Ich weiß jetzt, daß er von allen Göttern der größte ist.«

Am nächsten Tag wohnte Jethro der Versammlung bei, die Moses unter seinem Volke abhielt. Von morgens bis abends waren die Männer und Frauen um ihn, stellten ihm ihre Fragen und baten ihn, ihre Streitigkeiten zu schlichten. Gott lenkte Moses bei seinen Antworten und gab ihm Gesetze ein, die das Volk für alle Zeiten befolgen sollte.

Jethro sagte zu seinem Schwiegersohn: »Ich sehe, daß du mit Gott um deines Volkes willen sprichst und ihm seine Gesetze lehrst. Es ist eine große Mühe und kostet dich deine ganze Kraft – es ist mehr, als ein Mann leisten kann. Du mußt einige fähige Leute aussuchen, die dir dabei helfen. Jeder muß für eine bestimmte Gruppe des Volkes zuständig sein; sie können sich auch als Richter betätigen und die einfacheren Fälle entscheiden. Nur die schwierigen Fälle sollten dir vorbehalten werden, dann bist du frei für die Arbeit, die nur du tun kannst.«

Moses richtete sich nach diesem Rat und hatte damit guten Erfolg.

Die Zehn Gebote

Fast drei Monate war es jetzt her, daß die Israeliten Ägypten verlassen hatten. Sie hatten die Wüste Sinai durchwandert und waren erschöpft, als sie an den Fuß des Berges Sinai kamen.

Moses wies sie an, ihre Zelte in der Ebene vor dem Berg aufzustellen, und während sie ihr Lager aufschlugen und Reisig sammelten, um Feuer zu machen, stieg er auf den Berg. Dort sprach die Stimme Gottes zu ihm und sagte:

»An diesem Ort hier auf dem Berg werde ich die Israeliten zu meinem auserwählten Volk machen. Ich habe sie wohlbehalten aus Ägypten herausgebracht, wo sie Pharaos Sklaven waren. Jetzt werde ich ihnen durch deinen Mund Rechte und Gebote geben, nach denen sie sich an jedem Tag ihres Lebens richten sollen. Von ihrer Geburt bis zu dem Tag, an dem sie sterben, sollen sie mir gehorchen. Wenn sie alles tun, was ich ihnen sage, werde ich sie zu einem heiligen Volk machen, denn sie sind das Volk, das ich auserwählt habe. Geh jetzt und sage dies zu deinem Volk.«

Moses ging hinab in die Ebene und rief die Ältesten, die zugleich Führer des Volkes waren, zusammen und erzählte ihnen, was Gott gesagt hatte.

»Was auch Gott von uns fordert, wir werden es erfüllen«, rief das Volk, und Moses stieg wieder auf den Berg, wo Gott ihm wie zuvor erschien.

»Geh denn«, sagte Gott zu Moses, als er hörte, was das Volk gesagt hatte, »geh zurück zu deinem Volk, und sag ihnen, daß sie sich bereithalten sollen für die Gebote, die ich ihnen gebe. Sag ihnen, sie sollen sich reinhalten, sich selbst und ihre Kleider waschen und auch in ihren Gedanken soll Klarheit sein. Am dritten Tag von heute an werde ich auf den Berg Sinai herabkommen und zu ihnen sprechen. In der Zwischenzeit aber soll sich niemand dem Berge nähern.«

Das Volk tat, was Moses ihm befohlen hatte, und alle warteten ungeduldig auf den dritten Tag. Sie errichteten einen Zaun um den Berg zum Zeichen, daß es heiliges Land war.

Am Morgen des dritten Tages kam ein Gewitter auf, es donnerte und blitzte und eine Donnerwolke bedeckte den Berg Sinai. Plötzlich erscholl eine Trompete so laut, daß die Luft davon erbebte, und das Volk im Lager am Fuß des Berges zitterte vor Angst.

Moses führte das Volk zum Berg Sinai, und ringsum erklang die Trompete noch lauter als vorher. Dann senkte sich Gott wie ein Feuer auf den Berg Sinai, und der Gipfel des Berges war von dichten Rauchwolken umqualmt, als bräche ein Vulkan aus.

Dann sprach Moses zu Gott. Die Israeliten, die um ihn standen, hörten Gottes Antworten so laut wie Donner, so daß es fast ihre Ohren zerriß und sie sich erschaudernd zu Boden warfen.

Moses hörte, wie Gott ihn rief und aufforderte, den Berg zu besteigen. Die Israeliten beobachteten ihn, sahen, wie er höher und höher hinaufstieg, bis er in dem Rauch um den Gipfel verschwand, und sie zitterten am ganzen Leibe.

Dies sind die Regeln, die Gott Moses für die Israeliten gab: Die Zehn Gebote.

»Ich bin der Herr, dein Gott: du sollst keine anderen Götter neben mir haben.

Du sollst nichts verehren, was du selbst gemacht hast, noch irgendwelche Statuen oder Bilder von Dingen, die im Himmel oder auf Erden oder unter der Erde sind. Ich bin dein Gott und sage dir, daß du nur mich verehren sollst, nur das Wesen, das ich bin. Wenn du dieses Gebot brichst, werde ich nicht nur dich bestrafen, sondern auch deine Kinder und Kindeskinder. Aber ich werde immer freundlich und barmherzig zu dem Volk sein, das mich liebt und meinen Geboten gehorcht.«

»Du sollst den Namen deines Herrn nicht ohne guten Grund anrufen, noch ihn mißbrauchen oder mißachten.«

»Du sollst daran denken, den siebenten Tag heilig zu halten. Sechs Tage lang kannst du arbeiten und deine Angelegenheiten regeln, der siebente Tag aber ist mein Sabbath. An diesem Tage sollst weder du noch irgendein Mitglied deiner Familie oder deines Haushalts noch deine Tiere oder ein Fremder arbeiten, der sich in deinem Hause aufhält. Denn in sechs Tagen habe ich die Himmel und die Erde und das Meer und alles, was in ihnen ist, geschaffen, und am siebenten Tag habe ich geruht. Darum habe ich den siebenten Tag gesegnet und daraus in alle Ewigkeit einen Feiertag gemacht.«

»Du sollst deinen Vater und deine Mutter achten und ehren.«

»Du sollst keinen anderen Menschen töten.«

»Du sollst nicht mit der Frau eines anderen Mannes schlafen.«

»Du sollst nicht stehlen.«

»Du sollst nicht lügen noch etwas fälschlich bezeugen.«

»Du sollst nicht nach dem Besitz eines anderen trachten und es dir zu eigen machen wollen – du sollst einem anderen weder sein Haus neiden, noch seine Frau, noch seinen Knecht oder sein Vieh oder was ihm sonst gehört. Denke daran, daß es ihm gehört, und nicht dir.«

Dann gab Gott Moses noch weitere Gesetze, nach denen sich das Volk richten sollte. Er sprach:

»Du sollst Gott, deinen Herrn, mit deinem ganzen Herzen, mit deiner ganzen Seele und mit all deiner Kraft lieben. Lehre deine Kinder, mich zu lieben, wie du mich liebst, und ich werde dich belohnen.«

»Und wenn euch irgendein Schaden widerfährt, dann soll Leben mit Leben vergolten werden, Auge um Auge, Zahn um Zahn, Hand um Hand und Wunde um Wunde.«

»Laßt euch nicht dazu verleiten, etwas zu tun, von dem ihr wißt, daß es falsch ist, und wenn auch die Mehrheit des Volkes dafür ist.«

»Seid nicht unfreundlich zu einem Fremden unter euch. Denkt daran, wie es euch ergangen ist, als ihr selbst Fremde in Ägypten wart.«

»Bestellt euer Land sechs Jahre hintereinander mit Saat und erntet davon, im siebenten Jahr aber laßt das Land brach liegen, so daß es um so fruchtbarer sein wird, wenn ihr es aufs neue bestellt.«

»Alles Erstgeborene gehört mir, ob es nun die männlichen Tiere eurer Herden oder eure erstgeborenen Söhne sind. Alles Erstgeborene sollt ihr mir anbieten und es dann zurückkaufen. Erscheint nicht in meiner Gegenwart, ohne daß ihr Opfergaben für mich habt.«

Nach einer Weile sah das Volk Moses vom Berg herabkommen. Sie versammelten sich um ihn, um zu hören, was Gott gesagt hatte. Aber Moses blieb lange Zeit in seinem Zelt und schrieb die Gebote auf, die Gott ihm gegeben hatte. Dann baute er einen Altar am Fuße des Berges Sinai und befahl, daß Ochsen geschlachtet und dem Herrn als Opfer dargebracht wurden. Etwas von dem Blut tat er in Schüsseln und stellte sie auf den Altar und goß auch Blut auf die Steine des Altars. Dann las Moses Gottes Gebote vor, so daß jeder sie hörte.

»Wir werden alles genauso tun, wie Gott es befohlen hat«, rief das Volk voller Freude.

Die Bundeslade

Schicke dein Volk zurück in sein Lager. Aaron und Hur sollen sich um sie kümmern, während du bei mir bist«, sagte Gott zu Moses und befahl ihm, noch einmal den Berg zu besteigen.

Wieder näherte sich Moses dem Feuer, das auf dem Gipfel des Berges brannte und ihn mit seinem Rauch umwölkte. Vierzig Tage und vierzig Nächte blieb er bei Gott, der die ganze Zeit zu ihm sprach. »Sag den Israeliten«, befahl ihm Gott, »daß sie zu einem besonderen Opfer für mich sammeln sollen. Nehmt es von jedem, der bereit ist zu geben. Nehmt Gold und Silber, Bronze und Garn und feines Leinen. Nehmt Leder, Öl und Gewürze, Juwelen und Räucherwerk.

»Ich will, daß sie mir einen Schrein bauen, so daß ich immer unter euch, meinem auserwählten Volk, anwesend sein kann.«

»Ich will, daß sie eine Lade bauen, eine Truhe aus Akazienholz, einen Meter zwanzig lang und fünfundsiebzig Zentimeter breit und hoch. Überzieht sie innen und außen mit Gold und legt außen herum ein goldenes Band. Ihr sollt vier goldene Ringe gießen für ihre vier Ecken, zwei Ringe an der einen Seite und zwei Ringe an der anderen. Dann macht Stangen aus Akazienholz und überzieht sie mit Gold und steckt sie in die Ringe an der Seite der Lade, so daß sie getragen werden kann. Die Stangen sollen immer in den Ringen bleiben und nicht herausgenommen werden.«

»In der Lade sollt ihr die Gesetze aufbewahren, die ich euch gegeben habe.«

»Macht vier Deckel dafür aus purem Gold, das ich euch geben werde, und dort werde ich immer anwesend sein, um dich zu treffen und dir zu sagen, was die Israeliten tun sollen.«

»Macht einen Tisch aus Akazienholz, den ihr mit Gold überzieht, und macht Stangen, so daß auch der Tisch getragen werden kann. Macht

Schüsseln, Löffel und Becher aus Gold, die auf dem Tisch stehen und in denen mir Trankopfer gebracht werden sollen. Zum Zeichen, daß ich unter euch bin, sollen immer Schaubrote auf dem Tisch liegen.«

»Macht einen Leuchter mit sieben Armen aus Gold, an denen je eine Lampe hängt. Macht auch eine Hütte aus Holz, die mit Leinen und Häuten behängt und innen mit purpurnem Tuch und rotem Leinen ausgeschlagen werden soll. Stellt die Lade in die Hütte und hängt einen Vorhang davor, der sie wie einen Schatz schützen soll – denn was hinter dem Vorhang ist, soll das Allerheiligste sein.«

Das goldene Kalb

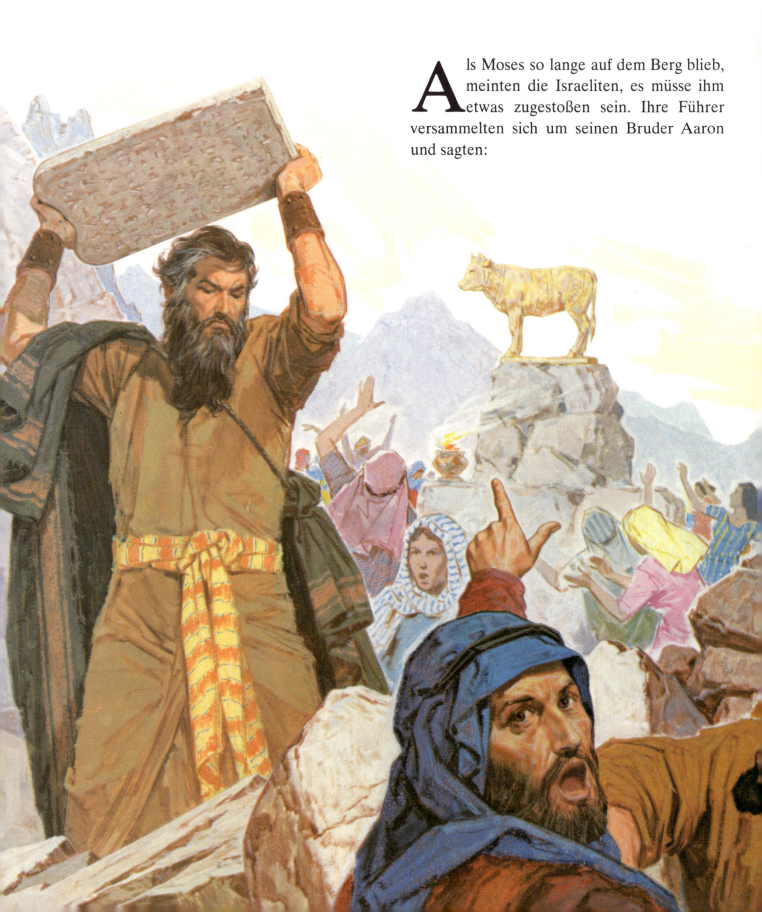

Als Moses so lange auf dem Berg blieb, meinten die Israeliten, es müsse ihm etwas zugestoßen sein. Ihre Führer versammelten sich um seinen Bruder Aaron und sagten:

»Dieser Mensch Moses, der uns aus Ägypten geführt hat, scheint verschwunden zu sein, und wir wissen nicht, was aus ihm geworden ist. Wir brauchen einen neuen Gott, der uns führt.«

Aaron sagte zu ihnen, sie sollten den Goldschmuck nehmen, den ihre Frauen trügen, und ihn zu ihm bringen. Die Leute nahmen ihre Ohrringe und Armbänder ab, und Aaron machte ein Feuer, über dem er das Gold schmolz. Dann formte er aus dem Gold ein Stierkalb und forderte die Israeliten auf, das Kalb zu verehren. Aber kaum war Aaron fertig damit, als er Angst bekam vor dem, was er getan hatte, und so baute er vor dem Kalb einen Altar auf und sagte zu den Leuten, daß sie am nächsten Tag dem Herrn ein Dankopfer bringen sollten.

Am nächsten Morgen standen die Leute früh auf und opferten dem Kalb und verehrten es. Dann aßen und tranken sie reichlich. Bald darauf war das ganze Lager von Menschen erfüllt, die tanzten und sangen und feierten.

Oben auf dem Berg sagte Gott zu Moses: »Geh sofort nach unten – dein Volk hat Schändliches getan. Sie haben meine Gebote vergessen und sich ein goldenes Kalb als Statue gemacht. Sie knien davor, bringen ihm Opfer und nennen es Gott. Ich werde sie dafür bestrafen – ich werde sie alle vernichten.«

»Verschone sie, Herr«, flehte Moses ihn an. »Sei nicht zornig auf dein auserwähltes Volk, das du mit so großer Mühe vor Pharao gerettet hast. Sei gnädig mit ihnen. Erinnere dich an Abraham und Isaac und Jakob und an das Versprechen, das du ihnen und ihren Kindern gegeben hast, die zahlreich sein sollen wie die Sterne am Himmel, und erinnere dich, daß du ihnen ein eigenes Land versprochen hast.«

Gott hörte sich an, was Moses ihm sagte, und entschloß sich, die Israeliten trotz allem zu schonen.

Moses kam vom Berg herab und trug bei sich die beiden Steintafeln, auf die Gott die Gebote für die Israeliten geschrieben hatte. Josua, der bei ihm war, sagte: »Hörst du den Lärm, der vom Lager heraufdringt? Es klingt, als wäre Krieg.«

»Das sind keine Kampfgeräusche«, antwortete Moses, »das ganze Lager feiert und singt.«

Als sie in die Nähe des Lagers kamen, sahen sie das goldene Kalb und die tanzenden Menschen, und Moses wurde wütend, so wütend, daß er die Tafeln zu Boden warf, die in tausend Stücke zerschellten. Dann packte er das Kalb, machte ein großes Feuer und zerschmolz es darin. Als das Feuer nach einer Zeit ausging, nahm Moses die Reste des Kalbs aus der Asche und zermalmte sie zu Pulver. Das Pulver warf er in Wasser, das die Leute zur Strafe trinken mußten.

Dann wandte sich Moses an Aaron und wollte hart mit ihm ins Gericht gehen, aber er merkte rasch, daß Aaron, solange er selbst nicht anwesend war, keine Kontrolle über das Volk hatte. Die Verantwortung lag allein auf den Schultern von Moses, nur er war imstande, das Volk zu führen.

Wieder stieg Moses auf den Berg Sinai hinauf. »Oh, Herr, zeig dich mir in all deinem Glanz«, bat er Gott.

»Kein Mensch kann mich von Angesicht sehen, ohne das Leben zu verlieren«, erwiderte Gott. »Aber ich will dich in eine Felskluft stellen und meine Hand vor dich halten, bis ich an dir vorüber bin. Dann werde ich meine Hand von dir nehmen, und du wirst mich von hinten sehen, nicht aber mein Gesicht.«

»Meißle dir jetzt zwei Steintafeln zurecht, wie jene, die du zerbrochen hast, und komm mit ihnen sehr früh hierher – aber es soll dich niemand begleiten.«

Also machte Moses zwei Steintafeln und stieg am anderen Morgen sehr früh auf den Berg Sinai, wo er auf Gott wartete. Gott kam in einer Feuerwolke herab, schritt an ihm vorüber und rief: »Der Herr Jehova ist ein gnädiger Gott. Er vergibt jenen, die Übles getan haben, wenn sie ihn um Vergebung bitten, aber er kann auch strafen, und zwar nicht nur den Menschen, der sich versündigt hat, sondern auch seine Kinder und Kindeskinder.«

Moses kniete nieder und bat Gott, sein Volk nicht zu bestrafen, sondern ihm zu vergeben und immer mit ihm zu sein.

Gott erwiderte: »Ich will einen neuen Bund stiften zwischen deinem Volk und mir. Ich will Wunder tun und die Stämme, die in dem Land leben, das ich euch versprochen habe, vertreiben. Schreib jetzt meine Gebote noch einmal auf, denn sie sind mein Vertrag zwischen mir und euch, mein Versprechen an Israel.«

Moses blieb vierzig Tage und Nächte auf dem Berg und schrieb die Worte des Bundes auf, die Zehn Gebote nämlich. Als er damit zu Ende war, stieg er mit den Tafeln unter den Armen den Berg hinab, und die wartenden Israeliten sahen, daß sein Angesicht leuchtete vom Glanz Gottes, den er gesehen hatte. Das Volk war ergriffen von dem Anblick.

Der Aufbruch vom Sinai

Wieder sprach Gott zu Moses und sagte: »Es ist an der Zeit, daß ihr diesen Ort verlaßt und zum gelobten Land aufbrecht. Einen Engel werde ich euch voranschicken und die Stämme, die dort leben, vertreiben, wie ich es versprochen habe. Ich bringe euch in das Land, aber ich werde nicht selbst mitkommen, weil ich immer noch deinem Volk zürne und es in meinem Zorn vernichten könnte.«

Als Moses das dem Volk sagte, fühlten sie sich schuldig und wurden traurig und gelobten Besserung.

Sie bauten die Hütte genauso, wie Gott es ihnen gesagt hatte, und stellten die Bundeslade hinein, in das Allerheiligste hinter dem Vorhang. Gott bedeckte die Hütte mit einer Wolke, nahm sie entgegen und heiligte sie. Als die Wolke sich erhob, brach das Volk das Lager ab und machte sich auf den Weg. Bei Tage hing Gottes Wolke niedrig über dem Heiligtum und wurde nachts zu einer Feuerwolke, die sie während ihrer Wanderung begleitete.

Gott sagte zu Aaron und seinen Söhnen, daß sie Priester sein sollten, und segnete sie um des Volkes von Israel willen: »Möge der Herr euch segnen und euch bewahren; möge der Herr euch glücklich machen und gut zu euch sein; möge der Herr ein freundliches Auge auf euch haben und euch Frieden geben.«

Und so verließen die Israeliten den Sinai und kamen in die Wildnis von Paran.

Nach einer Zeit aber begann das Volk wieder über seine Leiden zu klagen. Gott hörte das und wurde zornig, wie er es schon angekündigt hatte. Er schickte ein Feuer, das im Lager wütete und die Zelte zerstörte. Das Volk flehte Moses an, Gott um Vergebung zu bitten. Als er das tat, verlosch das Feuer.

Doch nach einer Weile wurden die Israeliten wieder ungeduldig. »Bekommen wir denn kein Fleisch zum Essen?« schrien sie. »In Ägypten hatten wir genug Fische, Gurken und Wassermelonen, anderes Gemüse, Zwiebeln und Knoblauch. Jetzt aber haben wir nichts anderes

zu essen als dieses ewige, eintönige Mannah.«

Und wieder wurde Gott auf die Israeliten wütend. Er sandte ihnen Wachteln als Fleischnahrung. Aber sie wurden krank von diesem Fleisch, und viele von ihnen starben.

Aaron und seine Schwester Mirjam wurden eifersüchtig auf Moses. »Warum spricht Gott immer nur mit Moses?« sagten sie unter sich. »Warum spricht er nicht auch zu uns?«

Gott hörte ihre Klagen und befahl ihnen, zu seinem Heiligtum zu kommen.

»Mein Knecht Moses ist der einzige unter euch, auf den ich mich verlassen kann«, sagte er zu ihnen. »Weil ich ihm vertraue, kann ich offen mit ihm reden und nicht in einen Traum oder ein Gesicht verhüllt, wie ich mit gewöhnlichen Menschen sprechen würde. Wie könnt ihr es wagen, euch zu beschweren, daß ich nur mit eurem Bruder spreche!«

In seinem Zorn bestrafte Gott Mirjam und Aaron, cndem er sie krankmachte, bis dann Moses um Vergebung für sie bat und Gott sie heilte. Dann zog das Volk von Israel erschöpft weiter auf dem Weg zum verheißenen Land.

Die zwölf Kundschafter

Gott sagte zu Moses: »Ich will, daß du zwölf Kundschafter ausschickst, die das Land Kanaan erkunden sollen, das ich euch geben will. Wähle aus jedem Stamm einen Mann. Sie sollen feststellen, was für Verhältnisse dort herrschen und ob die Städte Verteidigungsanlagen haben oder nur schwach befestigt sind.«

So wählte Moses aus jedem Stamm einen Mann von hohem Rang, darunter Josua, den Sohn von Nun. Die Männer zogen durch die Wüste Negev nach Hebron und von dort über die jenseitigen Hügel. Die Männer der dort wohnenden Stämme waren groß und kräftig. Es wuchsen dort viele Obstbäume mit Granatäpfeln und Feigen und Weinstöcke mit Trauben. Sie blieben dort vierzig Tage, und bevor sie zurückkehrten, schnitten sie Weinstöcke ab und nahmen sie zusammen mit Körben voller Feigen und Granatäpfeln mit, um sie ihren Landsleuten zu zeigen.

Als sie zurückkamen umringten die Israeliten sie und befragten sie über das Land Kanaan.

»Wir sind in das Land vorgedrungen, wie du es uns gesagt hast«, berichteten die Kundschafter vor Moses. »Es ist ein fruchtbares Land, wie du an dem Obst siehst, das wir mitgebracht haben. Aber die Städte sind gut befestigt und es leben dort viele kriegerische Stämme, deren Männer Waffen tragen.«

Darauf sagte einer der Kundschafter, ein Mann mit Namen Kaleb, zu Moses: »Ich schlage vor, daß wir sofort abrücken und in Kanaan eindringen. Wir sind stark genug, um sie zu besiegen, und Gott wird uns helfen.«

Aber die anderen widersprachen ihm. »Die Männer, die in Kanaan leben, sind Riesen«, warfen sie ein. »Wir fürchten uns davor, mit unseren Familien dort hinzuziehen, denn die Männer dort sind so groß und stark, daß wir uns im Vergleich mit ihnen wie die Grashüpfer vorkamen. Es wäre Wahnsinn, sie anzugreifen – sie sind uns weit überlegen.«

Als die Israeliten das hörten, wandten sie sich voller Zorn gegen Moses und Aaron.

»Wenn wir doch nur in Ägypten oder in der Wildnis umgekommen wären!« beklagten sie sich. »Warum hat uns Gott diesen Weg geführt, nur daß wir in der Schlacht gegen diese Kanaaniter unser Blut vergießen!«

Und sie erwogen sogar, einen aus ihrer Mitte damit zu beauftragen, sie nach Ägypten zurückzuführen.

Zwei der Kundschafter, die in Kanaan gewesen waren, Josua nämlich und Kaleb, versuchten, das Volk vor dem Abfall vom Herrn zu bewahren. »Das Land, das wir erkundet haben, ist sehr gut«, beteuerten sie. »Wenn Gott uns hilft, werden wir es zu unserem Land machen. Wenn wir in unserem Glauben an ihn festbleiben, wird er dafür sorgen, daß wir es erobern.«

Aber die Israeliten hörten nicht auf sie, sondern fuhren fort, Moses und Aaron zu beschimpfen.

Gott hörte die Beschwerden der Israeliten und hatte jetzt genug von ihnen. »Ich werde dein Volk bestrafen, weil es nicht an mich glaubt«, sagte er zu Moses. »Außer Josua und Kaleb, die bewiesen haben, daß sie an mich glauben, soll keiner von euch das Land zu sehen bekommen, das ich euren Vorvätern versprochen habe. Schon morgen soll das Volk umkehren und zurückgehen in die Wildnis. Vierzig Tage hat es gedauert, Kanaan zu erkunden. Sie sollen von jetzt an vierzig Jahre – für jeden Tag ein Jahr – durch die Wüste ziehen, bis der letzte von ihnen gestorben ist. Nur ihre Kinder sollen das gelobte Land zu sehen bekommen. Sie werde ich schließlich aus der Wüste zum Lande Kanaan führen.«

Der König von Edom

Das Volk von Israel war an die Grenze des Königreichs Edom gekommen. Moses wollte einen Krieg vermeiden und das Land nicht ohne die Erlaubnis des Königs durchqueren. Also schickte er einen Boten an den König von Edom, dem er ausrichten ließ:

»Wir bitten dich, dein Land von einem Ende zum anderen durchziehen zu dürfen. Wir versprechen, daß wir keinen Schaden in deinen Feldern und Weingärten anrichten und aus deinen Brunnen nicht trinken werden, ohne dafür zu bezahlen.«

Aber der König von Edom weigerte sich und schickte seine Armee an die Grenze, um sie am Eindringen in sein Land zu hindern. So mußten die Israeliten um das Land herum den weiten Weg durch die Wildnis nehmen. Wie schon zuvor begannen sie zu murren und sich gegen Moses aufzulehnen, bis Gott so zornig wurde, daß er ihnen Giftschlangen schickte, durch deren Biß viele von ihnen starben. Als es ihnen klar wurde, daß sie sich wiederum versündigt hatten, baten die Israeliten Moses, Gott um Vergebung anzuflehen.

Also wandte sich Moses an Gott, der ihm befahl, eine Schlange aus Bronze zu machen und sie als Banner im Lager aufzurichten, so daß jeder sie sehen könnte. Alle, die eine Schlange gebissen hatte, würden dann geheilt werden.

Danach kamen sie zum Königreich der Amoriter. Wieder schickte Moses einen Boten zum König und bat ihn, sein Land unbehindert durchqueren zu dürfen. Aber der König war nicht damit einverstanden und schickte dem Volk von Israel sein Heer entgegen. Die Israeliten kämpften so tapfer, daß sie die Amoriter schlugen und eine Zeit lang in ihrem Land bleiben und sich dort ausruhen konnten.

König Balak und der Weise Bileam

Danach zogen die Israeliten weiter und schlugen ein Lager im Flachland von Moab am Ufer des Jordan auf.

Als Balak, der König der Moabiter erfuhr, daß sie in sein Land gekommen waren, erschrak er. Die Israeliten waren ein großes Volk, und er wußte, daß sie die Armee der Amoriter geschlagen hatten. König Balak befürchtete, daß sie ihn absetzen und entmachten würden. Darum schickte er zwei vertrauenswürdige Männer zu dem Weisen Bileam aus Midian. Die Männer reisten zu dem Dorf, in dem Bileam lebte und erzählten ihm, daß der König sie mit einer dringenden Botschaft geschickt hätte.

»Ein ganzes Volk ist von Ägypten gekommen – es sind so viele, daß sie das Angesicht der Erde bedecken, und sie liegen mir gegenüber. Du mußt sofort herkommen und einen Fluch über sie aussprechen, damit sie nicht weiter vordringen können, um unser Land in Besitz zu nehmen.«

Bileam hörte ihnen aufmerksam zu. Dann sagte er: »Bleibt diese Nacht hier, ich will herausfinden, was Gott mir zu tun befiehlt.«

In der Nacht erschien Gott Bileam im Traum und sagte zu ihm: »Du sollst das Volk der Israeliten nicht verfluchen, denn ich, der Herr, lasse das nicht zu. Du kannst gern mit diesen Männern zu König Balak gehen, aber du mußt tun, was ich dir befehle.«

Bileam sattelte also seinen Esel und brach mit den Moabitern auf.

Bileam und der Engel

Gott aber war nicht froh, daß er Bileam hatte ziehen lassen, und er sandte einen Engel mit einem Schwert, der sich Bileam in den Weg stellen sollte.

Als Bileams Esel den Engel auf dem Weg stehen sah, drehte er sich um und rannte in die Wälder. Bileam schlug den Esel und zwang ihn auf einen Pfad, der sich zwischen eingezäunten Weingärten hinzog. Wieder erschien der Engel vor ihm, und der Esel drückte sich ängstlich gegen den Zaun und klemmte Bileams Fuß ein, so daß es ihm weh tat. Wieder schlug er den Esel.

Darauf ging der Engel Gottes davon und blieb an einer Stelle des Weges stehen, die so eng war, daß niemand links oder rechts vorbei konnte. Der Esel legte sich unter Bileam hin und rührte sich nicht vom Fleck. Bileam wurde wütend und bearbeitete den Esel mit einem Stock. Aber der Esel regte sich nicht.

Darauf gab Gott dem Esel die Fähigkeit, sprechen zu können.

»Du hast mich jetzt zum drittenmal geschlagen«, sagte er zu Bileam. »Was habe ich dir getan?«

»Du machst dich über mich lustig«, antwortete der erboste Bileam. »Aber wieso denn?« sagte der Esel. »Du reitest seit Jahren auf mir und weißt, daß ich so etwas nie tun würde.«

Darauf öffnete Gott Bileams Augen, und da sah auch er den Engel mit dem gezogenen Schwert im Weg stehen. Er fiel auf die Knie, und der Engel sagte zu ihm:

»Was denkst du dir dabei, wenn du deinen Esel so heftig schlägst? Hätte er mich nicht gesehen und wäre er nicht ins Feld gelaufen, dann hätte ich dich sicherlich mit meinem Schwert umgebracht.«

»Ich habe mich falsch verhalten«, antwortete Bileam. »Willst du, daß ich umkehre und nach Hause reite?«

»Nein«, sagte der Engel. »Reite ruhig hin zu König Balak. Aber denke daran, daß du nur das tust, was Gott dir sagt.«

Dem König Balak fiel ein Stein vom Herzen, als er hörte, daß Bileam kam, denn weiterhin hoffte er, daß sie gemeinsam einen Fluch über die Israeliten aussprechen und sie aus dem Lande vertreiben könnten.

Aber Bileam warnte den König: »Ich habe nicht die Macht, irgendetwas zu sagen oder zu tun, das gegen den Willen Gottes ist.«

König Balak ließ zwei Altare bauen und opferte auf ihnen Ochsen und Widder, und zweimal befahl er Bileam, Israel zu verfluchen. Aber jedesmal antwortete der alte Mann: »Gott hat mir befohlen, Israel zu segnen, nicht zu verfluchen!«

Darauf führte König Balak den alten Mann auf einen Hügel, von dem aus er das jenseits gelegene Lager der Israeliten sehen konnte.

»Verfluch sie!« bat er. Da überkam der Geist Gottes den alten Mann, und er sprach eine Prophezeiung, so daß König Balak aufgab:

»Wie herrlich sind deine Zelte, O Israel;
Wie schön ist das Land, in dem du lagerst –
Aufgereiht wie Palmen,
Wie Gärten an einem Fluß,
Wie Obstbäume, die Gott gepflanzt hat,
Wie Zedern am Wasser liegt alles vor dir!
Was die gebogenen Hörner für einen wilden Stier sind,
Das ist Gott für dich, das Volk, das er aus Ägypten geführt hat.
Du sollst alle deine Feinde verschlingen,
Ihre Knochen zermalmen,
Und niemand soll es wagen, sich dir entgegenzustellen.
Ein Stern wird aus deinem Volk hervorgehen,
Ein Komet wird sich aus Israel erheben
Und große Taten vollbringen.«

Moses Tod

Gott sagte zu Moses: »Dein Ende naht. Ruf Josua zu dir und stell dich mit ihm in die Hütte, die du gebaut hast, so daß ich ihn zu deinem Nachfolger machen kann.«

Darauf begaben sich Moses und Josua in die Hütte, und Gott erschien ihnen in einer Wolkensäule, und die Wolke bedeckte auch den Eingang zur Hütte, so daß sie ihn vor der wartenden Menge der Israeliten verbarg. Gott sagte zu Moses: »Du wirst sterben, wie deine Väter vor dir starben, und dieses Volk, das du aus Ägypten geführt hast, wird vom rechten Wege abkommen. Sie werden andere Götter verehren. Sie werden sich abwenden von mir und meine Gebote brechen. Ich werde ihnen zürnen und in harten Zeiten von ihnen Verderben abwenden.«

»Jetzt schreibe meine Worte nieder, damit die Israeliten sie in künftigen Tagen lesen können und begreifen werden, warum sie Not und Elend erleiden müssen. Denn eine Zeit wird kommen, in der sie glücklich in dem Land leben werden, das ich ihren Vorvätern Abraham und Isaak versprochen habe. Sie werden reichlich zu essen und genug auf ihren Äckern zu pflanzen haben – doch sie werden mich vergessen und sich anderen Göttern zuwenden. Dann werden Katastrophen eintreten, und ich werde sie leiden lassen wegen ihrer Sünden, ihrer Missetaten und ihres Mangels an Glauben.«

Darauf rief Gott Josua, den Sohn von Nun, zu sich und sagte: »Sei tapfer und stark und laß dein Ziel nicht aus den Augen, denn es ist deine Aufgabe, das Volk von Israel in das Land zu bringen, das ich ihnen zugeschworen habe. Ich bin dein Gott und ich werde immer bei dir sein und dir helfen.«

Moses schrieb alles, was Gott ihm gesagt hatte, in ein Buch, das er neben die Bundeslade in das Heiligtum legte. Dann ging er nach draußen zu dem wartenden Volk und teilte ihm mit, was Gott gesagt hatte, und schärfte ihnen ein, wie wichtig es sei, den Gesetzen Gottes zu gehorchen. Dann segnete er nacheinander jeden der zwölf Stämme Israels und lobte Gott.

»Preist den Herrn, ihr Himmel alle,
Ihr Götter alle, verneigt euch vor ihm.
Denn der Herr wird seinem Volk Gerechtigkeit widerfahren lassen.
Und gnädig zu seinen auserwählten Dienern sein.
›Es gibt keinen Gott neben mir‹, wird er sagen.«

Am gleichen Tag sprach Gott noch einmal

mit Moses und sagte: »Geh hinauf auf den Berg Nebo in Moab östlich von Jericho und schau hinab auf das Land Kanaan, das ich dem Volk Israel auf alle Zeit geben will. Schau dir seine Täler an, seine Ebenen und Städte, seine Flüsse und Seen. Ich werde dich das gelobte Land mit deinen Augen sehen lassen, aber du wirst nicht dort hinkommen, weil du auf dem Berg sterben und dich mit deinen Vorvätern Abraham und Isaak und Jakob vereinen wirst.«

Moses machte sich bereit, den Berg zu besteigen. Er legte seine Hände auf Josuas Schultern und segnete ihn als seinen Nachfolger, und Josua war erfüllt von dem Geist und der Wahrheit Gottes.

Dann machte sich Moses auf, um den letzten Befehl Gottes auszuführen. Er war nach all den Jahren der Wanderung durch die Wüste alt geworden, aber seine Augen waren klar und scharf wie ehedem und er war stark, wie er es immer gewesen war. Er stieg allein zum Gipfel des Berges Nebo hinauf, wie Gott es ihm gesagt hatte, und mit seinem Stab in der Hand setzte er sich und blickte hinüber zum Land Kanaan, das sich weit unter ihm erstreckte. Und dort starb er, wie Gott es ihm gesagt hatte.

Sein Leichnam wurde in einem Tal in Moab begraben – niemand weiß genau, wo. Das Volk von Israel weinte bitterlich und trauerte um den Mann, der so lange ihr Führer gewesen war.

Die Eroberung Kanaans

Nachdem Moses gestorben war, sagte Gott zu Josua:

»Es ist an der Zeit, daß du aufbrichst aus der Wüste und über den Jordan in das gelobte Land gehst. Wo immer ihr dort hinkommt, es wird euch alles gehören; ich gebe es euch, wie ich es Moses versprochen habe. Von der Wüste bis zum Euphrat und weiter bis zum Mittelmeer, alles wird euer Land sein. Niemand wird etwas gegen dich ausrichten können; sei mutig und stark und vor allem – befolge meine Gebote. Wenn du ihnen gehorchst, werde ich dich auf all deinen Wegen schützen.«

Josua rief das Volk zusammen, um ihm mitzuteilen, was Gott gesagt hatte. Als die Israeliten Ägypten mit Moses verlassen hatten, waren sie so ungeduldig darauf aus gewesen, ihren Hunger und Durst zu stillen, daß sie darüber Gottes Gebote vergaßen. Aber außer Kaleb und Josua war keiner von ihnen am Leben geblieben, und die Männer und Frauen, die Josua jetzt um sich hatte, waren während der vierzig Jahre der Wanderung durch die Wüste geboren worden und hatten die Sklaverei nie kennengelernt. Daher waren sie furchtlos und voller Kraft und achteten Gott und ihren Anführer.

»Wir werden alles tun, was du von uns verlangst«, riefen sie, als Josua seine Rede beendet hatte.

»Wir werden gehen, wo immer du uns hinschickst!«

Da sagte Josua zu ihnen: »In drei Tagen werden wir den Jordan überqueren. Zwölf Männer, jeder von einem der Stämme Israels, werden euch führen. Die Priester werden vor euch hergehen und die Bundeslade Gottes tragen, und der Fluß wird austrocknen, um euch an das andere Ufer zu lassen.«

Am dritten Tag versammelte sich das Volk auf einem Hügel, und die Priester und die zwölf Männer, jeder aus einem der Stämme Israels, trugen die Bundeslade hinunter zum Ufer des Flusses. Als sie dort ankamen, hob Josua Moses Stab, und die Priester und die zwölf Männer rückten vor. Als sie mit ihren Füßen das Wasser berührten, türmte sich das Wasser zu beiden Seiten zu einer großen Mauer auf, und die Priester konnten nun durch das trockene Flußbett hinübergehen. Als sie in der Mitte des Jordan waren, standen die Priester still und hoben die Bundeslade hoch, so daß alle sie sehen konnten. Unterdessen sammelten die zwölf Männer jeder einen großen Stein aus dem Flußbett auf, trugen sie ans andere Ufer und bauten daraus ein Denkmal zu Ehren Gottes.

Auf ein Zeichen Josuas setzte sich das Volk von Israel in Bewegung und überquerte, Gott anrufend und singend, den Jordan. Als die letzten drüben angelangt waren, gab Josua den Priestern den Befehl, die Bundeslade hinüberzutragen. Langsam schritten sie zum jenseitigen Ufer. Als sie auf dem festen Boden angelangt waren, schlossen sich die Wasser hinter ihnen, und der Fluß durchströmte das Land wie zuvor.

In Gilgal schlugen die Israeliten ein Lager auf, um dort zu übernachten, und feierten das Passahfest. Sie holten den Weizen von den Feldern, zermahlten ihn zu Mehl und backten ungesäuertes Brot. Von diesem Tage an fiel kein Mannah mehr vom Himmel.

Die Eroberung von Jericho

Die Israeliten rasteten in Gilgal in Kanaan, bis sie sich genügend erholt hatten, um westwärts gegen die große Stadt Jericho vorgehen zu können. Die Bewohner von Jericho hatten Angst vor den Israeliten und der Macht Gottes und verriegelten alle Tore der Stadt.

»Sucht euch einen Weg, auf dem ihr heimlich in die Stadt eindringen könnt«, sagte Josuah zu zweien seiner Kundschafter, »und berichtet mir, was ihr dort erkundet habt.«

Die Kundschafter suchten die Mauern der Befestigung ab und fanden schließlich ein verborgenes Tor. Eine Frau namens Rahab sah sie und erkannte sie als Israeliten.

»Die Bewohner von Jericho haben Angst vor euch«, sagte sie zu ihnen, »denn sie wissen, daß ihr die Stadt angreifen und alles Volk töten wollt. Wenn ihr versprecht, mich und meine Familie zu schonen, dann werde ich euch helfen.«

Die Kundschafter versprachen es ihr, und sie ließ sie in die Stadt.

Die Männer schauten sich darin um. »Das ist eher eine Festung als eine gewöhnliche Stadt«, bemerkte einer von ihnen, als sie die schweren Mauern und die von bewaffneten Soldaten besetzten Türme sahen.

»Ja. Und nach den Säcken mit Getreide und Fleisch zu urteilen, haben sie sich auf eine lange Belagerung vorbereitet«, sagte der andere.

Als die beiden Kundschafter alles gesehen hatten, führte Rahab sie auf demselben Wege aus der Stadt, und sie kehrten zu Josua zurück.

Aber Josua hatte noch keinen Plan, wie er und seine kleine Schar schlecht bewaffneter Männer eine so stark befestigte Stadt stürmen könnten. Er stieg auf einen Hügel, von dem aus er die Stadt übersehen konnte, und versuchte, sich einen Plan zurechtzulegen. Plötzlich erschien ein Mann mit gezogenem Schwert.

»Bist du auf unserer Seite oder auf der Seite des Feindes?« fragte Josua den Fremden, und der Mann erwiderte ihm:

»Ich bin hier als Hauptmann der Armee unseres Herrn. Zieh deine Sandalen aus; du stehst auf heiligem Grund.« Josua fiel auf die Knie, und Gott sprach zu ihm durch den Mund seines Engels:

»Ich sage dir jetzt, auf welche Weise du Jericho und den König dort in die Hand bekommst. Sechs Tage lang sollst du jeden Tag mit deinen Kriegern und der Bundeslade um die Stadt herummarschieren. Sieben Priester mit Widderhörnern als Trompeten sollen vor der Bundeslade hergehen. Am siebenten Tag sollt ihr siebenmal um die Stadt herummarschieren, und es sollen dann die Priester ihre Trompeten blasen. Auf dieses Signal soll deine ganze Armee laut zu rufen beginnen. Rufe, mein Volk, so laut du kannst, dann werden die Mauern der Stadt unter dem Getöse eurer Stimmen zusammenstürzen.«

Sechs Tage lang marschierten die Soldaten und die Priester mit der Bundeslade und ihren Trompeten schweigend um die Stadt. Am siebenten Tag schloß sich das Volk von Israel dem Marsch an, und siebenmal umkreisten sie alle die Stadt. Die Priester stießen in ihre Trompeten, und Josua gab das Zeichen. Laut schrie das Volk los. Die Erde erbebte und wankte, und die Mauern der Stadt zitterten. Dann brachen sie auseinander und zerfielen zu Staub vor den Füßen der Israeliten.

Sie drangen über die Reste der Mauern in die Stadt ein und vernichteten alles, was sich ihnen entgegenstellte – nur nicht Rahab und ihre Familie. Die Kundschafter hatten ihr Versprechen wahrgemacht und sie verschont, und die Familie ging zu den Israeliten über.

Josua erobert Kanaan

Josua und das Volk von Israel hatten noch einen weiten Weg vor sich, bevor sie Kanaan in Besitz nehmen konnten. Blutige Schlachten mußten sie schlagen, denn die Hethiter und die anderen Stämme ihrer Nachbarschaft haßten die Israeliten mehr als jeder andere.

Josua entschloß sich, als nächstes die Stadt Ai zu erobern. Er arbeitete einen Angriffsplan aus: Der größte Teil seiner Männer sollte sich verstecken, während er mit einer Handvoll Soldaten so tat, als griffe er die Stadt an. Die Männer von Ai stürzten, wie er es erwartet hatte, aus der Stadt hervor und versuchten, die Israeliten in die Berge zurückzutreiben. Sie ließen während dieser Aktion die unverteidigte Stadt mit offenen Toren hinter sich zurück.

Daraufhin gab Josua der übrigen Armee das Zeichen, aus ihrem Hinterhalt anzugreifen, und sie drangen von allen Sciten in die verlassene Stadt ein und eroberten sie.

Als nächste Stadt wählte Josua Gibeon. Die Bewohner waren schlauer als die Leute von Ai: Sie verkleideten einige ihrer Führer als Botschafter aus einem fremden Land, die Josua dazu überredeten, einen Friedensvertrag mit ihnen zu unterschreiben. Er gab seine Unterschrift und versprach, daß seine Leute nicht gegen sie vorgehen würden. Als er herausfand, daß die Gibeoniten ihn mit einem Trick getäuscht hatten, wurde er wütend. Aber da er versprochen hatte, nicht bewaffnet gegen sie vorzugehen, bestrafte er sie dadurch, daß er sie zu Sklaven machte, als die sie für die Israeliten

Holz fällen und Wasser herantragen mußten.

Als die Nachbarstämme, die Amoriter, erfuhren, daß Gibeon mit Josua Frieden geschlossen hatte, griffen sie die Stadt an, um Rache zu üben. Den Gibeoniten aber gelang es, eine Botschaft zu Josua zu schicken, in der sie ihn um Hilfe baten. Josua und seine Männer marschierten die Nacht durch, griffen die Amoriter überraschend an und trieben sie durch ein tiefes Tal in die Berge.

Um die Panik der Amoriter noch zu steigern, sandte Gott einen furchtbaren Sturm mit Hagelsteinen so groß wie Felsen. Von den Schwertern der Israeliten und den riesigen Hagelsteinen niedergemäht, flohen die geschlagenen Amoriter in die Berge, wo sie von den Israeliten sich selber überlassen wurden. Als die Amoriter ihre Toten zählten, stellte sich heraus, daß durch die Hagelsteine mehr Leute getötet worden waren als durch die israelitischen Schwerter.

Jetzt war es soweit, daß sich die Israeliten in den eroberten Gebieten ansiedeln konnten. Sie bauten Häuser und bestellten Äcker, auf denen üppige Getreide- und Gemüseernten wuchsen.

Solange Josua am Leben war, hielten sie sich an Gottes Gebote. Nach Josuas Tod aber wurden die Israeliten von Richtern regiert, und eine neue Generation wuchs heran, die andere Götter verehrte. »Laßt uns Statuen bauen und vor ihnen tanzen und trinken und ihnen opfern«, sagten sie zueinander. Und so geschah es dann auch. Gott wurde zornig, weil sie den Bund gebrochen hatten, und entschloß sich, ihnen eine Lektion zu erteilen.

Ihnen am nächsten wohnte der Stamm der Kanaaniter. Sie übten ständig Überfälle aus, raubten die Herden der Israeliten und plünderten und brannten ihre Dörfer nieder. Eines Tages rückte ihre gesamte Streitmacht vor und schlug die Israeliten. Sie nahmen alle gefangen und machten sie zu Sklaven.

Sisera, der Kommandeur der kanaanitischen Armee, war gewalttätig und grausam. Er haßte die Israeliten und tat alles, um ihnen das Leben zur Hölle zu machen.

Gott ließ das zwanzig Jahre lang zu, dann erhörte er die Gebete der Israeliten und verhalf ihnen zur Freiheit. Um diese Zeit war es eine Frau namens Debora, die als Richterin über Israel regierte. Sie war eine sehr kluge Frau, die ein offenes Ohr für Gottes Stimme hatte.

»Barak«, sagte sie zu einem der israelitischen Führer, »nimm zehntausend Mann und marschiere mit ihnen zum Berg Tabor. Ich werde dafür sorgen, daß Sisera und seine ganze Armee auch dort sein werden. Er wird euch angreifen, und ihr werdet ihn schlagen.«

Als Sisera erfuhr, daß Barak eine Armee zusammengezogen hatte, brach er mit seiner Armee und neunhundert Kriegswagen auf. Aber Gott war auf der Seite von Barak und Debora und verhalf ihnen zum Sieg. Die Kriegswagen brachen zusammen, und Siseras Armee wurde vollständig vernichtet.

Sisera selbst floh zu Fuß durch das Land und suchte verzweifelt nach einem Versteck, wo er sich vor Barak und seinen Männern verbergen könnte. Er kam schließlich zu einem Zelt, das er kannte. Die Frau, die herauskam, um ihn zu begrüßen, war verheiratet mit einem Freund seines Volkes. Sisera war erschöpft und durstig. Hier, meinte er, würde er in Sicherheit sein.

Die Frau, eine Israelitin mit Namen Jael, führte ihn in das Zelt. Sie gab ihm von der Ziegenmilch zu trinken, die sie im Zelt vorrätig hatte, und versteckte ihn unter einem Teppich, den sie über ihn breitete.

Sisera war todmüde und schlief sofort ein. Da nahm Jael einen Zeltpflock und einen Hammer und kroch an den schlafenden Mann heran. Sie tastete nach seinem Kopf, und als sie ihn gefunden hatte, trieb sie den Pflock in seinen Schädel und tötete ihn so.

Gideon besiegt die Midianiter

Es waren schlimme Zeiten für das Volk. Die Israeliten wurden von allen Seiten von feindlichen Stämmen bedroht. Die Midianiter und die Amalekiter kamen auf ihren schnellen Kamelen angeritten, überfielen sie und plünderten ihre Zelte. Die Israeliten mußten ihre Lebensmittel und ihre sonstige Habe verstecken und sogar ihr Korn heimlich dreschen, damit es ihnen nicht gestohlen wurde.

Eines Tages drosch ein junger Mann mit Namen Gideon Korn in der Nähe der Scheune seines Vaters, um es gleich danach in einem Versteck zu lagern. Plötzlich hörte er eine Stimme hinter sich: »Du bist ein guter, tapferer Mann, und Gott hat Gefallen an dir.«

Gideon drehte sich überrascht um. Er fühlte sich gar nicht so tapfer; er war der jüngste Sohn einer unbedeutenden Familie des Stammes Manasse. Plötzlich erkannte er, wer es war, der zu ihm gesprochen hatte. Ein Engel Gottes saß unter einem Baum und beobachtete ihn. Er stand auf, trat zu ihm und fuhr fort:

»Und du bist auch stark, Gideon. Geh hin und nutze deine Kraft und befreie Israel von seinen Feinden.«

Gideon schüttelte den Kopf.

»Wie soll ich das machen?« sagte er. »Ich bin ein einfacher Mann aus dem Volke. Ich bin ungeübt im Reden, und keiner würde auf mich hören.«

Aber der Engel beharrte darauf. »Du kannst hier in deiner Stadt, hier in Ophra damit beginnen. Auf dem Marktplatz steht ein Altar, an dem das Volk den Götzen Baal verehrt. Nimm den Stier deines Vaters und tue dich mit einigen Freunden zusammen. Geht um Mitternacht hin und schlingt Seile um den Götzen, an denen ihn dann der Stier von dem Altar herunterzieht. Und dann zerschmettert ihr den Götzen.«

Gideon war sich noch im Zweifel, ob der Engel ein Bote Gottes sei. Er sagte:

»Wie soll ich wissen, ob Gott das tatsächlich von mir will? Wenn ich den Götzen zerschmettere, wird sich das Volk erregen und mich und meine Familie töten. Kannst du mir beweisen, daß Gott dich geschickt hat?«

Der Engel antwortete: »Geh in dein Haus und hol mir den Topf mit Fleisch von deinem Herd und etwas Brot.«

Gideon ging hinein und kam mit dem Topf zurück. Er legte das Brot auf einen flachen Stein und schüttete das Fleisch aus dem Topf darüber aus.

»Tritt zurück«, sagte der Engel und berührte das Fleisch mit seinem Stab.

Da blitzte ein Feuer auf, und das Brot und das Fleisch auf dem Stein und mit ihnen der Engel verschwanden.

Gideon wußte nun, daß der Engel ein Bote Gottes war und daß Gott ihm helfen würde. Und er fühlte, wie sich eine große Kraft in seinen Gliedern regte.

In der Nacht ging er zum Marktplatz und zog den Götzen vom Altar herunter. Als die Leute am Morgen sahen, was er getan hatte, wollten sie ihn umbringen. Aber sein Vater stellte sich ihnen entgegen.

»Wenn Baal so ein großer Gott ist«, rief er, »dann soll er doch seine Macht zeigen! Soll er herabkommen und meinen Sohn selbst töten!«

Das Volk begann um das zerbrochene Götzenbild herum zu beten und zu tanzen und rief nach Rache. Aber Baal zeigte sich nicht, und Gideon ging frei aus.

Schnell sprach sich herum, daß Gott Gideon zum Führer des Volkes bestimmt hatte. Män-

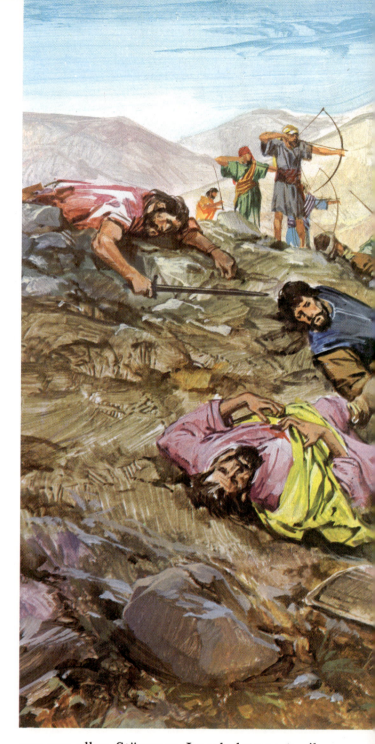

ner aus allen Stämmen Israels kamen zu ihm und erklärten sich bereit, gegen die Midianiter zu kämpfen. Gott half Gideon, die Tapfersten unter ihnen auszusuchen, und von denen wählte er die Besten aus, dreihundert im ganzen. Gott sagte zu Gideon:

»Geh mit deinen dreihundert Männern, von denen jeder eine Trompete und Ölkrüge mitnehmen soll, auf die Berge in die Nähe des Lagers der Midianiter. Umzingelt das Lager und wartet, bis es dunkel wird.«

Die Männer gingen auf den Bergen in Stellung und beobachteten die Armee der Midiani-

ter, die in der Ebene kampierte. Es erschien ihnen, so tapfer sie waren, unmöglich, mit einer so kleinen Truppe eine so gewaltige Streitmacht zu besiegen. Als die Nacht anbrach, gab Gideon jedem seiner Männer eine Fackel.

»Behaltet mich im Auge«, sagte er. »Wenn ich mit meiner Fackel das Öl in meinem Trog in Brand setze, dann tut ihr das auch. Und wenn ich in meine Trompete blase, dann blast ihr auch.«

Gideon gab das Zeichen, und überall in der Dunkelheit begannen die Trompeten zu blasen. Die Männer setzten ihre Ölkrüge in Brand und warfen sie unter sich in die Ebene. Sie rollten als Feuerkugeln in das Lager der schlafenden Midianiter. Von Panik ergriffen wachten die Midianiter auf und kämpften in der Dunkelheit einer gegen den anderen.

Viele von ihnen wurden in der allgemeinen Verwirrung getötet, und bei Tagesanbruch zeigte es sich, daß die Überlebenden keine gleichwertigen Gegner für Gideons Männer waren. Sie kämpften tapfer, aber Gott war auf der Seite Gideons und der Israeliten, und so wurden die Midianiter bis auf den letzten Mann niedergemacht.

Jotham und Abimelech

In einem der kleineren Königreiche von Kanaan lebte ein bösartiger und ehrgeiziger Mann mit Namen Abimelech. Er war der Sohn Gideons und einer Sklavin und wollte König werden. Einen besonderen Grund gab es dafür nicht, außerdem war er von Gott keineswegs dazu bestimmt, Führer des Volkes zu sein.

Also machte sich Abimelech daran, die Macht ohne die Hilfe Gottes oder de Menschen an sich zu reißen. Er ging zur Familie seiner Mutter in Sichem und borgte sich Geld. Seine Verwandten gaben ihm siebzig Silberstücke. Damit verdingte er sich siebzig Mann, lauter Banditen, die bereit waren, für Geld alles zu tun, was er verlangte.

Dann kehrte Abimelech mit diesen Gaunern und Verbrechern nach Ophra zur Familie seines Vaters zurück.

»Ihr bringt jetzt meine Brüder um«, sagte er zu ihnen. »Und zwar alle siebzig, denn ich will König werden und meinen Thron mit niemandem teilen.«

Darauf ermordeten die Banditen alle, nur Jotham nicht, Abimelechs jüngsten Bruder, dem es gelang zu entfliehen.

Abimelech glaubte nun, die Königskrone für sich gewonnen zu haben. Er rief das Volk von Sichem zusammen und stellte sich ihm als ihr neuer König vor. Sie jubelten ihm zu und wollten ihn zu seinem Thron begleiten, als Jotham auf einem nahegelegenen Hügel erschien.

»Volk von Sichem«! rief er zu ihnen hinunter. »Ihr habt euch einen Mörder und Verbrecher zum Führer genommen. Ich verfluche euch und ihn, meinen Bruder! Dieser Mann wird das Volk von Sichem ins Verderben führen und selbst darin umkommen!« Dann floh er, bevor er gefangengenommen werden konnte.

Drei Jahre lang herrschte Abimelech über das Land, ohne das ihm einer den Thron streitig machte. Dann strafte Gott den König für den Mord, den er an seinen Brüdern begangen hatte.

Zuerst wiegelte er das Volk von Sichem gegen Abimelech auf. Sie versuchten, den König und seine Armee zu überwältigen, aber dieses Unternehmen schlug fehl. Abimelech besetzte die Stadt, ließ alle Gebäude niederreißen und Salz auf die Erde streuen, so daß dort nichts mehr wuchs.

Dann brachten Abimelech und seine Männer alle Bewohner von Sichem um. Damit war der Fluch Jothams zu einem Teil erfüllt.

Aber noch war Abimelechs Machtgier nicht befriedigt. Er eroberte die Städte der benachbarten Länder und machte ihre Bewohner zu Sklaven. Eines Tages ging er gegen die Stadt Thebez vor und nahm sie ein. Die Verteidiger hatten sich mitten in der Stadt in einer Burg verschanzt. Als Abimelech nicht weit von der Mauer Befehl zum Angriff gab, rollte eine Frau einen Mühlstein über die Brüstung, der ihn schwer am Kopf traf.

»Schnell, ich sterbe«, sagte Abimelech zu seinem Waffenträger. »Niemand darf erfahren, daß eine Frau mich getötet hat. Bring mich mit meinem Schwert um!« Der junge Mann gehorchte und stieß ihm sein Schwert in den Leib, so daß sich Jothams Fluch auch in seinem zweiten Teil erfüllte: Abimelech wurde von einem seiner eigenen Männer getötet.

Jephthas Gelübde

Das Volk von Israel war nach wie vor auf allen Seiten von Feinden umgeben. Sie brauchten als Führer einen starken Mann und wählten aus ihrer Mitte einen, der den Namen Jephtha trug.

Jephtha hatte es in seiner Kindheit schwer gehabt. Er war der Sohn einer leichtfertigen Dirne, und so war er von seiner Familie ausgestoßen worden. Er hatte schwer kämpfen und seinen Lebensunterhalt in der Fremde verdienen müssen. Er versammelte einige Männer um sich und brachte ihnen das Kriegshandwerk bei.

Eines Tages kam eine Gruppe von angesehenen Israeliten zu ihm, und einer von ihnen sagte:

»Jephtha, unser Land ist in großer Gefahr. Unsere Feinde, die Ammoniter, ziehen ihre Truppen an unserer Grenze zusammen. Wir müssen damit rechnen, daß sie uns angreifen. Wir brauchen einen Mann wie dich, der uns in die Schlacht führt.«

Jephtha zögerte. Er hatte keine Neigung, für sein Volk in den Kampf zu ziehen; er war von keinem unter ihnen freundlich aufgenommen worden, als seine Familie ihn ausstieß.

»Wenn du diesen Krieg zu unseren Gunsten entscheidest, werden wir dich zum Herrscher über das Land machen«, versprachen ihm die Ältesten. Darauf ging Jephtha zurück und wurde Kommandeur der Armee.

Jephtha war streitbar und tapfer, aber er hielt es doch für besser, den offenen Kampf mit den Ammonitern zu vermeiden. Er schickte Boten zu dem König der Ammoniter und ließ fragen, aus welchem Grunde er gegen die Israeliten vorgehen wolle. »Ihr habt unser Land geraubt«, sagte der König zu ihnen. »Gebt es uns zurück, wir lassen euch dann in Ruhe.«

»Wir haben uns kein Land angeeignet«, erklärten Jephthas Boten. »Wir leben in einem Land, das vor Zeiten den Amoritern gehörte. Es war nicht euer Land, und nie haben wir euch Gewalt angetan. Ihr tätet Unrecht, wenn ihr gegen uns vorgeht. Können wir nicht in Frieden miteinander leben?« Der König der Ammoniter aber wollte nichts davon wissen.

Jephtha hatte für die Ausbildung der israelitischen Armee gesorgt und war davon überzeugt, daß sie ihm Gehorsam leisten würde. Dennoch hatte er Zweifel, ob sie stark genug sein würde, um die Ammoniter zu schlagen, und so betete er zu Gott. Er legte ein feierliches Gelübde ab. »Wenn du mir hilfst, die Ammoniter zu schlagen«, sagte er zu Gott, »dann verspreche ich, dir das erste lebende Wesen zu opfern, das bei meiner Rückkehr zur Begrüßung aus meinem Hause kommt.«

Darauf führte er seine Männer in die Schlacht gegen die Ammoniter. Gott gab den Israeliten Kraft und Mut, und so schlugen sie den Feind in die Flucht. Die Israeliten verfolgten sie und richteten unter ihnen ein Blutbad an. Es war ein großer Sieg.

Nach der Schlacht kehrte Jephtha nach Hause zurück. Er hatte sein Gottesversprechen nicht vergessen. Aber als er zu seinem Hause kam, wer war es, der ihm entgegenlief und ihn begrüßte? Seine Tochter, sein einziges Kind!

Sie befand sich in einer Gruppe von Freundinnen, lachte, spielte auf ihrem Tambourin und tanzte mit ihnen.

Voller Kummer erzählte Jephtha ihr, was er gelobt hatte. Sie wußte, daß er sein Versprechen einhalten mußte. Sie sagte zu ihm:

»Lieber Vater, du hast dein Wort gegeben, und du darfst es nicht brechen. Aber bevor du mich tötest, laß mich gehen und zwei Monate lang mit meinen Freundinnen durch die Hügel streifen, um mich auf meinen Tod vorzubereiten.«

Jephtha willigte ein, und nach zwei Monaten kehrte sie zurück. Da opferte er sie dem Herrn und erfüllte mit ihrem Tod sein Gelübde.

Simson und Delila

Zuweilen kommt es einem verwunderlich vor, was für Menschen der Herr sich zu Dienern wählt. Simson zum Beispiel – ein grober und wilder, jähzorniger Mann –, der ständig mit seinen Landsleuten, den Israeliten, und seinen Feinden, den Philistern, im Streit lag.

Aber schon früh hatte der Herr ihn ausgezeichnet: Vor seiner Geburt erschien seiner Mutter ein Engel.

»Du wirst einen Sohn gebären«, sagte er zu ihr, »der ein Kind Gottes sein wird. Er wird durch sein Haar vor allem anderen Volk ausgezeichnet werden. Es wird ihn stark machen wie einen Löwen und darf aus diesem Grunde nie kurzgeschnitten werden.«

Gottes Worte bewahrheiteten sich. Das Kind wurde geboren und erhielt von seiner Mutter den Namen Simson. Er wuchs auf und war größer und stärker als alle seine Altersgenossen, und seine Eltern waren sehr stolz auf ihn. Eines Tages erzählte er seinen Eltern, daß er ein Philistermädchen heiraten wollte, das er in der Nachbarstadt Thimnat kennengelernt hatte. Sie waren darüber wenig froh, weil die Philister nicht ihre Freunde waren, aber Simson bestand darauf.

Als er auf dem Wege nach Thimnat durch die Weingärten ging, wurde er von einem Löwen angefallen. Er war unbewaffnet, Gott aber gab ihm die Kraft, den Löwen mit seinen bloßen Händen zu erwürgen. Er ließ den Kadaver liegen, wo er lag, und ging, um das Mädchen zu besuchen. Die Heirat sollte in einigen Wochen stattfinden.

Auf der Hochzeitsfeier prahlte Simson damit, daß er seinen Gästen ein Rätsel aufgeben würde, das keiner von ihnen lösen könnte:

»Aus dem Fresser kam etwas zu essen, aus dem Starken kam etwas, das süß war«, sagte er (auf dem Wege zum Fest hatte er gesehen, daß Bienen im Kadaver des Löwen Honigwaben gebaut hatten).

Die Gäste konnten das Rätsel nicht lösen. Als sie zum Raten keine Lust mehr hatten, versuchten sie seine Braut zu überreden, ihn nach der Antwort zu fragen. Er sagte es ihr, und ohne zu zögern, gab sie die Antwort an die Philister weiter. Sie gingen zu ihm und riefen:

»Was ist süßer als Honig?

Was ist stärker als der Löwe?«

Simson war so böse auf seine Frau, daß er dreißig junge Männer tötete und aus Rache die Ernten der Philister in Flammen aufgehen ließ. Diese brachten daraufhin die verräterische Braut und ihren Vater um. Die Feindschaft zwischen den beiden Stämmen wurde dadurch mächtig geschürt.

Eines Tages verschwand Simson in die Berge und lebte dort in einer Höhle. Die Philister gingen daraufhin gegen Simsons Landsleute vor und machten ihnen das Leben schwer. Schließlich versprachen sie, Frieden zu geben,

wenn ihnen die Israeliten sagten, wo Simson sich versteckt hielt, und wenn sie ihn gefesselt aus den Bergen zurückbringen würden.

Als Simson in Fesseln vor seinen Feinden stand, packte ihn der Zorn, er riß an den Seilen, mit denen er gebunden war, und sie zersprangen wie die Saiten eines Musikinstrumentes. Er sah sich nach einer Waffe um und griff sich den Kieferknochen eines toten Esels, der am Wegrand lag. Damit ging er so wütend auf die Philister los, daß tausend Mann unter seinen Schlägen tot zu Boden stürzten und der Rest von Panik ergriffen floh. Nach wie vor setzten seine Feinde alles daran, ihn gefangenzusetzen.

Die Philister wußten, daß sie mit Gewalt nichts gegen ihn ausrichten konnten, denn er war stärker als sie alle. Es machte ihm nichts aus, Türen zu zerschmettern und Ketten zu zerbrechen. Gott hatte ihm diese Kraft gegeben. Worin sie lag, war sein Geheimnis, und das suchten sie zu ergründen.

Sie begaben sich zu einer schönen Frau mit Namen Delila und forderten sie auf, ihn zu überlisten.

»Sieh zu, daß du herausbekommst, durch welchen Zauber er so stark ist«, sagten sie. »Wenn es dir gelingt, ihm seine Kraft zu nehmen, bekommst du von uns eintausendeinhundert Silberstücke.«

Delila lud Simson ein, sie zu besuchen, und es dauerte nicht lange, bis er bis über die Ohren in sie verliebt war und ihr versprach, ihr jede Bitte zu erfüllen.

»Erzähl mir dein Geheimnis, Simson«, bat sie ihn, »woher hast du deine große Kraft?«

»Bände man mich mit frischem Bast, dann würde ich schwach und wäre wie jeder andere«, sagte er. Delila wartete, bis er eingeschlafen war, und dann fesselte sie ihn mit dünnen Bastseilen.

»Steh auf, Simson, die Philister kommen!« rief sie.

Simson fuhr hoch und befreite sich mit einem kurzen Ruck. Ohne Fesseln stand er da und lachte über Delila, die auf seinen Trick hereingefallen war.

Aber Delila ließ nicht locker. »Sag mir, was ist das Geheimnis deiner Kraft, Simson?« »Feßle mich mit einer unbenutzten Flachschnur, dann werde ich schwach und ein Mensch wie jeder andere«, sagte er.

Wieder wartete sie, bis er eingeschlafen war, und wieder fesselte sie ihn. »Simson! Die Philister kommen!« rief sie. Simson wachte auf und zerriß die Schnüre, als wären es Spinnweben.

Am Ende aber erzählte er ihr die Wahrheit. »Ich bin von Gott auserwählt«, sagte er. »Meine Kraft liegt in meinem Haar, das darum nie geschnitten werden darf. Wenn das geschieht, werde ich schwach wie jeder andere.«

Delila tat Drogen in seinen Wein und wiegte ihn in ihrem Schoß in den Schlaf. Dann schnitt sie ihm das Haar ab. Sie rief die Philister herein, und sie fesselten und blendeten ihn und warfen ihn ins Gefängnis. Delila erhielt ihren Lohn.

Simson wurde wie ein Tier beim Treideln des Korns eingesetzt. Da er jetzt blind und schwach war, entschlossen sich die Philister, ihn im Tempel zur Schau zu stellen. Die Leute kamen in Massen in den Tempel ihres Gottes Dagon, um sich an der Schmach Simsons zu ergötzen. Als sie ihren alten Feind zu Gesicht bekamen, johlten sie vor Entzücken. »Oh, Herr«, betete Simson zu Gott, »gib mir nur noch ein einziges Mal die Kraft, die ich einst hatte.«

Gott führte ihn zu den beiden Hauptsäulen, die das Dach des Tempels trugen. Simson umfaßte die eine Säule mit seinem rechten Arm, die andere mit seinem linken Arm. »Laß mich zusammen mit den Philistern sterben«, betete er, und dann zog er mit aller Kraft an den Säulen.

Die Säulen knackten, dann brachen sie ein, und mit dem Getöse eines Erdbebens stürzte der Tempel zusammen und begrub alle unter seinen Trümmern. Er selbst und die Leute, die sich über ihn lustig gemacht hatten, fanden den Tod.

Ruth und Naemi

Vor sehr langer Zeit lebten ein Mann und eine Frau und ihre beiden Söhne in Bethlehem. Sie arbeiteten schwer und waren rechtschaffene Leute, aber sie waren arm, und im Lande herrschte eine Hungersnot.

»Überall im Lande sterben die Leute vor Hunger«, sagte der Ehemann, der den Namen Elimelech trug. »Das Korn ist aufgebraucht, und die Brunnen sind ausgetrocknet. Wir müssen hier fort und in ein anderes Land, wo es genug Lebensmittel gibt.«

Also fuhren Elimelech und seine Frau Naemi mit ihren beiden Söhnen über das Tote Meer nach Moab am östlichen Ufer. Dort war die Ernte gut gewesen, und die Leute hatten genug zu essen. Die Moabiter wiesen also die Fremden nicht mit harten Worten aus dem Land, sondern hießen sie willkommen und halfen ihnen, ein Haus zu finden und sich anzusiedeln.

Alle arbeiteten fleißig, und nach einiger Zeit waren die Söhne alt genug, um zu heiraten. Die Frauen, die sie heirateten, waren Moabiterinnen aus dem Dorf, in dem sie lebten. Die eine hieß Orpa und die andere Ruth.

Dann eines Tages starb Elimelech. Während Naemi noch um ihren Mann trauerte, traf sie ein noch größerer Verlust. Ihre beiden Söhne, jung und kräftig, wie sie waren, wurden krank

und starben. Die drei Frauen waren jetzt allein und ohne Hilfe.

»Eure Männer sind tot«, sagte Naemi zu den beiden Mädchen, »und ich bin alt und fremd in diesem Lande. Seht zu, daß ihr Ehemänner findet, die für euch sorgen werden. Noch seid ihr jung und hübsch. Heiratet und bringt Kinder zur Welt. Ich werde hier bleiben und um meine drei Männer trauern.«

Die jungen Frauen wollten Naemi, die sie liebten, nicht alleinlassen. Aber schließlich ließ sich Orpa von ihr überreden, zu ihrer Familie zurückzukehren und sich einen Ehemann im Lande Moab zu suchen. Naemis andere Schwiegertochter, Ruth, klammerte sich an sie und sagte:

»Ich werde bei dir bleiben. Ich will nicht zurück zu meinen Eltern und nicht ihren Göttern dienen. Ich werde mit dir gehen, wo immer du hingehst, und bei dir bleiben, wo immer du ein Heim findest. Dein Volk soll mein Volk sein und dein Gott mein Gott. Wo du stirbst, will auch ich sterben, und wo du beerdigt wirst, will auch ich beerdigt werden. Ich schwöre zu Gott, daß nur der Tod uns trennen wird.«

Naemi war von den Worten der Schwiegertochter gerührt, und gemeinsam verließen sie Moab und kehrten nach Bethlehem zurück.

Als sie in Bethlehem ankamen, wurden sie von allen in der Stadt willkommen geheißen, und die Frauen, die Naemi von früher her kannten, sagten zu ihr:

»Bist du es – unsere Freundin Naemi? Wie geht es deinem Mann und deinen beiden prächtigen Söhnen?«

»Nennt mich nicht Naemi«, erwiderte sie. »Nennt mich Mara, das bedeutet bitter. Ich habe keinen Mann mehr, und meine beiden Söhne sind tot.«

»Aber eine Tochter hast du noch«, sagte Ruth zu ihr und küßte sie.

Ruth und Boas

Es war Erntezeit, und das Getreide auf den Feldern um Bethlehem neigte sich unter den vollen Ähren. »Geh und sammle Korn auf dem Feld von Boas«, sagte Naemi zu Ruth. »Er ist ein Verwandter von meinem toten Mann und freundlich. Er wird nichts dagegen haben, wenn du das von den Mähern übriggelassene Korn aufliest.«

Ruth ging hinaus zu den Weizenfeldern. Langsam bewegten sich die Reihen der Mäher auf den Feldern voran, sie schnitten den Weizen mit Sicheln und banden die Halme zu Garben zusammen. Ihnen folgten die Ährenleserinnen – Frauen, die wie Ruth zwischen den Stoppeln liegengebliebene Ähren aufsammelten. Es war eine wahre Knochenarbeit, denn tief mußten sie sich bücken, um die Körner zwischen den Halmen zu finden, und sie brauchten einen ganzen Tag, um einen kleinen Sack damit zu füllen. Aber nur so war es für Leute, die kein eigenes Feld besaßen, möglich, genug Weizen zu bekommen, um mit dem Mehl Brot für ihre Familie zu backen.

Als die Sonne schon hoch am Himmel stand, kam Boas zum Feld und beobachtete die Mäher bei der Arbeit. Er begrüßte sie.

»Der Herr sei mit euch«, sagte er, und sie antworteten ihm: »Gott segne dich, Boas.« Er bemerkte Ruth unter den Ährenleserinnen.

»Wer ist die junge Frau?« fragte er.

»Sie ist aus Moab«, erwiderten die Männer. »Sie kam aus ihrem Land hierher und lebt mit deiner Kusine Naemi zusammen. Sie ist seit Sonnenaufgang auf den Beinen und sammelt

Korn, ohne bisher eine Ruhepause gemacht zu haben.«

Boas rief Ruth zu sich. »Du kannst gern hier bleiben, bis die Ernte eingebracht ist«, sagte er. Sie dankte ihm. »Ich werde dafür sorgen, daß dich keiner der Männer belästigt«, fuhr Boas fort. »Wenn du Durst hast, dann darfst du gern von dem Wasser in meinen Krügen trinken.«

Ruth bedankte sich noch einmal und sagte: »Warum bist du so freundlich zu mir? Ich bin eine Fremde.« Darauf antwortete Boas:

»Ich habe von deiner Treue und deiner Liebe zu Naemi erfahren. Der Herr wird dich segnen dafür.« Dann forderte er sie auf, sich zu ihm zwischen die Mäher zu setzen, von seinem Brot zu essen und das Brot in seinen Wein zu tunken. Er gab ihr auch geröstetes Korn zu essen, und sie aß davon und bewahrte den Rest für Naemi auf. Boas erlaubte ihr, selbst zwischen den Garben so viel Roggen und Weizen zu sammeln, wie sie wünschte.

Der Sommer verstrich. Die Ernte war eingebracht, und das Erntefest wurde begangen. Naemi sagte zu ihrer Schwiegertochter:

»Heute abend drischt Boas Korn in seiner Scheune. Er ist mein Vetter, und nach unseren Gesetzen ist es erlaubt, daß er dich als seine Frau in sein Haus nimmt. Geh zu ihm heute abend, er wird sich gewiß darüber freuen.«

Ruth tat, was Naemi ihr geraten hatte, und Boas begrüßte sie erfreut, denn schon fühlte er sich in Liebe zu ihr hingezogen. Er wollte sie heiraten, aber vorher mußte er einen Vetter um Erlaubnis bitten, der näher als er mit der Familie verwandt war. Der Vetter willigte ein, und zum Zeichen seines Einverständnisses zog er, wie es üblich war, seine Sandale aus und gab sie Boas.

So wurde Ruth die Frau von Boas und gebar ihm einen Sohn. Und von da an waren wieder Kinder in Naemis Haus, Kinder von der Schwiegertochter, die sie so herzlich liebte.

Samuel, Kind des Herrn

Zwei israelitische Frauen waren mit ein und demselben Ehemann verheiratet: Peninna, die Kinder hatte, und Hanna, die keine zur Welt brachte. Tag für Tag betete Hanna zu Gott um ein Kind, und jeden Tag wieder machte Peninna sich über sie lustig, weil sie keines bekam. Als Elkana, ihr Mann, zum Tempel ging, um dem Herrn zu opfern, begleitete ihn Hanna, um Gott um ein Kind zu bitten.

»Herr, bitte, laß mich ein Kind zur Welt bringen«, betete sie. »Schenkst du mir einen Sohn, dann wird das Kind dir gehören. Ich werde ihn hier in diesen Tempel bringen, wo er dir als Priester dienen soll.«

Gott erhörte ihr Gebet. Er schenkte ihr den Sohn, nach dem sie sich sehnte, und sie gab ihm den Namen Samuel. Aber über ihre Liebe zu ihm vergaß sie nicht ihr Versprechen. Als er noch nicht zwei Jahre alt war, ging sie mit Elkana zum Tempel und brachte Samuel zu dem alten Priester Eli. »Dies ist mein Sohn, der mir von Gott gegeben wurde«, sagte sie. »Nun gebe ich ihn an Gott zurück, damit er ihm sein Leben lang diene.«

Der Junge wuchs in dem Tempel auf, wo Eli, der ihn wie seinen eigenen Sohn liebte, für ihn sorgte und ihn unterrichtete.

Eines Nachts hörte Samuel im Schlaf eine Stimme, die »Samuel, Samuel« rief. Er ging zu Eli und sagte: »Hier bin ich.«

»Ich habe dich nicht gerufen«, antwortete Eli.

Samuel ging wieder ins Bett. Aber wieder rief die Stimme: »Samuel, Samuel, Samuel«, und wieder ging er zu Eli. »Hier bin ich«, sagte er. »Du hast mich gerufen«.

»Nein, mein Sohn«, antwortete Eli. »Geh und leg dich wieder schlafen.«

Als Samuel zum dritten Male angerufen wurde, begriff Eli, daß es Gott war, der das Kind rief. »Wenn du die Stimme noch einmal hörst«, sagte der Priester zu Samuel, »dann sage: ›Sprich, Herr, dein Diener Samuel hört dich.‹«

Samuel ging zu seinem Wohnraum im Tempel. Und wieder rief die Stimme Gottes: »Samuel, Samuel!« Und diesmal antwortete Samuel: »Sprich, Herr, dein Diener Samuel hört dich.«

Da erschien Gott im Tempel, und von dieser Zeit an wurde Samuel zum Propheten Gottes, wie es Moses gewesen war, und er verkündete den Israeliten, was Gott von ihnen erwartete.

Die Jahre vergingen. Die Israeliten zogen wieder gegen die Philister ins Feld, und die Philister gewannen eine Schlacht nach der anderen. In ihrer Verzweiflung ließen die Israeliten die Bundeslade aus dem Tempel des Herrn holen, in der Hoffnung, daß ihre Armee durch den Anblick des Heiligtums neue Kraft gewinnen würde. Aber Gott zürnte den Israeliten, weil sie andere Götter neben ihm verehrten, und wendete die Schlacht gegen sie.

Die Philister griffen so ungestüm an, daß sie die Reihen der Israeliten durchbrachen und die heilige Bundeslade eroberten. Entmutigt wandten sich die Israeliten zur Flucht. Als der alte Priester Eli hörte, daß die Bundeslade geraubt worden war, war er so verzweifelt, daß er zusammenbrach und starb. Samuel wurde an seiner Stelle zum Führer und Richter Israels gewählt.

Die Bundeslade blieb nicht lange in den Händen der Philister. Sie brachten sie von einer Stadt in die andere. Aber wo immer sie aufgestellt wurde, erkrankten die Leute und starben, und die Städte wurden von Rattenschwärmen heimgesucht.

So brachten die Philister die Lade zusammen mit reichen Geschenken zu den Israeliten zurück und schlossen Frieden mit ihnen. Samuel war den Israeliten ein gerechter Herrscher, und so wandten sie sich wieder dem Herrn zu.

Samuel und Saul

Samuel, der als Richter in der Stadt Rama saß, war schon alt, als eines Tages die Führer der Israeliten zu ihm kamen.

»Du bist so gut wie blind, Samuel«, sagten sie zu ihm, und es fällt dir schwer, deine Arbeit zu tun. Was wir brauchen, ist ein König. Nicht nur einen Richter, wie du es bist, sondern einen mit aller Macht ausgestatteten König.«

»Gott ist euer König«, sagte Samuel.

»Wir haben viele Götter, nicht nur einen«, entgegneten die Leute, »wir brauchen einen König, der uns in die Schlacht führt. Vielleicht werden wir dann in Zukunft weniger Ärger mit unseren Feinden haben.«

Als Gott dieses Gerede hörte, entschloß er sich, den Leuten eine Lehre zu erteilen. »Ich werde ihnen einen König schicken«, sagte er zu Samuel, »der ihnen das Leben schwermachen wird. Er wird ihre Söhne dazu zwingen, für ihn in den Kampf zu ziehen. Er wird ihre Felder und ihre Ernten an sich bringen. Er wird ihre Töchter zu Sklavinnen machen. Sie werden es bereuen, daß sie sich einen König herbeigewünscht haben.«

Samuel teilte ihnen mit, was Gott ihm gesagt hatte. Aber sie hörten nicht auf ihn.

Gott bestimmte einen Mann zum König, der ganz und gar anders war als Samuel. Er hieß Saul, war jung, groß und stark und stammte aus einer vermögenden Familie. Trat er unter das Volk, dann überragte er alle um ihn herum um Kopfeslänge. Er war nicht so weise und mildtätig wie Samuel, aber er war genau der Mann, den Gott im Augenblick brauchte.

Sauls Vater hatte, wie die meisten Leute zu jener Zeit, seine eigene Viehherde. Eines Tages brachen seine Maultiere aus und durchstreiften das benachbarte Gelände.

»Geh und hol sie zurück«, sagte Sauls Vater zu ihm, »nimm einen deiner Knechte mit.«

Saul suchte überall in den Kornfeldern, den Weingärten und den Olivenwäldern nach ihnen. Er ging von Feld zu Feld, aber er fand sie nicht. Sein Vater, wußte er, würde sich Sorgen machen, wenn er noch länger vom Hause fernbliebe.

»Komm, gehen wir zurück«, sagte er zu seinem Knecht. Der aber antwortete:

»Hier in der Nähe lebt ein Gottesmann. Er ist Prophet, und alles, was er über die Zukunft sagt, trifft zu, weil Gott mit ihm spricht. Vielleicht kann er uns sagen, wo die Maultiere sind.«

So gingen sie in die nahegelegene Stadt, um Samuel aufzusuchen.

Der alte Mann kam gerade aus dem Stadttor heraus, um sich zu einem Altar in den nahen Bergen zu begeben. Gott hatte ihm gesagt, daß

der zukünftige König an diesem Tag zu ihm kommen werde. Als Saul sich ihm näherte, sprach Gott zu seinem Propheten:

»Dies ist der Mann, den ich zum König bestimmt habe. Dieser Mann soll über mein Volk herrschen.«

Also wurde Saul sehr herzlich von Samuel begrüßt. »Von mir kannst du erfahren, was du wissen willst«, sagte er. »Mach dir keine Sorgen wegen der Maultiere. Sie sind in Sicherheit. Komm zu mir in mein Haus, dort werde ich dir sagen, was Gott mit dir vorhat.«

Saul wird zum König gewählt

Saul wurde in der einfachen, aber feierlichen Zeremonie zum König gewählt, wie sie seit alten Zeiten üblich war. Er wurde mit Öl gesalbt. Samuel, der alte blinde Prophet, der einen Teil der Macht an Saul übergab, nahm ein Gefäß mit heiligem Öl und goß es über dem Haupt des jungen Mannes aus. Dann küßte er ihn und sagte:

»Gott hat dich zum Herrscher über sein Volk gesalbt, damit du es von seinen Feinden befreist.«

Er schickte Saul zum Opfern und Beten zu dem Berg Gottes. Auf dem Wege dorthin traf Saul auf eine Gruppe von Propheten, die von dem Altar auf dem Gipfel des Berges herunterkamen. Sie spielten Flöte und Harfen, Pfeifen und Trommeln, und ihre Musik erfüllte Sauls Seele mit dem Geist des Herrn.

Als das Volk ihn so sah, fragten sie sich: »Was ist mit Saul geschehen? Ist das derselbe Mann wie der, den wir bisher kannten? Ist Saul jetzt selbst einer der Propheten?« Saul aber war von diesem Tage an ein neuer Mensch, denn er hatte den Glanz Gottes gesehen.

Samuel rief unterdessen die Stämme Israels zusammen. Er sagte zu ihnen:

»Ihr habt euren Gott verleugnet und mich gebeten, einen König an seiner Stelle einzusetzen. Hier ist euer König. Es ist Saul, den Gott für euch erwählt hat.«

Als das Volk den jungen, gutaussehenden Mann sah, riefen alle:

»Es lebe der König!« Sie waren voller Freude und hatten großes Gefallen an ihm.

So wurde Saul zum König und führte die Israeliten in vielen Schlachten gegen die Philister.

Jonathan bricht ein Gelübde

Die Jahre vergingen, und Sauls ältester Sohn Jonathan wurde Soldat und kämpfte mit großer Tapferkeit an der Seite seines Vaters gegen die Philister. Sie hatten sich in den Bergen festgesetzt, und Sauls Armee ging jenseits einer tiefen Schlucht ihnen gegenüber in Stellung. Jonathan sah an den mächtigen Felsen hoch und sagte zu seinem Waffenträger:

»Wir werden an diesen Felsen hochklettern und die Philister frontal angreifen.«

Die Philister hatten unterdessen Überfallkommandos losgeschickt, die Sauls Truppen von hinten angreifen sollten. Ihre eigene Stellung jenseits der Schlucht hatten sie fast unbewacht zurückgelassen.

Jonathan und sein Waffenträger kletterten an den steilen Felsen hoch. Als sie vor den Außenposten der Philister auftauchten, gerieten die wenigen Männer in Panik und ergriffen die Flucht. In ihrer Verwirrung bekämpften die Soldaten der Philister sich gegenseitig. Darauf drang Saul mit seinen Männern durch die Schlucht vor und vernichtete die gesamte Armee der Philister.

Saul tat vor Gott ein Gelübde, daß seine Männer erst am Abend, für den ein allgemeines Dankfest angesetzt war, Nahrung zu sich nehmen sollten. Jonathan wußte nichts von dem Gelübde seines Vaters. Als er die Philister durch einen Wald verfolgte, stieß er auf einen ausgehöhlten Baumstamm mit wildem Honig und aß davon.

»Wir verdanken ihm den Sieg. Töte ihn nicht, obwohl er das Gelübde gebrochen hat!« flehte das Volk Saul an, und so kam Jonathan mit dem Leben davon.

Sauls Ungehorsam vor Gott

Während Saul König von Israel war, fand ein Krieg nach dem anderen statt. Von allen ihren Feinden fürchteten die Israeliten die Amalekiter am meisten. Seit der Zeit, in der die Amalekiter die Israeliten auf ihrem Weg durch die Wüste nach Ägypten angegriffen hatten, bekämpften sich die beiden Völker ununterbrochen.

Gott sagte zu Samuel: »Geh zu König Saul und sag ihm, er soll seine Männer mit Waffen ausrüsten. Es ist an der Zeit, daß die Amalekiter mitsamt ihrer Habe vernichtet werden. Ihr sollt keinen von ihnen verschonen, ich will, daß alle Männer und alles Vieh umgebracht werden.«

Als Saul den Willen Gottes durch Samuel erfahren hatte, zog er seine Truppen zusammen und ging zum Angriff vor. In der blutigen und lange dauernden Schlacht, die dann stattfand, wurden fast alle Amalekiter getötet.

Der Sieg aber stieg den Männern Sauls zu Kopf, so daß sie sich habgierig über die Besitztümer der Amalekiter hermachten. Gegen den Willen Gottes raubten sie alles, was sie in dem Land vorfanden. Saul tat nichts, um sie daran zu hindern.

Gott wurde zornig und ließ Saul durch Samuel sagen, wie sehr ihn sein Verhalten empöre. Saul bat um Vergebung – die Tiere, sagte er, sollten Gott als Opfer dargebracht werden.

»Gott legt auf Gehorsam größeren Wert als auf Opfer«, sagte Samuel zu ihm. »Er will nicht, daß du länger König von Israel bist.«

Als Samuel sich abwandte, faßte Saul sein Gewand und suchte ihn zurückzuhalten, das Gewand aber zerriß in seinen Händen. Samuel drehte sich zu ihm um. »Gott wird dir das Königreich Israel entreißen und es einem besseren Mann übergeben«, sagte er zu Saul. Dann ging er, und dies war die letzte Begegnung zwischen ihm und Saul.

David, der Sohn Isais

Der Prophet Samuel war traurig darüber, daß Saul, den er zum König gesalbt hatte, von Gott in seinem Zorn als König abgesetzt worden war. Er machte sich große Sorgen, weil die Israeliten als Volk zugrunde gehen würden, wenn sie keinen starken Führer hätten.

Darauf erschien Gott in dem Garten, in dem Samuel unter einem Baum saß.

»Geh nach Bethlehem, Samuel«, sagte Gott, »zu dem Haus eines Mannes mit Namen Isai. Ich beabsichtige, einen seiner Söhne zum König zu machen. Ich werde dir sagen, welchen ich erwählt habe, und du wirst ihn zum König salben.«

»Aber Herr«, entgegnete Samuel, »Saul ist jähzornig und gewalttätig, wenn er in Wut gerät. Wenn er hört, was ich getan habe, wird er mich umbringen wollen.«

»Mach dir keine Sorgen«, sagte Gott zu ihm. »Nimm ein Kalb mit und bitte die Leute, zu denen du dort kommst, mir dieses Tier zu opfern.«

Also machte sich Samuel auf den Weg nach Bethlehem. Als er sich der Stadt näherte, kamen ihm die Ältesten entgegen.

»Warum kommst du? Ist irgend etwas nicht in Ordnung?« fragten sie ihn, und Samuel antwortete: »Ich bin gekommen, um dem Herrn ein Opfer zu bringen.«

Dann ließ er Isai, den Enkel von Ruth und Boas, rufen und sagte:

»Bring deine Söhne her, damit sie an dem Opfer teilnehmen.«

Isai und seine Söhne wuschen sich und zogen sich saubere Kleider an und bereiteten sich für den Gottesdienst vor. Als sie zu dem Priester kamen, segnete Samuel sie. Dann sagte er:

»Komm her, Isai, und stell mir deine Söhne vor.«

Isai rief Eliab, seinen ältesten Sohn, heran und stellte ihn Samuel vor. »Der junge Mann gefällt mir gut«, dachte Samuel bei sich, aber Gott gab ihm kein Zeichen. Also nickte der Prophet, und Eliab trat beiseite. Darauf ließ Isai seinen zweiten Sohn Abinadab und Schamma, seinen dritten, vortreten. Isai stellte ihm seine sieben Söhne vor, aber jedesmal schüttelte der Prophet den Kopf und sagte:

»Hast du noch andere Söhne, Isai?«

Isai sagte schließlich: »Ich habe noch einen, er ist der jüngste und hütet gerade die Schafe. Sein Name ist David.«

»Ruf ihn mir her«, sagte der Prophet. Als David vor Samuel hintrat, gefiel ihm dieser hübsche Junge mit seinen hellen Augen. Gott aber sagte zu dem Propheten:

»Steh auf und salbe ihn; dieser Junge soll der neue König sein.«

Samuel stand auf und holte das Gefäß mit dem heiligen Öl hervor. Er hob es hoch, goß das Öl auf Davids Haupt und salbte ihn zum König. Der Junge spürte, wie ihn der Geist Gottes überkam, der ihn von diesem Tage an auf seinen Wegen geleitete.

Mittlerweile war König Saul von einer Krankheit heimgesucht worden, die seinen Geist umwölkte. Er litt unter furchtbaren Depressionen, die von heftigen Zornesausbrüchen abgelöst wurden.

»Ein Fieber wütet in dir«, sagten seine Männer zu ihm. »Vielleicht ist Musik imstande, dich zu besänftigen und dein Blut zu kühlen.«

»Wer wohl ist fähig, solche Musik vor mir zu spielen?« fragte der König. »Ich kenne einen Jungen, David, den Sohn von Isai, der auf der Harfe spielt«, sagte einer seiner Männer. »Ich glaube, seine Musik würde dir helfen.«

Saul ließ den Schafhirten zu sich rufen. Mit Geschenken, die ihm sein Vater für den König gegeben hatte, kam David zu Saul. Er setzte sich vor ihn, spielte die Harfe und sang dazu. Die Musik hatte eine wunderbare Wirkung auf den König, der sich bald danach erholte.

David und Goliath

Die Philister waren wieder auf dem Marsch. David war noch zu jung, um in König Sauls Armee mitzukämpfen, er hütete also weiter die Schafe seines Vaters. Aber er hatte den innigen Wunsch, wie seine drei ältesten Brüder Soldat zu werden und mit ihnen ins Feld zu ziehen.

Als David eines Tages mit seinem Vater zusammensaß, sagte Isai zu ihm:

»Ich möchte, daß du deinen Brüdern Lebensmittel bringst und mir, wenn du zurückkommst, erzählst, wie es ihnen geht.«

David zögerte nicht, er suchte sich jemanden, der für ihn die Schafe hütete, und stand früh am anderen Morgen auf. Als er zu König Sauls Lager kam, rüsteten sich die beiden großen Armeen gerade zum Kampf. Die Kriegsschreie der Israeliten und das antwortende Gebrüll ihrer Feinde, der Philister, klang ihm in den Ohren wie das Gedröhne von Trommeln.

In den hinteren Kolonnen, die David zuerst abging, fand er seine Brüder nicht. Er drängte sich durch die Menge der laut rufenden Soldaten zur vorderen Front, wo er seine Brüder in der Nähe des Königs entdeckte.

»Was willst du denn hier?« rief Eliab, der Älteste, als er David sah. »Mach, daß du fortkommst; hier hat ein Junge wie du nichts zu suchen!«

Bevor David ihm antworten konnte, trat plötzlich Stille ein. Aus den Reihen der Philister trat ein Riese hervor, Goliath.

»Männer von Israel, ich fordere euch zum Kampf!« brüllte er. »Wenn einer von euch im Zweikampf mit mir siegt, dann wollen wir eure Sklaven sein. Wenn aber er unterliegt, dann führen wir euch in die Knechtschaft! Wer von euch hat Mut genug, gegen mich anzutreten?«

»Ich«, rief David laut.

Alle drehten sich um und blickten zu dem Jungen hin. Seine Brüder sagten: »Geh nach Hause, David, und kümmere dich um deine Schafe.«

David bahnte sich einen Weg zum König.

»Erlaubt mir, Herr, gegen Goliath zu kämpfen«, bat er ihn, »ich werde ihn um Israels willen besiegen.«

»Du bist noch zu jung«, sagte der König zu ihm. »Du kannst nicht gegen einen Riesen wie Goliath kämpfen!«

»Ich bin ein Hirte«, erwiderte David. »Schon oft habe ich wilde Tiere, wenn sie die Herde meines Vaters angriffen, getötet. Ich habe Löwen und Bären getötet, ich werde auch mit Goliath fertig!«

»Gut«, sagte Saul, »dann geh, und möge Gott dich behüten.«

Saul setzte David einen bronzenen Helm auf und ließ ihm eine Rüstung bringen. Dann übergab er dem Jungen sein eigenes Schwert.

David stand zögernd da. »Ich kann mit dieser Rüstung nicht kämpfen«, sagte er. »Ich muß mich frei bewegen können«. Er legte die Rüstung ab und zog seine Schleuder hervor. Dann suchte er sich fünf glatte Steine und steckte sie in seine Hirtentasche.

Die Männer traten bestürzt beiseite, als er mit bloßen Händen auf den riesigen Philister zuging, der wie ein Turm neben seinem Schildträger stand.

»Ich bin bereit«, sagte David.

Goliath sah verächtlich auf ihn herab. »Du?« sagte er. »Wer bist du denn?« Er packte sein Schwert. In der linken Hand trug er einen Speer, und in seinem Gürtel steckte ein langer Dolch. »Ich werde dich greifen und aufschlitzen und den Vögeln zum Fraß vorwerfen«, sagte er.

David rückte vor. »Ich bin David, der Sohn Isais«, sagte er. »Die Männer, die du vor dir siehst, sind Soldaten in der Armee unseres Herrn. Unser Sieg über die Philister wird der Welt beweisen, daß unser Gott der wahre Gott ist und daß es neben ihm keinen anderen Gott gibt. Ich werde mit dir kämpfen, Goliath, und dich besiegen!«

Bei diesen Worten hob David seine Schleuder und zielte auf den Riesen. Der Stein flog durch die Luft. Er traf Goliath an der Stirn, und der gewaltige Philister stürzte mit dumpfem Krach zu Boden. David rannte zu ihm hin und zog ihm das Schwert aus der Scheide. Er hob es hoch in die Luft, dann ließ er es niedersausen und schlug dem Riesen Goliath den Kopf ab.

So, durch den Sieg über Goliath, wurde David vor aller Augen zum Helden.

Sauls Eifersucht auf David

Nachdem David Goliath getötet hatte, änderte sich sein Leben vollständig. König Saul holte ihn in seinen Palast und behandelte ihn wie einen Sohn. Jonathan liebte David wie einen Bruder, und die beiden wurden zu einem unzertrennlichen Paar. David wurde Soldat. Ihm wurde eine Armee unterstellt, mit der er in vielen Schlachten über die Philister siegte.

Lieder wurden gemacht, in denen man die Taten Davids besang. Er wurde so populär, daß man überall im Lande die Davidslieder sang. Als der König eines Tages eine Frau singen hörte, fragte er sie nach dem Text des Liedes. Sie sagte:

»Eintausend Mann sind gegen Saul gefallen; Zehntausend jedoch gegen David.«

In diesem Augenblick sah Saul David mit der Armee heimkehren, die wieder einen großen Sieg über die Philister errungen hatte. Die Leute standen an den Straßen und jubelten und winkten ihnen zu. Das war zuviel für den König, den die Eifersucht packte.

»Fehlt nur noch, daß sie ihn zum König wählen!« murmelte er vor sich hin. »Aber vorher bringe ich ihn um!« fügte er hinzu.

Er bestellte, wie er es schon öfters getan hatte, David zu sich und ließ sich von ihm etwas auf der Harfe vorspielen. Bisher hatte diese schöne Musik den König immer besänftigt und ihm Ruhe gegeben. Aber jetzt steigerte sie nur noch seine heftige Eifersucht. Die Nerven gingen mit ihm durch, und er griff seinen Speer und schleuderte ihn auf David. David sprang geschickt wie ein Leopard zur Seite.

Sauls Wutanfälle wurden immer schlimmer. Mit jeder Schlacht, in der David gesiegt hatte, wurde er noch irrer vor Eifersucht. Schließlich floh David in die Berge von Siph.

Saul machte sich auf und jagte ihm mit seinen Männern nach. David schien in die Enge getrieben; er war von allen Seiten umzingelt. In diesem Moment griffen die Philister aus dem Hinterhalt an und lenkten Saul ab. Dadurch gelang es David, sich tiefer in die Berge zurückzuziehen, zu einem Ort namens Engedi. König Saul nahm die Verfolgung wieder auf.

David und seine Männer hatten sich in eine Höhle zurückgezogen, die der König zufällig alleine und ohne Leibwächter betrat.

»Nimm deine Chance wahr«, flüsterten Davids Männer ihm zu. »Schnell! Bring ihn um!«

»Ich kann Saul nicht töten«, erwiderte David. »Er ist mein König; Gott hat ihn zum Herrscher über das Volk gesalbt.«

Er schnitt nur ein Stück vom Rock des Königs ab, und als Saul die Höhle verließ, rief er hinter ihm her: »Mein König und Herr!«

Saul blickte sich um und sah David vor der Höhle knien.

»Warum fürchtet Ihr mich, Herr?« fragte David ihn. »Seht hier, das ist ein Stück von Eurem Rock, das ich abschnitt, als Ihr in der Höhle in meiner Gewalt wart. Ich hätte Euch töten können, aber ich tat es nicht, weil Ihr mein König seid, der König von Israel.«

Saul war gerührt über dieses Verhalten Davids und von seiner Eifersucht geheilt.

131

David heiratet Sauls Tochter

Der Prophet Samuel starb, und ganz Israel trauerte um ihn. Auch Saul und David, die jetzt Freunde waren, nahmen an den Feierlichkeiten teil. Aber nach einer Weile wurde Saul wieder von seinen Wahnvorstellungen heimgesucht. Obwohl ihm David seine Treue bewiesen hatte, konnte der König sich nicht von dem Gedanken befreien, daß er ihn eines Tages töten mußte. Daß alle David liebten – die Soldaten, das Volk, der Sohn des Königs, Jonathan –, Saul nahm das alles nur als eine Verschwörung gegen ihn und seinen Königsthron.

Es war Saul nicht gelungen, David zu töten. Jetzt faßte er den Plan, ihn von den Philistern umbringen zu lassen. Er wußte, daß seine Tochter Michal David liebte, aber natürlich konnte er als der Sohn eines einfachen Schafhirten nicht hoffen, als Schwiegersohn in die Königsfamilie aufgenommen zu werden. Saul faßte den Plan, Michal als Köder zu benutzen und David auf diese Weise in den Tod zu locken.

Er ließ David kommen und sagte zu ihm:

»Ich gebe dir Michal zur Frau, wenn du mir den Preis bezahlst, den ich von dir verlange. Er ist hoch. Ich verlange, daß du im Kampf eigenhändig hundert Philister tötest.«

David hatte keine Angst vor den Philistern, und es lag ihm sehr daran, Michal zu heiraten. Er sagte zu Saul:

»Ich bin mit dem Angebot einverstanden.«

Schon nach kurzer Zeit bot sich ihm die Gelegenheit. Die Philister drangen in Israel ein, und David zog ihnen mit seinen Männern entgegen. Wieder siegte David über sie; zweihundert gefallene Philister blieben auf dem Schlachtfeld zurück. David trat triumphierend vor Saul hin.

»Ich habe die doppelte Anzahl von Philistern getötet, die Ihr mir als Preis gesetzt habt«, sagte er. »Nun gebt mir Michal zur Frau.« Saul, der auf den Tod Davids gehofft hatte, mußte ihn statt dessen zu seinem Schwiegersohn machen.

Aber das linderte seine Besessenheit nicht.

Seine Angst vor David steigerte sich; er war fest davon überzeugt, daß er ihm nach dem Leben trachtete. Er rief seine Wachen zu sich und gab ihnen den Befehl, Davids Haus zu umzingeln. »Noch vor Tagesanbruch werde ich in das Haus eindringen und ihn töten«, sagte er.

Als Michal bemerkte, daß sich die Leute ihres Vaters an das Haus heranschlichen, sagte sie zu David:

»Mein Vater schickt seine Leute, um dich umzubringen! Es gibt hier im Haus ein geheimes Fenster, durch das du entfliehen kannst. Ich werde den Mördern vortäuschen, daß du noch hier bist, damit du Zeit findest, die Stadt zu verlassen.« Sie ging zu Davids Bett und stopfte es voll mit Kissen, so daß es aussah, als schliefe er dort. Dann legte sie ein Ziegenfell über die Stelle, an der sich angeblich sein Kopf befand, und zog die Vorhänge vor, so daß es in dem Raum dämmrig wurde. Dann führte sie David zu dem geheimen Fenster und ließ ihn mit einem Seil an der Stadtmauer herab, so daß er in die Berge fliehen konnte.

Bei Tagesanbruch drangen Saul und seine Männer in das Haus ein. Die Männer hoben das Bett hoch und trugen es zum König. Als Saul bemerkte, daß David wiederum geflohen war, wurde er fast wahnsinnig vor Wut.

David und Jonathan

Trotz der Spannung zwischen Saul und David blieben er und Jonathan, der Sohn des Königs, Freunde. Jonathan war gewandt und schnell und besonders geschickt im Umgang mit Pfeil und Bogen. Als Jäger machte ihm so leicht keiner etwas vor. David war als Soldat tapfer, aber er konnte auch singen, und nach seinen Kämpfen machte er Lieder darüber. Dies ist eines seiner Lieder:

»Gott gebührt Dank, denn seine Liebe
Dauert an und hört niemals auf.
Wenn wir seine Gebote brechen,
Sind wir wie Gefangene in Ketten
Im Kerker verloren.
Durch schwere Arbeit wird unser Geist gebrochen,
Wir wanken und fallen und rufen
In unserem Elend nach ihm.
Und er erhört uns,
Befreit uns aus unserem Kerker
Und von unseren Ketten.
Gott wandelt die Wüste in Seen;
Er labt die durstige Erde mit Wasser.
Den Armen und Hungrigen gibt er ein Heim,
Wein pflanzen sie an und bestellen den Acker
Und die Ernten auf ihren Feldern sind gut.«

Eine gute und fruchtbare Freundschaft verband David und Jonathan seit ihrer Kindheit. In dieser Freundschaft hatten sie sich durch den Haß des Königs auf David nicht beirren lassen, und fruchtbar war sie für beide, weil jeder dem anderen sein Bestes gab.

Daß David noch am Leben war, verdankte er Jonathan. Saul hätte David längst aus Eifersucht getötet, wenn sich Jonathan nicht für ihn eingesetzt hätte. »Du hast keinen Grund, David zu fürchten«, sagte Jonathan wiederholt zu seinem Vater. »Wir beide haben uns Freundschaft geschworen. Ich habe ihm zum Zeichen meiner Zuneigung meinen Mantel, mein Schwert, meinen Bogen und meinen Gürtel

gegeben. Er hat nichts Böses gegen dich im Sinn.«

Aber Saul hörte nicht auf ihn. Er war nach wie vor gewillt, David umzubringen, als wäre er ein wildes und gefährliches Tier. Und so warnte Jonathan ihn, wie er es schon oft getan hatte.

Er wußte, wo sich David versteckt hielt, und machte sich mit einem Jungen als Begleiter auf, als ginge er zur Jagd. Als Zeichen hatte er mit David vereinbart, daß er drei Pfeile abschießen würde, die der Junge dann aufsammeln sollte. David, der sich in den Büschen nahebei verborgen hielt, würde dann durch ihn erfahren, ob es gut oder schlecht um ihn stand. Als Jonathan den Jungen mit den Pfeilen zum Palast zurückgeschickt hatte, kam David aus seinem Versteck hervor, und die beiden Freunde umarmten einander.

»Du mußt das Land verlassen«, sagte Jonathan zu David. »Es ist Neumond, und mein Vater hat vor, ein Bankett zu geben. Er hat dich dazu eingeladen, aber ich weiß, daß er dich töten will, wenn du zu dem Bankett kommst.«

Den beiden jungen Männern kamen die Tränen, als sie sich voneinander verabschiedeten, denn sie fürchteten, daß sie sich nie wiedersehen würden.

David mußte aus dem Land Israel fliehen. Aber wo würde er vor Sauls Rache sicher sein? Am sichersten gewiß unter den Philistern, den alten Feinden der Israeliten.

Und so machte sich David mit seinen Männern auf und begab sich zu Achis, dem König der Philister. Sie dienten ihm und kämpften tapfer gegen die anderen Stämme, und Achis faßte Vertrauen zu David, als wäre er einer der Seinen. Aber David überwand das Heimweh nach seinem Land und seinem Freund Jonathan nicht.

David und Abigail

Es war die Zeit der Schafschur. In Karmel wurden dreitausend Schafe und eintausend Ziegen für den vermögenden Grundbesitzer Nabal geschoren. Dieses Ereignis wurde festlich begangen, und Nabals schöne Frau Abigail kümmerte sich um die Vorbereitungen zu diesem Fest.

David und seinen Männern, die ihr Lager in der Wildnis aufgeschlagen hatten, erging es schlecht. Für Nabal aber war dies eine gute Zeit. David hatte Nabal und das Volk von Karmel früher einmal gegen die Überfälle der Philister verteidigt. Zum Dank dafür wollte er Nabal jetzt um einen Gefallen bitten. Er schickte einen Boten an ihn, der ihn an seine früheren Dienstleistungen erinnern und ihn um Lebensmittel und Getränke für sich selbst und seine Männer bitten sollte.

Nabal, der für sein aufbrausendes Temperament bekannt war, sagte: »Wer ist dieser David, Sohn von Isai? Heutzutage erwartet jeder entlaufene Sklave, daß man ihn wie einen Fürsten behandelt!«

Als David erfuhr, was Nabal gesagt hatte, wurde er böse und nahm sich vor, ihm eine Lektion zu erteilen. Auf seinem Wege zu Nabal traf er auf eine Eselkarawane, die mit Geschenken beladen war und von Abigail angeführt wurde. Sie warf sich David zu Füßen.

»Vergib uns, Herr«, sagte sie, »mein Mann hat es nicht so böse gemeint. Ich komme zu Euch, um Euch diese Geschenke zu bringen. Nehmt sie und vergeßt Euren Zorn.«

David wurde milde gestimmt, als er Abigail vor sich liegen sah. Er nahm ihre Geschenke entgegen und hieß sie, in Frieden zurückzukehren. Einige Tage darauf traf der Strahl Gottes ihren Mann, und er starb.

Da entsann sich David der schönen Abigail. Er bat sie um ihre Hand, und sie willigte freudig ein und wurde seine Frau.

David, König von Israel

Aber noch waren die Kriege zwischen den Philistern und den Israeliten nicht beendet, und König Saul machte sich große Sorgen. Gott zürnte ihm, und das wußte der König.

»Holt mir die Hexe von Endor, die mir sagen soll, was ich zu tun habe«, sagte er, und man brachte das alte Weib zu ihm in sein Zelt.

»Was wollt Ihr von mir, Herr?« fragte sie Saul.

»Sprich deinen Zauber und rufe einen Toten zu mir herauf. Rufe den Geist Samuels, des Propheten, der zu mir sprechen soll«, sagte der König.

So sprach sie ihren Zauber, und, in einen Mantel gehüllt, kam der Geist Samuels herauf. Seine Botschaft aber enthielt keinen Trost für Saul. »Der Herr zürnt dir, Saul«, sprach er. »Morgen werden die Philister über euch siegen, und du und dein Sohn, ihr werdet zu mir ins Grab sinken!«

Saul und Jonathan fielen beide in der Schlacht. David weinte, als er von dem Tod seines Freundes hörte. Nun konnte er als König nach Israel zurückkehren.

Als David auf dem Thron saß, zog er als erstes gegen die Stadt Jerusalem, eroberte sie und machte sie zur neuen Hauptstadt Israels. Bei ihr kreuzten sich die wichtigen Überlandstraßen zwischen Syrien und Ägypten und vom Mittelmeer zu den Ländern im Osten. Er befestigte die Stadt mit starken Mauern und ließ sich von Steinmetzen und Zimmerleuten einen Palast innerhalb der Umwallung bauen. Er nannte Jerusalem die Stadt Davids.

Hiernach entschloß sich David, die Bundeslade und die Schriftrollen und Tafeln, auf die Moses die Gesetze Gottes geschrieben hatte, nach Jerusalem zu holen. Er schickte seine besten Soldaten zu dem kleinen Dorf, in dem die Bundeslade, nachdem sie von den Philistern zurückgegeben worden war, aufbewahrt wurde. Als die Soldaten die Bundeslade nach Jerusalem zurückbrachten, wurden sie auf dem ganzen Wege vom Volk begleitet, das vor Freude tanzte und sang, auf Flöten spielte und seine Tambourins schwang. David veranstaltete ein großes Fest und tanzte und sang mit seinen Untertanen vor der Bundeslade.

Bis zu dieser Zeit hatte man die Bundeslade hinter den Vorhängen der Hütte verborgengehalten, die die Israeliten mit sich durch die Wüste trugen. »Es ist jetzt an der Zeit«, sagte David zu seinem Berater, dem Propheten Nathan, »einen großen Tempel zu bauen, in dem wir die Bundeslade aufstellen werden.«

In der Nacht darauf erschien Gott dem Propheten im Traum. »Es ist noch nicht an der Zeit, einen Tempel in meinem Namen zu bauen«, sagte er. »David ist meiner Liebe gewiß, aber erst einer seiner Söhne wird einen Tempel für mich in Jerusalem bauen.«

David hatte seinen toten Freund Jonathan nicht vergessen. Er erkundigte sich, ob Angehörige der Familie Sauls noch am Leben seien.

»Jonathans Sohn lebt noch«, berichteten ihm seine Diener. »Er ist ein Krüppel und an den Füßen gelähmt.«

»Wo ist er? Bringt ihn zu mir!« rief der König. So wurde der Junge geholt und kniete vor dem Thron des Königs nieder.

David forderte ihn auf, sich zu erheben, und umarmte ihn. »Ich habe nach dir geschickt, weil du der Sohn meines lieben Freundes Jonathan bist. Um seinetwillen gebe ich dir und deinen Kindern alles Land, das Saul einmal besaß. Komm und setz dich an meinen Tisch – du sollst hier behandelt werden, als wärst du mein eigener Sohn.«

So wurde Jonathans Sohn in Davids Haus willkommen geheißen und erhielt einen Platz an seinem Tisch.

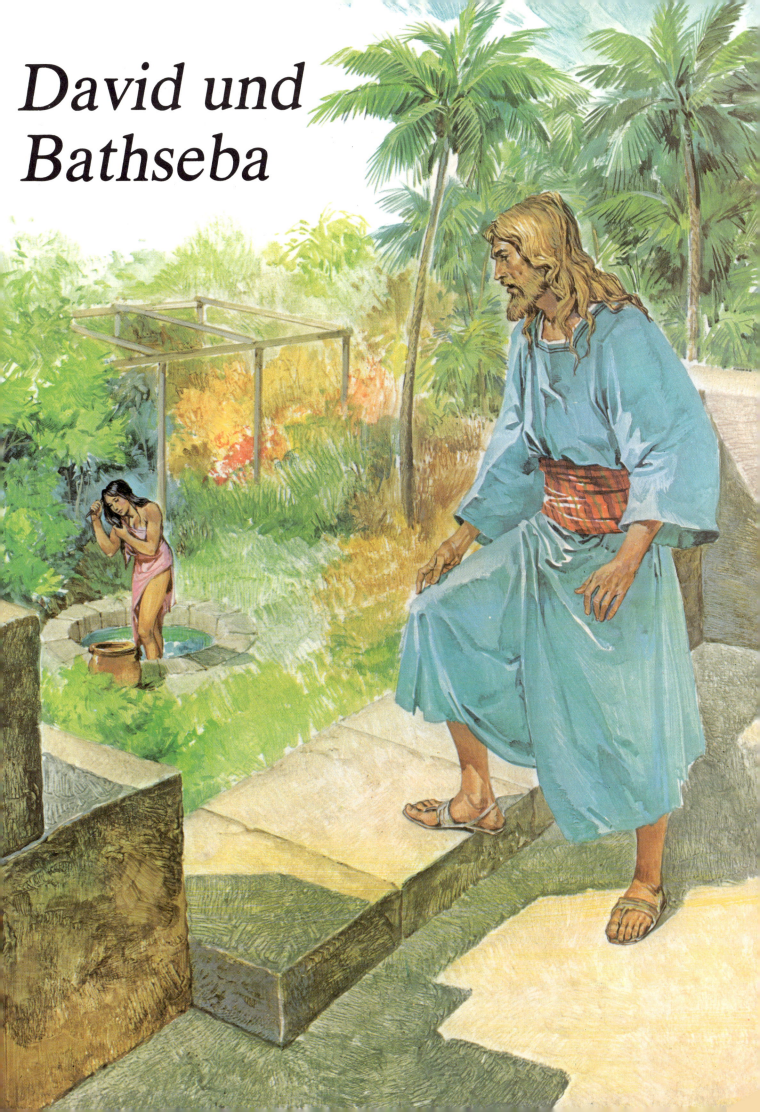

David und Bathseba

Wieder einmal überzogen die Ammoniter Israel mit Krieg, inzwischen aber waren die israelitischen Soldaten so kampfgeübt, daß sie sich vor keiner Armee in der Welt zu fürchten brauchten. David hatte so großes Vertrauen zu seinen Männern, daß er sie nicht mehr persönlich ins Feld begleitete, sondern sie von ihren Kommandeuren führen ließ und selbst in Jerusalem blieb, um die Regierungsgeschäfte zu erledigen.

Am Abend erreichte die Nachricht von einem großen Sieg David in seinem Palast. Joab, der Oberbefehlshaber seiner Armee, hatte die Ammoniter bei Rabbath geschlagen.

Es war heiß in der Stadt, und David ging auf das flache Dach seines Palastes, wo kühlere Luft wehte und der Duft von Jasmin und den Kräutern des Gartens heraufdrang.

Als er in den Garten hinabsah, erblickte er eine Frau, die dort in einem Wasserbecken badete. Sie stieg aus dem Wasser und war so schön, daß der Abend sich vor ihr zu verneigen schien.

David sah ihr nach, als sie davonging. Dann fragte er seinen Diener, wer sie sei.

»Das ist Bathseba«, antwortete der Diener. »Sie ist die Frau Urias, einem deiner Offiziere. Ihr Mann ist im Feld, er kämpft in Jakobs Armee.«

Die Nacht brach an, und Dunkelheit senkte sich auf die Dächer Jerusalems.

»Bring sie mir her«, sagte David. Als er Bathseba vor sich stehen sah, ergriff ihn die Liebe zu ihr, und die beiden schliefen miteinander.

Nach einiger Zeit erzählte Bathseba ihm, daß sie ein Kind von ihm erwartete. Nun war sie aber Urias Frau. David wollte dem Ehemann vortäuschen, daß das Kind von ihm sei, und so rief er den Offizier zurück nach Jerusalem.

Nachdem er sich seinen Kriegsbericht angehört hatte, bewirtete David Uria und schickte ihn zu seiner Frau, damit er mit ihr schlafe. Aber Uria, der sich geschworen hatte, seine Frau nicht zu berühren, bevor die Schlacht gewonnen war, ging nicht zu ihr. Er hüllte sich in eine Decke und schlief im Freien, wie er es als Soldat gewohnt war.

David aber schrieb einen Brief an Joab und gab ihn Uria mit. »Ich will, daß Uria im Kampf fällt«, schrieb er. »Schick ihn an die Front, wo es am gefährlichsten ist, so daß er nicht mit dem Leben davonkommt.« Und so geschah es.

Bathseba weinte um ihren Mann, aber als die Trauerzeit vorüber war, nahm David sie zu sich in den Palast und machte sie zu seiner Frau.

Gott ergrimmte über David, weil er gesündigt und zwei seiner Gebote gebrochen hatte. Er hatte mit der Frau eines anderen geschlafen und einen Mord begangen. Also schickte Gott den Propheten Nathan zum König und ließ ihn verkünden:

»Einst lebten zwei Männer in einer Stadt, der eine war reich, der andere arm. Der reiche Mann hatte viele Schafe, der arme aber nur eins. Dieses Lamm war ihm so lieb wie sein eigenes Leben. Eines Tages kam ein Reisender zum Haus des Reichen und bat um etwas zu essen. Der reiche Mann nahm aber nicht eines seiner eigenen Schafe, sondern stahl das Lamm des Armen. Er schlachtete es und gab dem Fremden davon zu essen.«

»Der Mann verdient, daß Gott ihn straft!« rief der König aus.

»Ja«, erwiderte Nathan. »Dieser Mann bist du.«

In diesem Augenblick kam ein Diener herein. »Bathseba hat einen Sohn geboren«, sagte er. »Aber er ist tot.«

Da neigte David vor Kummer das Haupt. Gottes Strafe war über ihn gekommen.

David und Absalom

In ganz Israel gab es niemanden, der so gut aussah wie Absalom, der älteste Sohn des Königs. Sein Haar war so üppig und voll, daß es, wenn es einmal im Jahr geschnitten wurde, auf der Waage des Königs sechs Pfund wog. David liebte Absalom und gab seinem Sohn Wagen und Pferde und Krieger als Diener. Aber Absalom wollte mehr; er wollte den Thron seines Vaters.

Jeden Morgen ging er schon früh zum Stadttor und hielt die Leute an, die zum König gehen und ihn um eine Gefälligkeit bitten wollten. »Ihr seid ganz gewiß im Recht«, sagte er dann, »aber der König wird nicht auf euch hören. Wäre ich an seiner Stelle, ich würde dafür sorgen, daß jedem Gerechtigkeit widerfährt.« Die Leute fielen, wenn sie zu ihm kamen, gewöhnlich vor ihm auf die Knie. Aber er richtete sie dann auf und umarmte sie, so daß er sich allgemeiner Beliebtheit erfreuen konnte. Im Volk regte sich der Wunsch, Absalom anstelle von David zum König zu haben.

Er umgab sich mit Anhängern, unter denen auch viele Spione waren, und bezog mit seinen Männern in Hebron Quartier. Er schickte Boten an alle Stämme von Israel und forderte

sie auf, sich zu erheben und ihn zum König zu machen.

David aber beabsichtigte nicht, mit seinem Sohn um den Thron zu kämpfen. Er überließ ihm die Macht, verließ Jerusalem und ging ins Exil. Aber damit war die Sache nicht erledigt. Nicht alle wollten einen neuen König, und Tausende hielten zu David. Darunter die Priester, die mit der Bundeslade angezogen kamen, um dadurch zu bezeugen, daß sie David weiterhin als ihren geistigen Führer betrachteten. »Bringt die Bundeslade zurück nach Jerusalem«, sagte David zu ihnen. »Wenn es Gottes Wille ist, werde ich eines Tages dorthin zurückkehren.«

Barhäuptig und ohne Sandalen an den Füßen stieg er auf die Hügel außerhalb der Stadt und weinte bitterlich, weil sich der Sohn, den er so sehr liebte, von ihm abgewandt hatte.

Absalom gab keine Ruhe, bis er sich das ganze Land untertan gemacht hatte. Er erklärte seinem Vater den Krieg. David zog seine Armee an den Ufern des Jordan zusammen. Er erteilte Joab den Oberbefehl und sagte zu ihm: »Was auch geschehen mag, ich möchte, daß mein Sohn schonend behandelt wird.«

Die beiden Armeen stießen im Wald von Ephron aufeinander, und die Schlacht dauerte den ganzen Tag an. Absalom hatte große Verluste und mußte fliehen.

Als er, von Davids Männern verfolgt, auf seinem Maultier durch den Wald davongaloppierte, blieb er mit seinem langen Haar in den Zweigen eines Baumes hängen. Er wurde aus dem Sattel gerissen und hing, als die Verfolger herankamen, hilflos im Geäst. Sie holten Joab, der ihn tötete.

Als David von Absaloms Tod erfuhr, stieg er auf einen Turm in der Stadt und rief laut:

»Oh Absalom, mein Sohn, ich wünschte, ich wäre statt deiner gestorben! Oh Absalom, mein Sohn!«

Davids Tod

David war alt geworden und wünschte sich einen seiner Söhne als Nachfolger. »Ein König«, sagte er zu ihnen, »muß gerecht sein; er muß dafür sorgen, daß die Gebote Gottes befolgt werden. Versteht er es, in seinem Volk Begeisterung zu wecken, dann wird er ihnen so lieb sein wie das Morgenlicht, wenn die Sonne aufgeht, und wie das frische Gras, das aus der Erde sprießt, wenn die Sonne es nach einem Regen bescheint.« Dann bestimmte er Salomo, den Sohn Bathsebas, zu seinem Nachfolger.

David wurde schwächer und schwächer, und obwohl man ihn in Decken hüllte, fror er. Er wußte, daß sein Tod nahe bevorstand.

»Ich gehe den Weg, den alles auf Erden geht«, sagte er zu seinem Sohn Salomo, der an seinem Bett stand. »Du mußt dich als stark erweisen und dem Volk zeigen, daß du ein Mann bist. Du mußt das Volk Israels dazu anleiten, das zu tun, was in den Augen Gottes das Richtige ist. Solange sie Gott gehorchen und seine Gebote befolgen, wird er seine Hand über sie halten. Er wird dafür sorgen, daß der Stamm Davids niemals ausstirbt und daß es Israel niemals an einem König fehlen wird.«

Dann schlief er ein, und noch in der Nacht starb er. In Jerusalem, das er zur Hauptstadt Israels gemacht und die Stadt Davids genannt hatte, wurde er neben seinen Vorvätern beigesetzt.

Salomo wird König

König Davids Sohn Salomo, den sein Vater zum Nachfolger gemacht hatte, stand nicht an erster Stelle in der Thronfolge. Aber seine Mutter war Davids Lieblingsfrau Bathseba, und sie wollte, daß ihr einziger Sohn König würde. Wie es dazu kam, wird am Anfang der biblischen Bücher der Könige berichtet.

Thronerbe war eigentlich Davids ältester Sohn Adonia, ein gutaussehender, aber halsstarriger junger Mann. Er wurde ungeduldig, als er so lange auf den Thron seines Vaters warten mußte, und erklärte sich selbst zum König. Die Leute, unter ihnen der Prophet Nathan, waren wie vor den Kopf gestoßen. Nathan ging zu Bathseba und sagte zu ihr:

»Wenn du willst, daß dein Sohn König wird, dann geh schnell zu deinem Mann und erzähle ihm, was geschehen ist.«

Sie ging zu David, dessen Tod nahe bevorstand. »Du hast mir versprochen, daß unser Sohn Salomo eines Tages dein Nachfolger wird«, sagte sie zu ihrem Mann. »Ich höre jetzt, daß sich Adonia selbst zum König erklärt hat. Das Volk ist darüber sehr aufgeregt, es gehen Gerüchte, daß es zum Bürgerkrieg kommen wird. Ganz Israel wartet darauf, daß du ihm die Wahrheit sagst.«

Mühsam brachte der alte König mit letzter Kraft hervor: »Salomo soll mein Pferd besteigen und sich meine Krone aufsetzen. Ruft den Priester Sadok herbei. Die beiden sollen zusammen nach Gihon gehen, wo Sadok das heilige Öl aus der Stiftshütte nehmen und Salomo zum König salben soll.«

Davids Befehle wurden befolgt. Eine große Volksmenge begleitete Salomo von Jerusalem nach Gihon, voran gingen der Priester Sadok und der Prophet Nathan. Sadok nahm das Gefäß mit Öl und salbte Salomo. Die Trompeten wurden geblasen, und das Volk rannte aus dem Lager Adonias davon und kam nach Gihon, um sich dem Zug anzuschließen, der den neuen König nach Jerusalem begleitete. Flöten wurden geblasen, und von überall erschallte der Ruf:

»Es lebe der König Salomo!«

Das Urteil Salomos

Salomo war, als er König wurde, noch jung. Salomo hatte, anders als sein Vater, der als Schafhirte aufgewachsen war, sein Leben lang am Hof gelebt. Er kannte die Schwierigkeiten, mit denen ein Herrscher über Israel fertigwerden mußte, und er wußte, daß er ohne die Hilfe Gottes keinen Erfolg haben würde. Eines Nachts erschien ihm Gott im Traum.

»Was willst du von mir, Salomo?« fragte er den jungen König.

»Ich will groß und mächtig werden wie mein Vater«, erwiderte Salomo. »Er war, als er starb, hochbetagt und weise. Ich bin jung und unerfahren. Mach mich weise, Gott, gib mir die Weisheit alter Männer und laß mich das Gute und das Böse erkennen. Statte mich mit der Fähigkeit aus, anderen, solange ich jung und auch wenn ich erwachsen bin, zuzuhören, so daß ich von ihnen lernen kann. Gib mir Augen,

mit denen ich klar sehe, und hilf mir zu begreifen, was ich sehe. Gib mir ein gutes Herz und Rechtschaffenheit, damit ich dir dienen kann, wie es mein Vater getan hat.«

Gott gefiel, was Salomo sagte, und er antwortete ihm:

»Weil du dir weder Reichtümer noch ein langes Leben gewünscht noch das Blut deiner Feinde gefordert, sondern um diese Dinge gebeten hast, sollst du sie und noch vieles andere erhalten. So lange es Menschen auf der Welt gibt, sollen sie die Weisheit und die Gerechtigkeit Salomos preisen.«

Salomo brauchte nicht lange zu warten, um seine neuen Fähigkeiten in die Tat umzusetzen. Bei seiner Rückkehr nach Jerusalem sah er zwei Frauen, die vor dem Palast auf ihn warteten. Sie wollten das Urteil des Königs und obersten Richters von Israel hören.

Salomo nahm auf dem Thron Platz und ließ die Frauen hereinführen. Jede von ihnen trug ein in Decken gehülltes Baby in ihren Armen. Eines strampelte und schrie, das andere gab keinen Laut von sich. Es war tot. Das tote und das lebende Kind wurden dem König zu Füßen gelegt.

»Herr«, sagte die eine der Frauen, »ich bin die Mutter des lebenden Kindes.« – »Es ist mein Kind«, schnitt ihr die andere Frau das Wort ab. »Ich brachte es in derselben Nacht zur Welt, in der diese Frau ihr Kind bekam. Sie legte sich im Schlaf auf das Kind, und es starb.«

»Die Frau lügt, Herr. Sie war es, die einschlief, als ihr Kind geboren war, so daß es unter ihr erstickte und starb. Mein Kind lebt. Dort vor Euch seht Ihr es liegen. Sprecht mir dieses Kind zu!« flehte sie.

König Salomo sah erst zu der einen, dann zu der anderen Frau. Dann betrachtete er das strampelnde Baby zu seinen Füßen.

»Wer von euch beiden sagt nun die Wahrheit?« fragte er.

»Ich, Herr«, sagte eine der beiden. »Während ich schlief, stahl mir diese Frau mein Kind und schob mir ihr totes Baby unter.«

»Du lügst!« schrie die andere Frau.

Das Baby begann zu schreien. Salomo betrachtete es und sah zu den Frauen.

»Ein Kind kann nicht zwei Frauen zur Mutter haben«, sagte er. »Eine von euch beiden lügt. Wer von euch ist die Lügnerin?«

»Ich nicht, Herr«, beteuerte eine der Frauen.

»Ich auch nicht«, rief die andere.

König Salomo wandte sich an eine der Wachen, die hinter seinem Thron standen.

»Bringt mir ein Schwert«, befahl er.

Der Soldat trat mit seinem Schwert vor, und der König befahl ihm, es aus der Scheide zu ziehen und nahe an das lebende Baby heranzugehen. Dann wandte er sich an das Volk, das am Hof versammelt war, und sagte:

»Gott hat diese beiden Frauen zu uns ge-

führt«, sagte er, »und sie haben mir dieses Kind gebracht. Jede von ihnen behauptet, sie sei die Mutter. Da beide Anspruch auf das Kind erheben, soll jede von ihnen eine Hälfte davon haben!«

Der junge König gab dem Soldaten ein Zeichen.

»Dieses Kind wird jetzt geteilt, und jede von euch bekommt eine Hälfte«, sagte er.

Es trat eine furchtbare Stille ein. Gerade wollte der Soldat zuschlagen, als die wahre Mutter vorstürzte. Sie fiel ihm in den Arm und schrie:

»Nein! Laßt es am Leben! Gebt ihr mein Kind!«

König Salomo wandte sich ihr zu. Der Soldat senkte sein Schwert.

»Nimm dein Kind an dich«, sagte der König freundlich. Er nahm das Kind hoch und legte es in ihre Arme.

Der Bau des Tempels

Fast fünfhundert Jahre lang hatte nun das Volk von Israel die Bundeslade mit den Schriftrollen und Gesetzestafeln mit sich getragen. Seit Moses die Tafeln in die Bundeslade getan hatte, waren sie in dem Heiligtum aufbewahrt und von der Wüste in Dörfer und Städte mitgeführt worden, bis König David sie schließlich nach Jerusalem gebracht hatte, wo sie in einem Tempel ständig untergebracht werden sollten.

Vier Jahre hatte Salomo regiert und war bereits mächtiger als alle Könige vor ihm.

»Es ist an der Zeit, daß ich einen großen Tempel für die Bundeslade des Herrn baue«,

sagte er. »Er wird aus den besten Baumaterialien und von den geschicktesten Handwerkern der Welt errichtet werden.«

Salomo überwachte alle Einzelheiten sehr genau. Er ließ aus allen Teilen Israels die besten Steine holen, und wenn er mit dem, was die Männer anbrachten, nicht zufrieden war, dann schickte er sie in andere Länder, um besseres Baumaterial zu holen.

Der König von Tyros schickte Zypressen aus seinen Wäldern im Norden Israels, schwere Holzstämme wurden von Schiffen an die Küste gebracht und von den Häfen mit Kamelkarawanen ins Innere des Landes geschafft. Die riesigen Zedern auf dem Berg Libanon wurden gefällt und nach Jerusalem transportiert.

Weit im Südosten von Jerusalem wurden die notwendigen Metalle gefördert und geschmolzen. Sie wurden in Tonbehältern in den Norden gebracht und dort von den Handwerkern bearbeitet. Beaufsichtigt wurde ihre Arbeit von einem Mann namens Hiram, dem geschicktesten Handwerkermeister, den man damals kannte.

Die Steine wurden in Steinbrüchen herausgebrochen und zurechtgehauen, damit die Stille auf dem Tempelgrundstück nicht durch das Gehämmer von Äxten und anderen Werkzeugen gestört würde.

Für die Wände und Decken wurde süß duftendes Zedernholz und für die Fußböden Fichtenholz verwendet. Aus dem Holz von wilden Olivenbäumen wurden zwei je viereinhalb Meter hohe Cherubinen geschnitzt, die das Allerheiligste, in dem die Bundeslade aufbewahrt wurde, bewachen sollten.

Tausende von Handwerkern wurden in den Steinbrüchen eingesetzt, um die Steinblöcke für die Außenwände zurechtzuhauen. Weitere Tausend waren mit dem Bau und der Herrichtung des Innenraums beschäftigt. Metallarbeiter aus anderen Ländern hämmerten das Gold und das Silber zurecht, womit die Altare überzogen werden sollten. Die Räume wurden mit Wandteppichen behängt, die aus vielfältig gefärbten Gold- und Silberfäden gewirkt waren.

Am Ende glich König Salomos Tempel eher einer von Wällen umgebenen Stadt als einem einzelnen Gebäude.

Sieben Jahre wurde an dem Tempel gebaut. Als die Arbeit beendet war, brachte Salomo seine eigenen und König Davids Schätze darin unter. Antike Lampen und Zangen, Löffel und Schüsseln, alle aus Gold, wurden an dem Altar Gottes geweiht. Dann rief er die Hohepriester, die Heerführer und die Oberhäupter der zwölf Stämme zu einer großen Prozession zusammen, in der die Bundeslade zum Ruhme Gottes in den dafür gebauten Tempel getragen wurde.

Der Besuch der Königin von Saba

Der Ruhm Salomos breitete sich, wie Gott es vorhergesagt hatte, über die ganze Welt aus. Leute kamen von überall her, um seine weisen Urteile zu hören und seine Paläste zu bewundern. Er hatte um sich herum eine Welt von unglaublicher Pracht geschaffen. Gärten mit springenden Fontänen, Ställe mit edlen Pferden, aus Gold hergestellte Wagen, ein Tempel, der wie ein riesiger Diamant schimmerte – vor der Großartigkeit all dieser Dinge staunte die ganze Welt.

Kaufleute mit seltenen und kostbaren Gütern kamen aus fernen Ländern an Salomos Hof und berichteten nach ihrer Rückkehr von den Herrlichkeiten, die sie dort staunend erlebt hatten. Seine Kamelkarawanen durchzogen die Wüsten, und weiter als jemals zuvor durchpflügten seine großen Schiffe die Meere. Die Nachrichten davon erreichten auch das Königreich Saba, wo eine weise Königin auf dem Thron saß. Sie entschloß sich, Salomo zu besuchen und sein Land anzusehen.

Sie war eine Königin, aber ebenso stolz und mächtig wie jeder König auf Erden, und sie brachte herrliche Geschenke mit nach Israel. Ihre Kamele und die Kolonnen ihrer Sklaven trugen Heilkräuter und Speisegewürze, Par-

füms und Öle zum Salben des Körpers. Sie brachte Geschenke aus Gold, Seidenstoffe und kostbare Edelsteine mit.

Die Ankunft der Königin von Saba war ein Schauspiel, so prächtig, wie es die Stadt König Salomos noch nicht erlebt hatte. Salomo, in goldgeschmückte Gewänder gekleidet, erwartete sie auf seinem Thron. Die Königin, die ein prunkvolles Kleid aus Seide und Damast trug und mit Perlen und Rubinen behangen war, wurde von einem Gefolge von Sklaven begleitet, die ihre Geschenke trugen. Sie trat vor seinen Thron hin.

»Wenn du so weise bist, wie man in aller Welt behauptet«, sagte die Königin zu Salomo, »dann löse die Rätsel, die ich dir jetzt aufgebe.« Sie fragte ihn nach allen Dingen, die es auf Erden und unter der Sonne gibt, und der König wußte auf jede ihrer Fragen sofort eine Antwort. Seine Worte waren so hell und klar wie die Juwelen, die er trug.

Dann führte der König sie zur Festtafel im Palast. Die Speisen waren mit Gewürzen und Kräutern zubereitet, die so selten waren wie jene, die die Königin mitgebracht hatte, und die Luft war von herrlichen Düften erfüllt. Als sie gegessen hatten, sagte die Königin zu Salomo:

»Alles, was die Leute über dich sagen, ist die reine Wahrheit. Ich habe es nicht glauben können, bis ich nun herkam und es mit eigenen Augen sehe. Die Geschichten, die man sich über dich erzählt, werden von der Wirklichkeit weit übertroffen; deine Weisheit und dein Glanz sind größer als die Lobpreisungen, mit denen man von ihnen spricht. Ich möchte noch eine Weile bei dir bleiben, um all den Reichtum kennenzulernen, den du von Gott erhalten hast.«

Salomo führte sie im Lande herum und zeigte ihr alles: die Ministerien, von denen aus das Volk regiert wurde, die Tempel und Priester und die Gerichtshöfe. Er zeigte ihr die großen, vor Anker liegenden Schiffe, die Bergwerke und die Öfen, in denen das Metall geschmolzen wurde. Er führte sie zu dem Gebäude, in dem die Philosophen aller Nationen zusammenkamen, um miteinander zu reden und Salomo zu hören, der weise und verständnisvoll sprach, so wie es ihn Gott gelehrt hatte.

Dann gab die Königin der Verehrung Ausdruck, die sie dem Gott Israels gegenüber empfand, und kehrte heim.

Salomo war groß durch die Weisheit, mit der er über sein Volk herrschte. Die Macht, die er besaß, wurde aber auf die Dauer zu einer Gefahr und brachte ihn in Versuchung. Er führte eine Art von Sklaverei ein, die beim Volk besonders verhaßt war. Nach und nach eignete er sich die Reichtümer des Landes an, weil die Kosten für seine Schiffe, seine Wagen und Paläste und für seine vielen Frauen von Tag zu Tag stiegen. Am schlimmsten aber war, daß er begann, andere Götter zu verehren.

Salomos Frauen waren die Töchter benachbarter Könige. So lebte er in Frieden mit den Ländern um sich herum und zog großen Gewinn aus dem Handel mit ihnen. Er gestattete seinen Frauen, die Götter ihrer eigenen Religionen zu verehren, und ließ Tempel für sie bauen. Nach und nach gewann Salomo Interesse an diesen Göttern und begann sie seinerseits zu verehren. Er opferte ihnen in der Nähe des Tempels des Herrn.

Voller Zorn sagte Gott zu Salomo: »Du hast meine Gebote mißachtet und Elend über Israel gebracht. Um Davids, deines Vaters, willen bleibt das Land bis zu deinem Tode vereint. Dann werde ich es teilen, und die beiden Nationen werden einander bekriegen. Die zehn Stämme des Nordens werden gegen die beiden Stämme im Süden kämpfen, und Unheil wird über sie kommen.«

Elia wird von den Raben ernährt

Israel war einst ein großes bedeutendes Land. Damit war es jetzt vorbei. Das Land wurde nach dem Willen Gottes in zwei Königreiche geteilt, in Israel im Norden und Juda im Süden. Die Völker beider Königreiche fielen von Gott ab und versündigten sich in jeder Weise. Auch ihre Könige ließen sich Schlimmes zuschulden kommen – der Schlimmste von ihnen aber war Ahab, der König von Israel.

Ahab hatte sich selbst zum König über die zehn Stämme des Nordens gemacht und Isebel, die Tochter des Königs von Tyrus, zur Frau genommen. Beide verehrten sie Baal und bauten ihm Tempel und Götzenbilder. Königin Isebel gab Befehl, die Propheten des wahren Gottes hinzurichten, und nur einem von ihnen gelang es zu fliehen und sich in den Bergen von Gilead versteckt zu halten.

Eines Tages erschien Elia vor König Ahab und sagte erregt zu ihm:

»Ich bin der Prophet des wahren Gottes, des Gottes von Israel. Weil ihr, du und dein Volk, vom Bösen besessen seid, wird es erst wieder regnen, wenn es Gott an der Zeit scheint.«

Um von den Wachen nicht verhaftet zu werden, entfernte er sich so schnell er konnte aus dem Palast.

Gott sagte warnend zu ihm: »Fliehe, Elia, in eine Gegend, in der dich der Zorn des Königs nicht erreicht. Gehe zum Bach Krith, dessen Wasser klar ist. Du kannst es trinken; für deine Ernährung werde ich sorgen.«

So verbarg sich Elia in den Wüstenbergen und schlief unter Büschen und in Höhlen. Bei Sonnenaufgang und abends, wenn die Sonne unterging, schickte Gott ihm Nahrung: Die großen schwarzen Raben von Krith brachten frisches Fleisch und Brot für den Propheten.

Die Priester Baals

Elia hatte dem König gesagt, daß es erst wieder regnen würde, wenn Gott mit ihm spräche, und fast drei Jahre lang schwieg Gott. Elia verließ Israel und lebte bei einer armen Witwe und ihrem Sohn im Königreich Tyrus. Eines Tages dann sprach Gott zu ihm und sagte, es wäre nun an der Zeit für ihn, zu König Ahab zurückzukehren.

Durch die Dürre war es inzwischen in Israel zu einer Hungersnot gekommen. »Diese Dürre vernichtet mein Land«, sagte Ahab zu seinem Minister Obadja, »die Leute sterben wie die Fliegen. Mach dich auf die Suche nach versteckten Wasserquellen, damit wir uns selbst und unsere Herden mit Wasser versorgen können.«

Obadja brach auf und traf unterwegs Elia. »Sag deinem Herrn, daß ich zurückgekehrt bin«, erklärte der Prophet.

Als Elia zu Ahab kam, gab der König ihm die Schuld an der Dürre und der Hungersnot.

»Nicht ich habe das getan«, sagte Elia. »Du hast dieses Unheil durch deine Schlechtigkeit und deinen Götzendienst auf dich gezogen. Es wird in einiger Zeit wieder regnen. Aber vorher mußt du mit allen deinen Priestern zu mir auf den Berg Carmel kommen.«

Ahab blieb keine andere Wahl. Er rief die Baalpriester zusammen, und eine große Volksmenge ging mit ihnen zum Berg Carmel. Elia trat vor und sagte:

»Wie lange wollt ihr noch wie Halme im Wind schwanken?« fragte er die Menge. »Entweder Baal ist der wahre Gott oder der Herr ist es.«

Das Volk schwieg, und Elia fuhr fort:

»Ich sage, Gott ist der Herr. Diese vierhundertfünfzig Priester hier sagen, Baal sei es. Beiden wollen wir jetzt einen Ochsen als Opfer darbringen. Wir schneiden sie auf, legen sie auf das Holz und rufen unsere Götter an, das Holz in Brand zu setzen. Der Gott, der das Holz entzündet, ist der wahre Gott.«

Das Volk zeigte sich einverstanden, und die Ochsen wurden geschlachtet. Die Baalpriester beteten und umtanzten laut rufend den Altar: »Baal, Baal, gib dich zu erkennen.« Aber es erfolgte keine Antwort.

Elia verspottete sie. »Ruft lauter«, sagte er, »vielleicht ist Baal schwerhörig.« Die Priester

riefen lauter als zuvor und schlitzten sich den Leib auf, so daß Blut herabrann. Baal aber antwortete nicht.

Elia forderte das Volk auf, näher heranzutreten. Dann baute er dem Herrn einen Altar. Dreimal goß er Wasser darüber und durchtränkte das Holz und das Fleisch. Dann trat er vor und betete:

»Oh Herr, der du der Gott Abrahams und Isaaks bist, zeige dem Volk, daß du der wahre Gott bist.«

Schweigen trat ein. Und dann brach auf dem Altar ein gewaltiges Feuer aus. Die Flammen verbrannten den Ochsen, das Holz, die schweren Steine und auch das Wasser in dem Graben unter dem Altar. Nichts blieb zurück.

Das Volk fiel auf die Knie. »Der Herr ist unser Gott!« riefen sie laut. »Der Herr ist unser Gott!«

»Ergreift die Priester«, forderte Elia sie auf und zeigte auf die Baalpriester, »denn sie sind es, die alles Unheil über euch gebracht haben.«

Als das Volk die Priester umgebracht hatte, wandte sich Elia an Ahab.

»Geh jetzt«, sagte er, »und iß und trink, denn ich höre den Regen kommen.«

Die leise Stimme Gottes

Königin Isebel wurde böse, als sie hörte, was geschehen war, und schwor, daß sie Elia aus Rache für den Tod ihrer Priester umbringen lassen würde. Elia aber verließ Jerusalem und floh in die Wüste. Dort sank er erschöpft und entmutigt nieder und flehte um Erlösung durch den Tod.

Danach schlief er ein, und während er schlief, berührte ihn ein Engel und sagte:

»Komm jetzt und iß.«

Elia wachte auf. Er hatte Durst und war hungrig, aber rings um ihn war nichts als Wüste. Doch da roch er den süßen Duft von frischgebackenem Brot. Er blickte sich überrascht um. Auf einem Stein neben ihm lag ein flaches, noch warmes Brot, und daneben stand ein Krug mit frischem Wasser. Dankbar aß der Prophet das Brot, das ihm Gott geschickt hatte, und trank das kühle Wasser.

Als Elia sich gesättigt hatte, hörte er Gottes Stimme: »Warum bist du hier, Elia?«

»Weil Israel abgefallen ist von dir, Herr. Isebel hat geschworen, mich umzubringen, und so bin ich in die Wüste geflohen.«

»Geh zu dem heiligen Berg Horeb«, sagte Gott zu ihm, »ich werde dich dort erwarten.«

Elia wanderte vierzig Tage und vierzig Nächte. Als er sich dem heiligen Berg näherte, kam ein mächtiger Sturm auf. Der Prophet nahm Zuflucht in einer Höhle und sah voller Angst, wie der Wind Bäume aus der Erde riß und Felsen zu Tal rollte. Dann ließ er nach, aber gleich darauf erbebte die Erde. Der Erdboden spaltete sich, und aus ihm schlug Feuer hervor. Die Flammen überzogen den Berg und verloschen dann.

Gott erschien nicht im Wind, nicht im Feuer und auch nicht aus dem Erdbeben heraus. Es war in der Stille und Dunkelheit der Nacht. Sehr ruhig und sehr freundlich sprach er mit einer leisen, sehr zarten Stimme zu Elia und verkündete ihm Israels Zukunft. Ein junger Mann mit Namen Jehu sollte König werden, und ein neuer Prophet, Elisa, würde als Schüler zu Elia kommen und eines Tages an seine Stelle treten.

Naboths Weingarten

In der Nähe des Palastes befand sich ein großer Weingarten, der einem in der Stadt Jesreel lebenden Mann namens Naboth gehörte. König Ahab genoß den Anblick dieses Gartens, und so regte sich in ihm der Wunsch, ihn zu besitzen. Er sagte zu Naboth:

»Tritt mir dein Grundstück ab, so daß ich daraus einen Blumengarten machen kann. Ich gebe dir dafür anderes Land oder zahle dir den Preis, den du dafür verlangst.«

»Ich gebe ihn nicht her«, sagte Naboth. »Dieser Weingarten hat meinem Vater und vor ihm meinem Großvater gehört. Wir wollen ihn behalten.«

Der König ging wütend in seinen Palast. Als sie den Grund erfuhr, wurde auch seine Frau Isebel böse. »Bist du nun König oder nicht?« fragte sie ihn. »Überlaß mir die Sache – ich werde dir das Land zum Geschenk machen.«

Sie schrieb einen Brief im Namen des Königs und beschuldigte Naboth des Verrats und der Gotteslästerung – er hätte den König verunglimpft und Gott verflucht –, und er wurde schuldig gesprochen. Er wurde aus Jesreel herausgeführt und zu Tode gesteinigt. Jetzt gehörte der Weingarten dem König.

Gottes furchtbare Strafe ließ nicht lange auf sich warten. »Das Blut deines Sohnes wird fließen, wo Naboths Blut geflossen ist«, sagte der Prophet Elia zu ihm. »Und Schakale werden Isebel zerreißen.«

Elias Himmelfahrt

Auf Elia folgte der Prophet Elisa. Elia hatte ihn eines Tages beim Pflügen im Tal des Jordan angetroffen und von Gott erfahren, daß der junge Mann sein Nachfolger sein würde. Der ältere Mann legte seinen Mantel um Elisa, um ihm mit dieser Gebärde zu sagen, daß er nun sein Schüler sei. Elisa ließ den Pflug stehen, verabschiedete sich von seiner Familie und tat sich mit Elia zusammen.

Als sie sieben Jahre gemeinsam gearbeitet hatten, sagte Elia zu Elisa:

»Ich muß dich verlassen. Ich habe eine Reise vor.«

»Nein«, sagte Elisa, »ich komme mit.« Also gingen sie gemeinsam nach Bethel. Beide wußten, daß dies Elias letzte Reise sein würde, seine Reise zu Gott. So wanderten sie nach Bethel, predigten unterwegs zum Volk und ermahnten es, neben dem einen wahren Gott keine andere Götter zu verehren.

Als sie in die Stadt kamen, sagte Elia:

»Bleib hier, Elisa. Ich muß weiter nach Jericho.«

Elisa wußte, daß die Tage seines Lehrers gezählt waren. »Ich begleite dich«, sagte er, ohne sich davon abbringen zu lassen.

In Jericho trafen sie auf eine Gruppe von Propheten.

»Weißt du, daß Gott deinen Lehrer heute zu sich nehmen wird?« fragten sie Elisa.

»Ja«, erwiderte Elisa. »Ich will nichts weiter davon hören.«

Der alte Prophet wandte sich an Elisa. »Bleib hier«, sagte er. »Gott hat mich gerufen. Es ist sein Wille, daß ich zum Jordan gehe.«

»Ich komme mit dir«, erwiderte Elisa.

Also verließen sie, von fünfzig Propheten begleitet, Jericho. Als sie zum Ufer des Flusses kamen, sahen die Propheten, wie Elia seinen Mantel ablegte und ihn zusammenrollte. Er schlug damit auf das Wasser. Der Fluß teilte sich, und die beiden Männer gingen durch das trockene Flußbett und verschwanden den Propheten aus den Augen.

Während sie hinübergingen, sagte Elia:

»Was kann ich für dich tun, bevor ich davongehe?«

»Mach, daß dein Geist über mich kommt«, antwortete Elisa. »Gib mir doppelt soviel davon wie das Erbe, das ein Vater seinem ältesten Sohn hinterläßt.«

Elia wußte, was er meinte. »Ich werde dir bald durch ein Wunder entführt werden«, sagte er. »Wenn sich das vollzieht, wirst du wissen, daß Gott dir meinen Geist übergeben hat. Wenn es aber nicht eintritt, dann hat Gott dich nicht erwählt.«

Plötzlich tat sich der Himmel auf, und ein von feurigen Pferden gezogener Wagen fuhr auf sie herab. Ein Wirbelwind erhob sich. Er wehte zwischen Elia und Elisa hin und hob Elia in den Wagen und nahm den Wagen mit sich in den Himmel. »Mein Vater, mein Vater!« rief Elisa. »Die Pferde und die Wagen Israels!«

Er nahm den Mantel auf, den Elia zurückgelassen hatte, und legte ihn sich um die Schultern. Der Geist Elias war in ihn gefahren.

Er ging zum Jordan zurück und schlug mit Elias Mantel auf das Wasser. Das Wasser teilte sich vor ihm, und er überquerte das trockene Flußbett, an dessen jenseitigem Ufer die Propheten auf ihn warteten.

Elisa heilt Naeman

In dem benachbarten Königreich Syrien lebte ein Feldherr mit Namen Naeman. Er hatte als Befehlshaber der Armee viele Schlachten gewonnen, und der König schätzte ihn sehr. Aber eines Tages wurde er vom Aussatz befallen, und auf seiner Haut bildeten sich Geschwüre, die nicht heilten.

Ein kleines Sklavenmädchen kam zu Naemans Frau und sagte:

»Ich kenne jemand, der ihn heilen kann.«

Das Mädchen stammte aus Israel, es war von syrischen Soldaten bei einem ihrer Überfälle aus dem Elternhause entführt worden.

»Es ist ein Prophet, der in Samaria lebt«, fügte das Mädchen hinzu.

Als der syrische König von dem Propheten hörte, schöpfte er Hoffnung.

»Geh sofort nach Israel«, sagte er zu Naeman, »und nimm diese Geschenke mit. Ich werde den König in einem Brief bitten, dich vom Aussatz heilen zu lassen.« Er gab Naeman Gold und Silber und prächtige Kleider für die Reise.

Als der König von Israel den Brief gelesen hatte, zeigte er sich bestürzt. »Bin ich ein Gott?« rief er aus. »Von wem soll ich diesen Mann heilen lassen? Da steckt eine Verschwörung dahinter. Der König von Syrien sucht nach einem Grund nach Streit mit mir!«

Aber Elisa, der auch von Naemans Ankunft erfahren hatte, schickte ihm einen Boten und ließ ihn zu sich ins Haus einladen.

»Wenn der General zu mir kommt«, sagte er, »wird er gewahr werden, daß es in Israel einen Propheten gibt.«

Naeman kam mit seinem Wagen angefahren und machte vor Elisas Haus halt. Er wartete auf das Erscheinen des Propheten. Aber Elisas Macht war so groß, daß er Naeman heilen konnte, ohne ihn vor Augen zu haben. Er schickte einen Boten nach draußen, der ihm sagte:

»Geh und wasch dich siebenmal im Jordan, dann wird deine Haut geheilt sein.«

Naeman verlor seine Fassung. »Ich bin nicht den weiten Weg gekommen, um mir sagen zu

lassen, daß ich mich waschen soll«, herrschte er den Boten an. »Dein Prophet könnte wenigstens herauskommen und mit mir sprechen. Er sollte seinen Gott anrufen, die Hand über mich erheben und Opfer darbringen. Wenn er meint, ich sollte mich im Fluß waschen, hätte ich ebensogut in Damaskus bleiben können; unsere Flüsse sind sauberer als eure!« Wütend ging er davon.

»Aber nein doch«, hielt ihm sein Diener vor. »Hätte Elisa Euch gebeten, etwas Schwieriges zu unternehmen, dann hättet Ihr es ohne Zögern getan. Warum tut Ihr dies nicht, nur weil es Euch zu einfach ist?«

Also begab sich Naeman zum Jordan. Er tauchte siebenmal unter. Bei jedem Mal wurde der Aussatz weniger, und am Ende war seine Haut so rein wie die eines Kindes.

Er kehrte zu Elisas Haus zurück. »Jetzt weiß ich, daß dein Gott der wahre Gott ist«, sagte er. »Nimm zum Dank diese Geschenke von mir.«

Aber Elisa wollte nichts dafür haben. »Nicht ich habe dich gerettet, sondern mein Gott«, sagte er. »Wenn du schon nichts annimmst«, antwortete Naeman, »so gestatte mir doch, mich zu deinem Gott zu bekennen. Von heute an werde ich nicht mehr meinen alten Göttern, sondern deinem Gott dienen.«

Ahab wird auf Anstiftung Elisas gestürzt

Gott hatte dem Propheten Elia verkündet, daß ein junger Heerführer mit Namen Jehu zum nächsten König von Israel bestimmt war. Aber Elia starb, und so mußte Elisa ihn salben.

Elisa rief einen seiner Anhänger, einen jungen Propheten, zu sich und sagte:

»Geh nach Ramoth-Geliad, wo Jehu stationiert ist. Du findest ihn dort unter den anderen Offizieren. Sag ihm, er soll mit dir an einen einsamen Ort kommen. Dort salbst du ihn zum König von Israel und machst dich davon.«

Der Prophet ging nach Ramoth-Gilead und fand Jehu unter seinen Offizieren. »Komm mit mir«, sagte er zu ihm. »Ich habe eine Nachricht für dich.«

Jehu ging mit ihm zu einer einsamen Stelle. Dort zog der Prophet das Gefäß mit dem heiligen Öl hervor und goß es über Jehus Haupt aus.

»Im Namen Gottes salbe ich dich zum König von Israel«, sagte er. Dann verschwand er.

Jehu kehrte zu seinen Kameraden zurück. »Na?« fragten ihn seine Freunde, »was

wollte der Mann von dir? Er schien sich in einer Trance zu befinden, wie ein Verrückter oder ein Prophet.«

»Er ist ein Prophet und hat mich zum König von Israel gesalbt«, erwiderte Jehu. »Es ist Gottes Wille, daß ich Ahabs Familie vernichte, weil er großes Unheil über unser Land gebracht hat.«

Da stießen die Soldaten in ihre Trompeten. Sie zogen ihre Mäntel aus und legten sie als Teppich für Jehu auf die Erde. »Es lebe Jehu, unser König!« riefen sie.

König Ahab war gestorben, und sein Sohn Joram war König von Israel geworden. Joram war im Kampf gegen die Syrer verwundet worden und hatte Zuflucht in Jesreel gesucht, um wieder zu Kräften zu kommen. Der König von Juda besuchte ihn dort.

Als Jehu hörte, daß Joram verwundet war, rief er seine Männer zusammen und rückte gegen Jesreel vor. Ein Wachposten in Jesreel sah Jehus Wagen sich aus der Ferne der Stadt nähern und machte den beiden Königen Meldung. Joram erschrak. »Schickt ihm einen Reiter entgegen, der ihn fragen soll, ob er in friedlicher Absicht kommt«, befahl er seinen Leuten.

Als der Reiter nicht zurückkam, schickte Joram einen zweiten Boten, der die gleiche Frage stellen sollte. Auch der kehrte nicht zurück, denn Jehu hatte beide gezwungen, sich seiner Truppe anzuschließen.

Darauf wurde den beiden Königen angst. Sie ließen ihre Pferde anschnallen und jagten fliehend davon. Als sie an Naboths Weingarten vorübergaloppierten, holte Jehu den König von Israel ein. Er spannte seinen Bogen und traf Joram tödlich. Jehus Männer warfen die Leiche über die Mauer in den Weingarten. Damit war der erste Teil des Fluches erfüllt, den Gott gegen Ahab ausgesprochen hatte.

Jehu trieb seine Pferde an und fuhr nach Jesreel zurück. Königin Isebel hatte vom Tod ihres Sohnes gehört und wußte, daß sie selbst an der Reihe war. Die stolze Tochter des Königs

von Tyrus machte sich trotzig für ihr Ende bereit. Sie kleidete sich, als handelte es sich um einen Staatsempfang. Dann sah sie der Ankunft ihres Feindes gefaßt entgegen.

Als Jehu auf seinem Wagen durch das Stadttor fuhr, rief sie von oben herunter:

»Mörder! Kommst du in friedlicher Absicht?«

Jehu sah hinauf zu der spöttischen Königin.

»Werft sie aus dem Fenster!« befahl er ihren Dienern.

Und sie taten das, und die Pferde zertrampelten die Leiche mit ihren Hufen. Sie blieb im Schmutz an der Stadtmauer liegen, und die Schakale zerrissen sie, wie es Elia vor vielen Jahren vorausgesagt hatte.

Joas wird König

Im südlichen Königreich Juda wollte Athalja, Isebels Tochter, Königin werden. Sie ließ alle Rivalen, darunter ihren eigenen Enkel, töten. Ihrer Tochter gelang es, Joas, den kleinsten Jungen, zu retten und ihn im Tempel zu verstecken, wo er von dem Hohepriester Jojada aufgezogen wurde.

Sechs Jahre lang regierte Athalja als Königin über Juda. Dann rief Jojada die königliche Wache und die Priester zum Tempel und stellte ihnen Joas, den Sohn des verstorbenen Königs, vor. Er händigte den Hauptleuten Speere und Schilder aus, erzählte den Soldaten, daß es Waffen aus den Beständen König Davids waren und daß der Junge aus dessen Familie stammte. Dann setzte Jojada ihm die Krone auf, und alle Anwesenden riefen: »Es lebe der König!«

Athalja hörte das Rufen und eilte zum Tempel. »Verrat!« schrie sie, als sie den jungen König dort an der Säule stehen sah. Jojada aber ließ sie von zwei Wachen aus dem Tempel führen und sie töten.

Als Joas König geworden war, ließ er die von Athalja gebauten Baalstempel niederreißen. Er befahl, den großen Tempel wieder herzustellen, und ließ einen Kasten neben dem Altar anbringen, in den die Besucher Geldgeschenke für den Herrn tun konnten.

Aber nach einiger Zeit versündigte auch er sich, und Gott strafte ihn. Die Syrer drangen nach Juda ein, und Joas wurde von seinen eigenen Knechten getötet.

Elisas Tod

Der Prophet Elisa erreichte ein hohes Alter. Sein Lebensziel war es gewesen, die Israeliten wieder zu ihrem Gott zurückzuführen und die heidnischen Götter zu vertreiben, die sie an Stelle des Herrn verehrt hatten. Er unterrichtete junge Männer, die dem Volk die Botschaft verkündeten und überall im Lande Gottesschulen gründeten, in denen Priester und Propheten lehrten.

Als er eines Tages eine solche Schule besuchte und am Unterricht der jungen Männer teilnahm, sagte einer von ihnen zu ihm: »Wir müssen hinunter zum Jordan, um Holz zu fällen. Kommst du mit?«

»Ja, ich komme mit«, antwortete Elisa.

Als sie zum Fluß kamen, begannen sie die Bäume zu fällen. Plötzlich zerbrach eine der Äxte, und das Eisen fiel ins Wasser.

»Oh Herr!« rief der Holzfäller verzweifelt, »die Axt gehört nicht mir!« Da vollbrachte Elisa ein Wunder. Er schlug einen Ast vom Baum und warf ihn dorthin ins Wasser, wo die Axt versunken war. Das Eisen kam an die Oberfläche und schwamm zum Ufer. Der Holzfäller bückte sich dankbar danach und befestigte es wieder an seinem Stiel.

Eines Tages belagerten die Feinde Israels eine Stadt, in der sich Elisa befand. Woche für

Woche waren syrische Überfallkommandos in das umliegende Land eingedrungen, aber jedesmal stellten sie fest, waren die Leute gewarnt worden und hatten ihre Herden fortgetrieben und ihre Vorräte versteckt. Der König der Syrer schöpfte Verdacht, daß sich Spione in seinem Lager befänden.

»Nein, Herr«, sagten seine Soldaten. »Wir haben hier keine Spione – Elisa aber, der Prophet, hört jedes Wort, das du in deinen Zimmern sagst.«

»Dann soll er getötet werden«, sagte der König. »Geht und erkundet, wo er ist, damit ich ihn verhaften lassen kann.«

Als die Kundschafter des Königs zurückkehrten, berichteten sie ihm, daß Elisa sich in der Stadt Dothan aufhalte.

»Nehmt meine Wagen und Pferde«, befahl der König seinen Generalen, »und belagert die Stadt mit einer Truppe von tausend Mann, ergreift Elisa und bringt ihn zu mir.«

Die Bevölkerung der Stadt wurde von Panik ergriffen, als die Truppe anmarschierte und in den Bergen vor der Stadt ein Lager aufschlug.

»Oh Herr«, betete Elisa zu Gott, »öffne ihnen die Augen, so daß sie sehend werden.«

Plötzlich erschien ein helles Licht über den Bergen, und das Volk schrie verwundert auf: »Seht dort! Die Berge sind in Feuer gehüllt! Rings um die Stadt erdröhnt der Boden von feurigen Wagen! Gott hat sie zu unserem Schutze gesandt!«

Inzwischen aber war der Prophet alt und hinfällig geworden; sein Tod stand nahe bevor. Als er im Sterben lag, suchte ihn der König von Israel auf. Betrübt hörte er sich an, was Elisa ihm zu sagen hatte. Er mahnte ihn an seine Pflichten gegenüber dem auserwählten Volk.

»Nimm deinen Bogen«, sagte er, »und öffne das nach Osten gelegene Fenster.«

Der König tat das, und Elisa legte seine Hand auf die Hand des jüngeren Mannes, um ihn zu lenken. Er schoß einen Pfeil und dann noch einen in die Luft.

»Du wirst einen Sieg für Gott erringen und deine Feinde schlagen«, sagte Elisa. »Schieße jetzt die restlichen Pfeile in den Boden unter dir.«

Der König schoß dreimal, dann machte er eine Pause.

»Oh, du hast zu früh aufgehört!« rief der Prophet. »Gott wird dir jetzt zu drei Siegen über Israel verhelfen, zu mehr nicht!«

Dann schloß Elisa die Augen und starb.

Josia und die Weissagungen Jesajas

Die Zeit verging, und ein König folgte dem anderen auf dem Thron von Juda. Wieder ließen sie es zu, daß das Volk fremde Götter verehrte, und wieder ergrimmte Gott.

Dann wurde Josia König. Er war entschlossen, die Israeliten wieder zu Gott zurückzuführen. Schon als Sechzehnjähriger ließ er alle Altäre und Tempel der fremden Götter beseitigen. Er sparte nur einen Tempel aus, den Tempel des Herrn in Jerusalem für die Andachten des israelitischen Volkes. Ein Gott, ein Tempel – lautete Josias Befehl, und das Volk gehorchte.

Als die Priester eines Tages in den Seitengelassen des Tempels aufräumten, fanden sie ein in Vergessenheit geratenes Buch. Es war das Gesetzbuch, das ein Prophet mit Namen Jesaja in einer Zeit zusammengestellt hatte, in der das Land ringsum von Feinden belagert war. In jenen Tagen hatten die Assyrer gedacht, Juda zu vernichten, und der König Judas hatte den Tempel des Herrn durch die Verehrung von Götzen geschändet.

Das Buch wurde zu Josia gebracht. Der König las die Weissagungen Jesajas und verstand die darin enthaltenen Worte Gottes. Weil die Israeliten die von Gott an Moses gegebenen Gebote wiederholt gebrochen hatten, sollten sie alles verlieren, was sie besaßen. Ihr König sollte zugrunde gehen und ihr Land vernichtet werden.

Die Weissagungen sprachen auch von einem künftigen Herrscher, der den von Leiden heimgesuchten Israeliten Frieden bringen sollte, einem Mann, der sein Volk erlösen und ihm Freiheit bringen würde. Vorher aber würden schwere Zeiten und furchtbares Unheil über sie kommen – und es gab keinen Weg, der daran vorbeigeführt hätte.

Fall und Vernichtung von Jerusalem

Israel, das nördliche Königreich, wurde zerstört und seine Hauptstadt Samaria in Trümmer gelegt. Das Volk hatte mit großer Tapferkeit gekämpft, aber schließlich war es den assyrischen Armeen gelungen, die zehn Stämme in die Knie zu zwingen und sie auszurotten. Die Überlebenden wurden als Sklaven und Gefangene abgeführt. Eine andere Bevölkerung wurde in dem Land angesiedelt – Flüchtlinge und Gefangene aus eroberten Ländern, die ihre eigenen Götzenbilder aufstellten und sie verehrten.

Das Volk im Süden, im Land Juda, erfuhr, was ihren Landsleuten widerfahren war, und wurde von Entsetzen gepackt. Die Assyrer waren gefürchtete Krieger, die es bei der Eroberung Israels nicht bewenden lassen würden. Die Bevölkerung von Juda befürchtete, daß es ihrem Reich und ihrem geliebten Tempel ähnlich ergehen könnte. Sie trafen eine wenig befriedigende Vereinbarung mit den Assyrern, mit denen sie einen Frieden aushandelten und ihnen einen großen Teil ihres Vermögens abtraten.

In der nächsten Generation war das Volk von Juda wiederum von Feinden umgeben. Die Meder, die Babylonier, die Ägypter und Assyrer, alle suchten sie ihr Gebiet und ihre Macht zu erweitern. Die Assyrer wurden allerdings selbst geschlagen und ihre Hauptstadt Ninive erobert. Sieger in diesen Kämpfen waren die Meder und die Babylonier, und Juda geriet unter die Herrschaft von Babylon.

Dort war der König Nebukadnezar zur Macht gekommen. Er erlegte den Nachbarvölkern schwere Steuern auf. Die in Juda verbliebenen Israeliten waren zu schwach, um gegen die Babylonier kämpfen und womöglich über sie siegen zu können. Der Prophet Jeremia, der zu dieser Zeit in ihrem Land wirkte, ermahnte das Volk, Frieden zu halten.

Aber der König von Juda, ein Sohn Josias, war ein ungeduldiger Mann. Gegen alle Aussichtslosigkeit an versammelte er sein Volk um sich und marschierte gegen den Feind. Schon sein Vater hatte das versucht und war in der Schlacht gegen die Assyrer gefallen. Jetzt unternahm sein Sohn einen Feldzug gegen die Babylonier und fand ebenfalls den Tod.

Nebukadnezar war hart und skrupellos. Er

ließ Judas Führer verhaften und nach Babylon bringen. Dann ließ er die Soldaten und die Handwerker abtransportieren und machte sie zu seinen Sklaven. Er holte die fähigsten Männer von Juda in sein Land. Dann setzte er Zedekia, Josias zweiten Sohn, als Herrscher über Juda ein.

Der Prophet Jeremia blieb in Jerusalem. Er warnte den neuen König: »Widersetze dich nicht deinem Feind. Wenn du dich ihm unterwirfst, wird Gott dir helfen.«

Neun Jahre lang hörte der König auf die Ratschläge Jeremias. Dann wurde es ihm zuviel. Er erhob sich gegen den Feind und vertrieb alle Babylonier aus der Stadt. Er schloß die Stadttore und versperrte alle sonstigen Eingänge. Dann bereitete er sich auf den zu erwartenden Rachezug der Babylonier vor.

Die Belagerung dauerte lange Zeit. Die Bevölkerung von Jerusalem trotzte dem Hunger und der furchtbaren Hitze, aber schließlich ließen ihre Kräfte nach, und der Tod hielt reiche Ernte. König Zedekia schlich sich aus der Stadt, um Hilfe aus dem Land jenseits des Jordans zu holen.

Er wurde gefangengenommen und getötet. Die Babylonier drangen in Jerusalem ein und brandschatzten und plünderten die Stadt. Der Tempel Salomos wurde niedergerissen und zertrümmert. Mit der Geschichte Israels schien es zuende, als die Gefangenen in die Verbannung abgeführt wurden.

Die Juden in babylonischer Gefangenschaft

"An den Flüssen Babylons setzten wir uns nieder und weinten in Erinnerung an Israel", klagten die Juden in der Verbannung. So wurden sie jetzt genannt, weil sie aus dem Land Juda stammten.

Juda war ein Land mit felsigen Hügeln, Babylon aber, wohin König Nebukadnezar sie gebracht hatte, war eine einzige offene Ebene. Begrenzt war Babylon von den Flüssen Euphrat und Tigris, und dort, im Schatten der Bäume am Ufer, pflegten die jüdischen Gefangenen zu sitzen und traurig zu singen:

»Dort an die Weiden hängten wir unsere Harfen.
Wie können wir tanzen oder Flöte spielen,
Wenn uns Kummer im Herzen wohnt?
Wie können wir das Lied des Herrn singen
In einem fremden Land?«

Der Prophet Jeremia aber schickte ihnen eine Botschaft der Hoffnung.

»Gott hat euch nicht vergessen«, schrieb der alte Mann den Verbannten von Jerusalem. »Haltet seine Gebote ein und betet zu ihm um Hilfe. Baut Häuser, arbeitet, bringt Kinder zur Welt. Legt Gärten in Babylon an, bestellt die Äcker und eßt, was ihr erntet. Habt Vertrauen zu Gott, der euch eines Tages nach Israel zurückbringen wird. Er wird alle Verbannten aus allen Gegenden der Welt, in die er sie in seinem Zorn versprengt hat, zusammenholen. Ruft Gott an, und er wird euch erhören. Haltet Ausschau nach ihm, und er wird erscheinen. Er wird alles Verlorene zurückbringen und sein auserwähltes Volk wieder großmachen.«

Die Juden fühlten sich von Hoffnung erfüllt. Sie bauten dem Herrn Altäre und dienten ihm. Sie erwählten Priester und Älteste als ihre Stellvertreter. Sie arbeiteten schwer für Nebukadnezar: Als Baumeister an seinen Kanälen, als Schmiede in Babylons Bronzewerkstätten und als Maurer in den hängenden Gärten, deren Schönheit als eines der Weltwunder gepriesen wurde. Als ihre Familien sich vermehrten, gewannen die Juden an Macht, und Gott hatte sein Gefallen an ihnen.

Die Zeit verstrich. Ein anderer Prophet, jünger und kraftvoller als Jeremia, trat auf. Sein Name war Hesekiel. Er kam von Jerusalem

nach Babylon und verkündete den Juden, daß ihr Gott auch in der Verbannung bei ihnen sei, und daß sie sich auf die Rückkehr in ihr Heimatland vorbereiten sollten.

»Gott ist mir im Traum erschienen«, sprach er, »und in meinem Traum wart ihr ausgedörrte Knochen auf einem Feld. Hört euch an, was der Herr zu mir sagte: ›Ich werde diese trockenen Knochen behauchen, und sie werden zum Leben erwachen. Ich werde sie mit Muskeln ausstatten und sie mit Fleisch und Haut bedecken. Wenn ich sie anhauche, werden sie sich erheben und wieder zu meinem Volk werden.‹

»Dann hörte ich ein lautes Knacken«, fuhr er fort. »Jeder Knochen verhakte sich mit einem anderen Knochen. Und ich sah, wie Muskeln an ihnen wuchsen und Fleisch. Darauf betete ich um einen Wind, der über sie hinblasen sollte, und der Wind kam. Der Geist Gottes wehte in diesem Wind, und sie wurden wieder zu einem großen Volk. Sie wurden das Volk von Israel.«

Der Traum des Königs

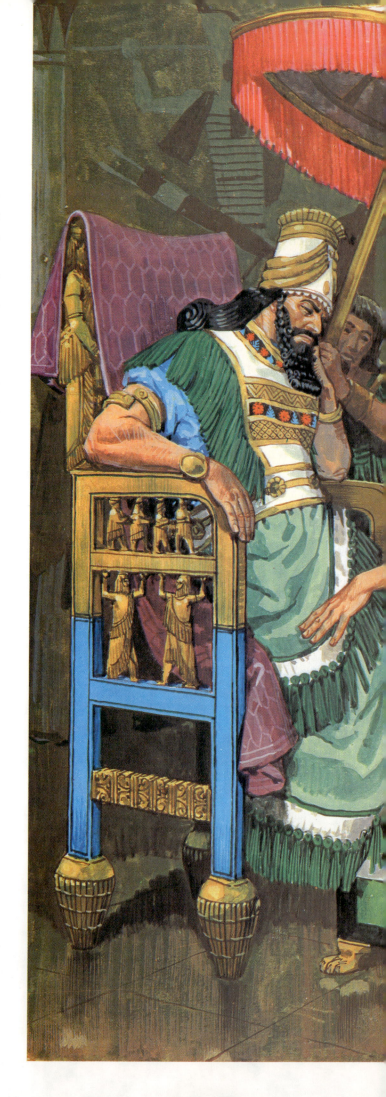

König Nebukadnezar wurde von furchtbaren Träumen geplagt. Er rief die Weisen von Babylon zu sich und forderte sie auf, die Träume zu deuten.

»Erzählt uns eure Träume, Herr, und wir werden euch sagen, was sie bedeuten«, sagten die Weisen.

Der König fuhr sie erbost an: »Ich habe euch nicht gerufen, um mir Fragen zu stellen, sondern um mir Antwort zu geben. Wenn ihr mir nicht zu sagen wißt, was für einen Traum ich hatte und welches sein Sinn ist, werde ich euch als Betrüger hinrichten lassen!«

Die Weisen berieten sich angstvoll. »Niemand kann die Träume eines anderen beschreiben«, verteidigten sie sich.

»Na gut«, sagte der König. »Dann nennt ihr euch zu Unrecht Weise und Zauberer. Ihr habt gelogen und müßt sterben!«

Unter den zum Tode verurteilten war ein junger Mann namens Daniel. Er war Jude, von den Babyloniern gefangengenommen und aus Juda abgeführt. Er trat vor den König hin, und Gott half ihm bei der Auslegung von Nebukadnezars Traum.

»In eurem Traum habt ihr einen Riesen gesehen«, sagte er zu dem König, »Er war aus Gold und Silber, aus Bronze und Eisen und Eisen und Lehm. Da traf den Riesen ein Stein, und er zerfiel zu Staub. Der Stein wurde zu einem großen Berg, der über der Erde aufragte. Die Glieder des Riesen, Herr, sind die heidnischen Reiche der Welt. Der Stein, der sie zerschmetterte, ist das Reich Gottes, das anwachsen und die ganze Erde bedecken wird. Nicht ich, Herr, sondern mein Gott hat euch euren Traum erzählt.«

Nebukadnezar neigte das Haupt. »Der Gott der Götter hat gesprochen«, sagte er.

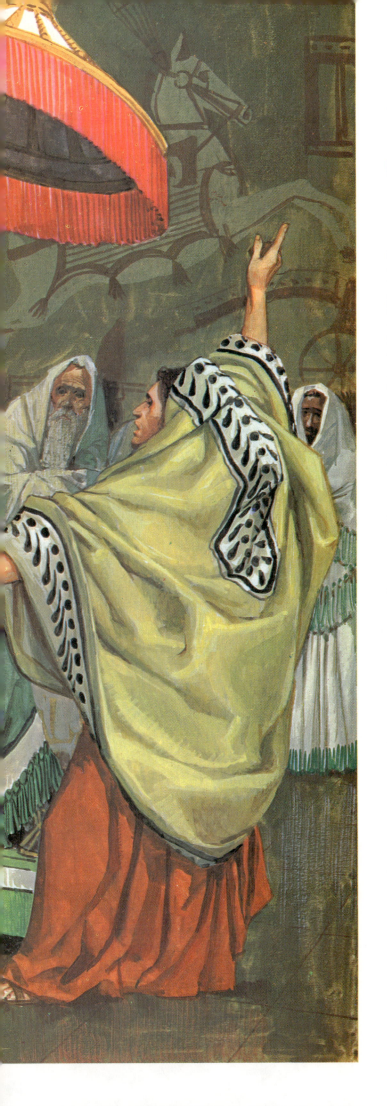

Das goldene Standbild

König Nebudnezars babylonische Hauptstadt war herrlicher als alle Städte auf der Erde. Er hatte viele andere Länder erobert und die Begabtesten unter ihren Völkern als Gefangene und Arbeiter nach Babylon gebracht. Er hatte schwere Mauern mit hundert Bronzetoren um die Stadt bauen lassen. Mehrstöckige, buntfarbige Häuser waren an den breiten Alleen von Babylon errichtet worden. Er hatte die Pläne für ein ausgedehntes Kanalnetz entworfen, das um die Stadt herumführte und die Erde fruchtbar machte.

Aber das alles war ihm noch nicht genug, er wollte, daß sich der Ruhm Babylons über die ganze Welt ausbreitete. Er ließ ein in Gold gegossenes Standbild herstellen, das prachtvoller war als alle Statuen der Welt. Es war so groß, daß es innerhalb der Stadt keinen Platz hatte. Es mußte draußen auf der Ebene errichtet werden. Als der Koloß fertig war, hatte er eine Höhe von dreißig Metern und einen Durchmesser von fast drei Metern. Gewaltig türmte er sich über der Ebene auf.

König Nebukadnezar ordnete an, daß alle Beamten und ihre Untergebenen an der Einweihung des Götzenbildes teilzunehmen hatten. Musik wurde aus diesem Anlaß komponiert und ein großes Fest vorbereitet.

Als es soweit war, folgte die Bevölkerung den Befehlen des Königs und strömte von allen Seiten herbei. Die Musiker des Königs stießen in ihre Fanfaren, und alle schwiegen, um sich anzuhören, was ihnen der Herold über die Festfolge zu sagen hätte.

»Volk aller Länder und aller Sprachen«, verkündete er, »ihr habt euch hier heute auf Befehl des Königs versammelt. Er wünscht, daß ihr seinem goldenen Standbild eure Verehrung zeigt. Wenn die Musik der Hörner, Trompeten

173

und Harfen erklingt und die Sänger ihr Lied anstimmen, habt ihr auf die Knie zu fallen, euch niederzubeugen und die Erde mit der Stirn zu berühren. Jeder, der sich weigert, das Standbild auf diese Weise zu verehren, wird in einen Feuerofen geworfen und darin verbrannt.«

Eine große Stille legte sich über die riesige Volksmenge. Dann brachen die Musik und das Lied so gewaltig über sie her, daß die Erde davon zu erzittern schien.

Einige der Leute fielen auf die Knie und verehrten das Idol. Sie preßten die Hände vor die Augen, um sie vor dem Anblick einer so ungeheuren Machtfülle zu schützen. Andere warfen sich auf die Erde und verbargen ihre Gesichter im Staub. Männer und Frauen warfen ihre Arme hoch und riefen:

»Großer, allmächtiger Gott unseres großen Königs Nebukadnezar! Du erfüllst uns mit Todesangst – bewahre uns vor der Vernichtung durch dich! Hab Erbarmen mit uns, die wir deine Sklaven sind!«

Sie schlugen auf die Erde, so daß der Staub in Wolken aufwirbelte und die Luft sich verfärbte.

König Nebukadnezar sah auf seine Untertanen herab und genoß das Schauspiel. Es war ein ruhmreicher Tag für Babylon, an dem sich die grenzenlose Macht des Königs offenbarte.

Nebukadnezars Triumph aber wurde plötzlich unterbrochen. Ein Bote kam angerannt und sagte:

»Herr, drei Weise sind eingetroffen und wollen mit Euch sprechen!«

»Bringt sie her«, erwiderte der König.

Die Männer näherten sich ihm und beugten respektvoll die Knie vor dem König.

»Lang lebe der König!« riefen sie aus. »Eure Majestät haben Befehl ausgegeben, daß jeder niederzuknien und das Standbild zu verehren hat. Wer es nicht tut, soll in einen Feuerofen geworfen werden. Drei Juden haben Euren Befehl nicht befolgt. Sie glauben nicht an Euren Gott und weigern sich, einen Götzen zu verehren. Ihre Namen sind Sadrach, Mesach und Abed-Nego.

Bestraft sie, wie sie es verdient haben, Majestät! Laßt sie in den Feuerofen werfen«, schrien sie.

Sadrach, Mesach und Abed-Nego

Es war nicht das erste Mal, daß Sadrach, Mesach und Abed-Nego die Aufmerksamkeit des Königs auf sich gezogen hatten. Schon als Kinder waren sie aus der Menge der verbannten Juden herausgesucht worden und mußten dem König in seinem Palast dienen. Als vierter gehörte zu dieser Gruppe Daniel, ein hübscher, schlagfertiger Junge und Sohn eines Prinzen.

»Wie hübsch diese Jungen aussehen und wie klug sie sind!« hatte Nebukadnezar bemerkt. »Von ihnen ist noch einiges zu erwarten. Aber ich bin König und werde dafür sorgen, daß sie in meinem Sinne aufgezogen werden. Ich will, daß sie ihre jüdische Herkunft vergessen. Sie sind von jetzt an Babylonier.«

Daniel und seine drei Freunde durften also nicht hebräisch sprechen, sondern mußten die Sprache des Königs lernen. Sie wurden von den Gelehrten Babylons in Wissenschaft und Philosophie unterrichtet. Der König verfolgte aufmerksam ihren Werdegang, und um zu zeigen, wie zufrieden er mit den Jungen und ihren Fortschritten war, ließ er ihnen die besten Speisen und Getränke aus seiner eigenen Küche bringen.

»Sagt ihnen, daß der Wein und das Fleisch mein persönliches Geschenk an sie ist«, sagte er.

Als die Diener ihnen das alles brachten, schoben die Jungen die Speisen freundlich beiseite. Schon seit alters verbot die jüdische Religion ihren Anhängern, bestimmte Nahrungsmittel zu essen und Wein zu trinken.

»Könnten wir wohl statt dessen Obst und Gemüse und Wasser zum Trinken haben?« fragte Daniel höflich.

Der Hofmeister des Königs war bestürzt. »Aber wieso denn?« rief er. »Wenn ihr dieses Fleisch nicht eßt, werdet ihr Hunger leiden. Ihr werdet blaß und krank, und der König wird mich dafür hart bestrafen!«

»Probieren wir es doch einmal zehn Tage aus«, erwiderte Daniel. »Bringt uns Obst und Gemüse. Das, werdet ihr sehen, wird uns genau so gut bekommen wie euren Kindern das Fleisch, das sie essen.«

Der Hofmeister, der die Jungen gernhatte, willigte ein. Nach zehn Tagen waren die Jungen alles andere als verhungert, sie sahen sogar gesünder aus als die anderen Kinder. Von da an durften sie essen, was sie wollten, und Gott hatte sein Gefallen an ihnen.

Nach drei Jahren prüfte Nebukadnezar sie in allen Fächern, in denen sie am Hof unterrichtet worden waren. Er stellte fest, daß sie mehr wußten als seine eigenen Zauberer und Weisen, und ernannte sie zu seinen persönlichen Beratern.

Alles ging auch soweit gut, bis sie sich eines Tages weigerten, sich vor dem Götzenbild zu verneigen. Sie als einzige widersetzten sich dem König, und die Strafe, die sie erhielten, sollte für andere eine Warnung sein.

»Sterben sollen sie!« rief der König erregt aus. »Werft sie in den Feuerofen!«

Der König gab Befehl, den Ofen heißer als sonst anzuheizen. Die Wachen fesselten Sadrach, Mesach und Abed-Nego. Dann führten sie die drei zu dem Ofen und warfen sie hinein. Die Hitze war so groß, daß die Wachen in den herausschlagenden Flammen verbrannten.

Das gewaltige Feuer ergriff die drei jungen Männer. Brüllend umloderten die Flammen ihre nackten Leiber. Sadrach, Mesach und Abed-Nego standen in Feuer gehüllt in der

Mitte des Ofens, aber sie blieben unversehrt und ruhig.

Nebukadnezar war überrascht, als er das sah. Er fragte seine Begleiter:

»Haben wir nicht drei Männer, mit Seilen gebunden, ins Feuer geworfen?«

»Ja, Herr«, antworteten sie.

»Aber ich sehe vier, die ohne Fesseln darin herumgehen! Ich sehe sie ganz deutlich – und

der vierte sieht aus wie ein Engel oder wie ein Gott!«

Nebukadnezar trat an den Ofen heran und rief in die Flammen:

»Kommt heraus, ihr Diener Gottes!«

Sadrach, Mesach und Abed-Nego verließen den Ofen durch die geschlossene Ofentür. Die Seile, mit denen man sie gefesselt hatte, waren verbrannt. Eine große Volksmenge versammelte sich, um die Männer neugierig zu betrachten, die das Feuer in dem Ofen überstanden hatten. Kein Haar war versengt, und ihre Lendenschurze rochen nicht einmal nach Rauch.

Nebukadnezar hob die Arme.

»Gepriesen sei der Gott Sadrachs, Mesachs und Abed-Negos!« rief Nebukadnezar, der König der Babylonier.

Die Deutung und Erfüllung des Traumes

Wieder wurde König Nebukadnezar von Träumen geplagt. Er wachte schweißüberströmt und zitternd auf. Der Alptraum verfolgte ihn sogar am Tage und ließ ihm keine Ruhe.

Er rief die Weisen und Zauberer Babylons zu sich. Schweigend hörten sie ihn an, aber keiner von ihnen war imstande, den Traum zu deuten. Ratlos und verwirrt gingen sie davon.

Der König befahl Daniel zu sich und erzählte ihm seinen Traum.

»Ich sah einen großen Baum«, sagte er, »dessen Wurzeln bis in die Mitte der Erde reichten. Der Baum wurde immer größer und ausladender, er reicht mit dem Wipfel in den Himmel und schien ihn zu berühren. Aus allen Gegenden der Erde war der Baum zu sehen. Seine Zweige und Blätter waren sehr schön und er hing voller Früchte. Alle aßen von seinen Früchten. In seinem Schatten fanden wilde Tiere eine Zuflucht und Vögel bauten in seinen Zweigen Nester. Allen lebenden Wesen gab er Schutz und versorgte sie mit Nahrung.«

»Aber während ich ihn betrachtete, kam ein Bote Gottes vom Himmel herab. ›Fällt den Baum!‹ rief er. ›Zerstreut seine Früchte und reißt alle Blätter von den Zweigen. Die wilden Tiere sollen aus seinem Schatten und die Vögel

aus seinen Zweigen fliehen. Laßt die Baumwurzeln in der Erde und laßt den Stumpf stehen. Bindet ihn mit einem Eisenring zusammen und laßt das Gras um ihn herum wachsen und den Tau vom Himmel auf ihn fallen!‹«

Der König wandte sich Daniel zu. »Sag mir, was dieser Traum bedeutet. Du kannst das, denn der Geist Gottes lebt in dir und offenbart dir die Wahrheit.«

»Herr«, antwortete Daniel, »dein Traum erfüllt mich mit Trauer. Der Baum, den du in den Himmel wachsen sahst, der von den fernsten Winkeln der Erde aus sichtbar war und dessen Blätter und Früchte allen Zuflucht und Nahrung gaben – dieser Baum bist du. Aber in deinem Hochmut wird Wahnsinn über dich kommen, und du wirst allen Menschen ein warnendes Beispiel sein. Der Gott, der dich in seiner Gewalt hat, wird dich erniedrigen, so daß du gewahr wirst, daß er größer ist als jeder irdische König und jeden nach seinem Belieben erheben oder niederwerfen kann.«

Der König war nicht gerade erfreut über Daniels Worte, aber mit der Zeit vergaß er sie allmählich. Eines Tages, als er auf die Dächer Babylons hinabsah, erfüllten ihn seine Macht und sein Reichtum mit einem solchen Stolz, daß es ihm fast die Brust sprengte. In diesem Augenblick wurde er vom Wahnsinn ergriffen. Sein verstörter Geist schnappte über, und er war nicht länger fähig, als König zu herrschen. Er wurde aus der Stadt verstoßen und lebte wie ein Tier in der Wildnis, aß Gras und übernachtete im Freien. Sein Haar wurde lang wie das einer Ziege, und seine Fingernägel waren wie die Klauen eines Adlers.

Zwölf Jahre verstrichen, und da plötzlich fiel die Krankheit von ihm ab. Nebukadnezar dankte Gott und nannte ihn König der Könige. Er war nun wieder gesund und bestieg seinen Königsthron. Er war ein besserer Mensch voller Demut geworden, der von nun an gerecht regierte und bis an das Ende seiner Tage an die Allmacht Gottes glaubte.

Die Schrift an der Wand

Als Nebukadnezar starb, kam sein Sohn Belsazar auf den Thron. Eines Tages gab der neue König ein Fest für alle Prinzen und Edelleute seines Reiches. Er ließ immer wieder neuen Wein bringen und trank davon so viel, daß er stockbetrunken wurde.

»Holt mir die Trinkbecher der Juden«, rief er seinen Dienern zu. »Jene, die mein Vater Nebukadnezar von den Altaren ihres Tempels nahm. Aus ihnen wollen wir heute nacht trinken.«

Also wurden die aus dem Tempel Gottes in Jerusalem gestohlenen Trinkgefäße gebracht und mit Wein gefüllt. Sie wurden herumgereicht unter allen Hofleuten und den Konkubinen Belsazars, und sie tranken aus ihnen. Der König hob seinen Becher aus gehämmertem Gold hoch in die Luft.

»Preisen wir den Gott des Goldes!« rief er. Die Männer und Frauen stimmten in seinen Ruf ein. Sie priesen die Götter des Silbers, der Bronze und des Eisens und tranken ihnen aus den geheiligten Bechern zu. Dann tranken sie auf das Wohl der Götter des Holzes und des Gesteins.

Plötzlich stockte dem König der Atem, und seine Lippen zitterten. Auf der Wand ihm gegenüber erschien eine Hand. Die Finger bewegten sich und schrieben vier Worte. Dann löste sie sich auf, die Schrift aber blieb stehen. Der vom Grauen gepackte König war totenblaß.

»Was hat das zu bedeuten?« fragte er in die Stille, aber niemand wußte eine Antwort. Er rief seine Zauberer und Weisen heran.

»Wer diese Schrift lesen und sie mir entziffern kann«, sagte er, »den werde ich mit Reichtum und Ehren überhäufen«.

Die Weisen betrachteten lange Zeit die Schrift an der Wand, aber sie konnten sie weder lesen noch deuten.

Die Königin kam zu den Trinkern in die Halle und fragte Belsazar: »Warum bist du so blaß? Ich kenne jemanden, der dir die Worte deuten kann. Sein Name ist Daniel, er ist Jude. Er hat für deinen Vater oft solche Zeichen gedeutet.«

Belsazar ließ Daniel holen. Er zeigte auf die Schrift an der Wand.

»Sag mir, was das zu bedeuten hat«, fragte er ihn. »Sagst du es mir, dann werde ich dich reich belohnen.«

»Behalt dein Gold für dich, Herr«, antwortete Daniel. »Die Hand, die du gesehen hast, war die Hand Gottes. In deinem Hochmut hast du aus geheiligten Gefäßen des Tempels getrunken und sie besudelt. Du hast die Götter des Silbers und des Goldes gepriesen, aber von dem Glanz des einen Gottes hast du nicht gesprochen, der alle Menschen in seiner Hut hat. Die Schrift an der Wand lautet: MENE MENE TEKEL U-PHARSIN. Das bedeutet, daß die Tage des Königreiches gezählt sind und daß es bald untergehen wird. Das bedeutet, daß Gott deine Taten gewogen und für zu leicht befunden hat. Es bedeutet, daß deine Feinde, die Meder und die Perser, dein Königreich unter sich aufteilen werden.«

Daniel hatte die Wahrheit gesagt. Noch bevor die Nacht vorüber war, überfielen die Meder Babylon, töteten Belsazar und verleibten sein Land dem medischen Reich ein.

Daniel in der Löwengrube

Daniel wußte mehr und war weiser als alle Männer in Babylon. Darius der Große, König der Meder und Perser, ließ ihn kommen und sagte:

»Ich habe vor, in meinen Provinzen einhundertzwanzig neue Gouverneure einzusetzen. Ihnen werden drei Präsidenten übergeordnet. Ich mache dich zu ihrem Vorsitzenden. Niemand außer mir wird in meinem Land so mächtig sein wie du.«

Es machte Darius nichts aus, daß Daniel kein Babylonier, sondern Jude und ein Fremder war. Den Prinzen aber, den Gouverneuren und Präsidenten war das ein Dorn im Auge. Sie eiferten gegen Daniel, weil er mehr Macht hatte als sie, und begannen ihn zu hassen. Sie setzten alles daran, ihm die Gunst des Königs zu entziehen, und nahmen sich vor, ihn zu vernichten.

Aber Daniel war ein redlicher Mann, der gute Arbeit leistete; es war schwer, irgend etwas gegen ihn ausfindig zu machen. Er stand hoch in der Gunst des Königs und war immer in seiner Nähe.

»Er bricht nie die Gesetze«, sagten seine Feinde, »und nie verstößt er gegen die Befehle des Königs. Aber er ist Jude und gehorcht seinem Gott noch bedingungsloser als dem König. Wir werden ihn in eine tödliche Falle locken.«

Die Prinzen, Präsidenten und Gouverneure begaben sich zu Darius. Sie verneigten sich vor ihm und sagten:

»Lang lebe der König Darius! Möge deine Macht über das Volk ständig anwachsen. Wir haben ein Gesetz entworfen, mit dessen Hilfe wir den guten Willen und die Treue der Bevölkerung von Babylon prüfen wollen. Du sollst ein Gebot erlassen, nachdem es untersagt ist, zu einem fremden Gott zu beten und von ihm statt von dir Hilfe zu erbitten. Wenn jemand einen Wunsch hat, dann hat er beim König vorstellig zu werden.«

»Ich denke, es würde genügen, dieses Gesetz für die Dauer von dreißig Tagen einzuführen«, schlug Darius seinen Beratern vor. »Dann haben wir Zeit genug, Leute ausfindig zu machen, die sich gegen uns verschworen haben.«

Damit waren die Prinzen einverstanden, weil ihnen ein einziger Tag genügte, Daniel in die Falle zu locken. »Was für eine Strafe soll der

erhalten, der das Gesetz mißachtet?« fragte einer von ihnen den König.

»Was schlagt ihr vor?« entgegnete Darius.

»Wir meinen, daß ein Mann, der dieses Gesetz – das ein Gesetz der Meder und Perser ist und deshalb nicht verändert werden kann – bricht, den Löwen vorgeworfen werden soll«, sagte einer der Prinzen. Wie andere Potentaten, hatte auch Darius Löwen in seinen Gärten, die er gelegentlich aus ihrem Gehege ließ, um sie mit seinen Gästen zu jagen.

Darius, der von dem guten Willen seiner Berater überzeugt war, unterschrieb den Erlaß und erhob ihn dadurch zum Gesetz.

Als Daniel von dem neuen Gesetz erfuhr, war er tief bekümmert, denn er wußte, daß er es, selbst wenn es sein Leben kostete, brechen mußte. Er ging zu seinem Haus und stieg langsam auf der Außentreppe zu dem flachen Dach empor, wo er zu Gott betete. Jedes jüdische Haus hat einen abseits gelegenen Raum, in dem die Insassen dreimal am Tag beten.

Daniel öffnete das Fenster und sah nach Westen, nach Jerusalem. Ich bin ein Verbannter, sagte er zu sich, ein Fremder in diesem Lande, und mein Volk ist aus seiner Heimat vertrieben worden, weil es Gottes Zorn auf sich gezogen hatte.

»Vergib uns, Herr«, betete er. »Hilf uns, dich zu verstehen und uns zu bessern.«

Daniels Feinde hatten sein Haus umzingelt. Sie wußten, daß es darin einen Raum gab, in dem er zu Gott betete, und als sie ihn am Fenster sahen, wußten sie, daß sie Grund genug hatten, ihn verhaften zu lassen.

Sie eilten zum König. »Hast du nicht ein Gesetz erlassen, Herr, nach dem jeder, der in den folgenden dreißig Tagen zu einem fremden Gott betet, den Löwen vorgeworfen werden soll?« fragten sie ihn.

»Ja«, sagte der König.

»Wir haben einen Mann ertappt, der dieses Gesetz mißachtet und den Befehl des Königs gebrochen hat. Er hat die Todesstrafe auf sich gezogen.«

»Wahrhaftig«, entgegnete der König. »Wie heißt er?«

»Daniel, er ist Jude.«

Darius war wie vom Donner gerührt. Niemandem vertraute er so sehr wie Daniel. Er wußte, daß er treuer zu ihm stand als seine eigenen Prinzen. Er suchte, um ihn zu retten, einen Ausweg, er fand aber keinen. Am Abend kamen Daniels Feinde noch einmal in den Palast.

»Das Wort des Königs ist Gesetz«, hielten sie ihm vor. »Es ist ein Gesetz, das in Medien und Persien gilt und nicht abgeändert werden kann.«

Darius hatte, so betrübt er darüber war, keine andere Wahl und ließ Daniel verhaften. Als sein Freund und Berater in Ketten zu ihm gebracht wurde, versuchte er ihm gut zuzusprechen.

»Du bist deinem Gott so treu ergeben, Daniel«, sagte er. »Er wird dir gewiß beistehen.«

Daniel wurde an die Löwengrube herangeführt. Die Löwen fletschten die Zähne und brüllten, denn sie hatten Hunger. Die Wache des Königs warf Daniel in die Grube und rollte einen Stein vor den Eingang, um seine Flucht zu verhindern. Der König brachte das königliche Siegel an dem Stein an, so daß niemand einbrechen und Daniel retten konnte. Dann ging er zurück zum Palast und betete die ganze Nacht für seinen Freund.

Bei Sonnenaufgang kehrte er zu der Grube zurück, entfernte das Siegel und schob den Stein beiseite. Er zitterte.

»Bist du da, Daniel?« rief er in die Grube.

»Ja, Herr. Mein Gott hat mich gerettet. Ich lebe und bin wohlauf. Die Löwen liegen um mich herum und schlafen.«

Der König war hocherfreut. »Oh, Daniel, mein Freund«, rief er. »Gepriesen sei dein Gott!«

Dann ließ er das Volk herbestellen, um ihm das Wunder zu zeigen. Daniel wurde aus der Grube gehoben und zum König gebracht. Er hatte nicht einmal einen Kratzer davongetragen. Die Löwen hatten Daniel nicht berührt, weil er sein Vertrauen in Gott gesetzt hatte. Als die Berater daraufhin zur Strafe in die Grube geworfen wurden, machten sich die Löwen augenblicks über sie her, rissen sie in Stücke und verschlangen sie.

Darius ließ einen neuen Erlaß ausfertigen. Er lautete:

»In allen Ländern, die mir unterstehen, ist der Gott Daniels zu verehren, denn er ist der wahre Gott. Er ist allmächtig. Er ist der Erlöser, der im Himmel und auf Erden Wunder vollbringt. Er hat seinen Knecht Daniel wohlbehalten aus der Löwengrube herausgeführt.«

Neubau des Tempels

Als Cyrus Kaiser von Persien und König von Babylon wurde, gab er den Juden nach einem halben Jahrhundert der Sklaverei die Freiheit. Sie durften nach Juda und seiner Hauptstadt Jerusalem zurückkehren.

Tausende von Männern und Frauen traten die lange Reise in ihr Heimatland an. Cyrus gab ihnen die Gold- und Silberschätze mit, die Nebukadnezar aus dem Tempel Gottes geraubt hatte; alle Leuchter, Krüge und Becher wurden ihnen zurückgegeben.

Als die Juden aus Babylon nach Jerusalem kamen, bauten sie dem Herrn als erstes einen kleinen Altar, dann feierten sie das Einbringen der Ernte, das Laubhüttenfest. Sie bauten die in Trümmern liegende Stadt wieder auf. Sie bestellten die Äcker und brachten die Ernte ein. Aber sie bauten vorerst keinen Tempel.

Jahre gingen darüber hin. Schließlich traten im Volk zwei Propheten auf, Haggai und Zephanja.

»Worauf wartet ihr noch?« fragten Sie. »Gott ist bei euch. Er wird euch Macht und Reichtum geben und Israel wieder großmachen. Der persische König hat uns Hilfe versprochen, wenn wir den Tempel neu bauen.«

Also machte das Volk sich an die Arbeit. Vier Jahre brauchten sie zum Wiederaufbau, und das erste Fest, das in dem neuen Tempel gefeiert wurde, war das Passahmahl. Es war ein Dankfest, das in Erinnerung an die Befreiung der Juden aus der Gefangenschaft gefeiert wurde.

Die Mauer wird wieder aufgebaut

Der Tempel war wiederaufgebaut, die Mauer aber rings um die Stadt lag noch in Trümmern. Während der Abwesenheit der Juden hatten sich andere Stämme in Jerusalem angesiedelt, und die Stadt war mit ihrer Umgebung zu einer kleinen Provinz des persischen Reiches geworden.

Lange Jahre lang war Jerusalem eine offene Stadt ohne Verteidigungsmauer. Eine solche Mauer war die Voraussetzung für das Wiedererstehen der Stadt. Aber die Mittel zum Bau waren einfach nicht vorhanden. Viele hochgestellte Juden lebten noch in den anderen Ländern in Städten, in die sie vor Jahren verbannt worden waren. Viele hatten es in der Fremde zu Ansehen gebracht und das Vertrauen der Könige gewonnen. Einer von ihnen war Nehemia. Er war Mundschenk des Königs von Persien geworden und bei seinem Herrn beliebt. Eines Tages fiel dem König, der mit der Königin zu Tisch saß, auf, daß Nehemia so ganz anders war als sonst.

»Was ist?« fragte er. »Krank scheinst du nicht zu sein. Bis du unglücklich?«

»Ja, Herr«, erwiderte der Mundschenk. »Mein Bruder Hanani ist zu Besuch hier. Er kommt von Jerusalem und sagt, mit der Stadt stehe es nicht zum besten. Die Mauern, die König Nebukadnezar niedergerissen hatte, sind immer noch nicht wiederaufgebaut. Darf ich gehen, Herr, um beim Aufbau zu helfen?«

»Das hängt davon ab, wie lange du bleibst«,

antwortete der König. Nehemia nannte das Datum, an dem er zurückkehren wollte, und der König willigte ein. Nehemia hatte aber noch eine Bitte.

»Ich möchte einen Paß, Herr, damit ich deine Provinzen unbehindert durchreisen kann. Und einen Brief an Asap, den Aufseher über deine Wälder. Wir werden beim Bau der Mauer viel Holz brauchen.«

Der König gab ihm, worum er gebeten hatte. Als Nehemia in Jerusalem ankam, stellte sich heraus, daß der örtliche Gouverneur und seine Offiziere gar keine Mauer wollten. Sie fürchteten, dadurch in ihren Machtbefugnissen eingeschränkt zu werden. Sie machten ihm alle möglichen Schwierigkeiten.

Mit Hilfe befreundeter Juden machte sich Nehemia nachts insgeheim an die Arbeit. Die neue Mauer mit ihren Toren nahm allmählich Gestalt an.

»Wollt ihr einen Aufstand machen?« fragten die in der Stadt lebenden Araber und Ammoniter die Arbeitenden.

»Nein«, antwortete Jeremia. »Unser Gott erwartet dies von uns und hilft uns. Die Sache geht euch nicht das Geringste an. Ihr habt keinen Anspruch darauf, in Jerusalem zu leben, und auch kein Recht dazu.«

»Was für eine Mauer wird das denn?« verhöhnten die Araber ihn. »Wenn ein Fuchs auf ihr entlangläuft, bricht sie doch zusammen!«

Sie rempelten die jüdischen Arbeiter an und drohten damit, sie umzubringen. Nehemia ordnete an, daß seine Männer nicht nur Werkzeuge, sondern auch Waffen zur Arbeit mitbringen sollten. Die Hälfte von ihnen mußte Wache gehen, während die andern Steine und Mörtel zur Mauer schafften.

In den freigelassenen Toröffnungen wurden nach und nach die schweren Tore angebracht. Sie waren mit Riegeln und Bolzen versehen. Die Mauer wuchs, und schließlich war die von ihr umgebene Stadt wieder so sicher und gut befestigt, wie sie es in den Zeiten König Davids gewesen war.

Esther

In Persien regierte einst ein mächtiger König, dessen Reich sich von Indien bis nach Afrika erstreckte. Er hatte alles, was er begehrte, und darüber hinaus noch viel mehr. Eines Tages veranstaltete er ein großes Bankett. Es dauerte sieben Tage und sieben Nächte, und der Wein floß in Strömen. Am siebenten Tag schickte der König nach seiner Frau, der Königin Vasthi, deren Schönheit die Gäste bewundern sollten. Aber die Königin weigerte sich zu kommen, und der König wurde so böse, daß er sie verbannte.

Er gab bekannt, daß er eine Frau suchte, die nach ihr Königin sein könnte. Die hübschesten Mädchen wurden von ihren Vätern in seinen Harem gebracht und hielten sich dort zwölf Monate lang auf. Dort lernten sie, wie sie sich schön zu machen hätten, um vor den Augen des Königs Gefallen zu finden. Nach diesem Jahr wurden die Mädchen jeweils abends zum König gebracht, der dann in der Nacht mit ihnen schlief. Am Morgen kamen sie wieder zurück in den Harem. Auf diese Weise lernte er Esther kennen, eine Jüdin, die ihm so sehr gefiel, daß er sie anstelle von Vasthi zur Königin machte.

Esthers Vormund aber war ein Jude mit Namen Mardochai. Der belauschte eines Tages zwei Kämmerer, die ein Attentat auf den König planten. Mardochai teilte das Esther mit, die den König warnte, und die beiden Männer wurden hingerichtet.

»Schreib das alles nieder«, sagte der König, »und vergiß nicht, Mardochai zu erwähnen, der die Verschwörung aufdeckte.«

Einige Zeit darauf ernannte der König einen Mann mit Namen Haman zu seinem Berater. Haman war stolz und ehrgeizig und haßte die Juden. Am meisten war ihm Mardochai zuwider, weil der sich weigerte, das Knie vor ihm zu beugen.

Haman drängte den König, alle in Persien lebenden Juden ermorden zu lassen, und sie setzten einen Tag fest, den Tag Pur, an dem das Massaker stattfinden sollte.

Als Esther von Mardochai erfuhr, was dieser Haman vorhatte, ergriff sie Angst um ihres Volkes willen. Sie riskierte ihr Leben, indem sie, in königliche Gewänder gekleidet, vor dem König erschien, ohne daß er sie zu sich gerufen hatte. Aber er war so angetan von ihrer Schönheit, daß er sie willkommen hieß und ihr alles zu geben versprach, was sie sich wünschte.

»Bitte, iß heute abend mit mir in meinen Zimmern«, bat Esther ihn, »und komme in Begleitung von Haman.«

Der König willigte erfreut ein, und beim Wein wiederholte er vor Esther, daß er ihr alle Wünsche erfüllen würde. »Ich gebe dir die Hälfte meines Königreichs, wenn du das möchtest«, sagte er zu ihr.

Aber Esther hatte etwas anderes im Sinn.

»Erinnerst du dich daran, daß mein Onkel Mardochai dir eines Tages das Leben gerettet hat? Er ist Jude, genau wie ich Jüdin bin. Haman hat nun aber vor, ihn und mich und alle meine Landsleute zu töten. Wir haben uns nichts zuschulden kommen lassen. Ich bitte dich um mein und um unser aller Leben.«

Der König befahl sofort, Haman abzuführen und ihn aufzuhängen. An seiner Stelle machte er Mardochai zu seinem Berater. Der alte Mann erhielt prächtige Gewänder und eine Krone aus Gold. Als erstes ordnete er an, daß der Tag Pur, an dem Haman die Juden töten lassen wollte, als Feiertag begangen würde. An ihm sollte das Volk sich daran erinnern, daß an den Feinden der Juden Rache geübt worden war.

Mit Genehmigung des Königs taten sich die Juden in allen Städten zusammen. Sie töteten alle Männer, Frauen und Kinder, von denen sie gehaßt wurden, und nahmen ihr Hab und Gut an sich. Der Tag Pur wurde ein Tag der Freude und des Triumphes, an dem das jüdische Volk von dieser Zeit an das Purimfest beging.

Gott prüft Hiob

In dem Lande Uz lebte einst ein gottesfürchtiger Mann mit Namen Hiob. An jedem Tag, bevor er zu seinen Viehherden aufs Feld ging, betete er zu Gott. Seine Söhne und seine Töchter halfen ihm bei seiner Arbeit, und jedermann liebte und achtete ihn.

»Solange alles gut geht, ist es für einen Mann wie Hiob leicht, das Böse zu meiden«, sagte der Teufel höhnisch zu Gott, »aber wenn es schiefgeht mit ihm, dann wird er rasch seinen Mut verlieren. Wenn er etwa alle seine Kinder verliert oder sein Bauernhaus oder wenn er ernsthaft krank wird – dann wird es vorbei sein mit seiner Liebe zu dir!«

Gott entschloß sich daraufhin, Hiob auf die Probe zu stellen.

Alles Unheil, das der Teufel angedeutet hatte, ließ er ihm widerfahren, und Hiob wurde verbittert und böse. Seine Freunde versuchten ihm zu erklären, warum Gott uns mit Schmerzen und Elend heimsucht – damit wir die Dinge klarer vor uns sehen, um uns den Stolz zu nehmen und uns im Herzen stark zu machen.

Darauf sprach Gott selbst zu Hiob. Er erinnerte ihn daran, daß der Mensch so wenig über das Leben weiß, gar nicht zu reden von dem, was jenseits des Lebens geschieht. Aber Hiob wurde nur ungeduldig.

»Aber warum, *warum*, Herr?« fragte er.

Da sprach Gott nicht nur zu ihm, sondern erschien vor ihm in eigener Gestalt. Jetzt brauchte Hiob keine Antwort mehr. Frieden überkam ihn und die Fülle und der Glanz von Gottes Gegenwart.

Jona und der Wal

Während Jona sein Tagewerk verrichtete, sprach Gott zu ihm.
»Jona«, sagte er, »ich will, daß du nach Ninive gehst. Die Leute, die dort wohnen, sind voller Bosheit. Du sollst ihnen sagen, daß ihre Stadt und alles darin in vierzig Tagen vernichtet werden wird.«

»Warum ich, Herr?« fragte Jona betroffen. »Warum soll ich, ein einfacher Jude in Israel, zu einem Volk predigen, das ich nicht kenne, das weit von hier beheimatet ist und nicht an dich glaubt? Außerdem bist du doch ein freundlicher und barmherziger Gott, der niemals eine ganze Stadt dem Erdboden gleichmachen würde.«

Er entschloß sich, nicht nach Ninive zu gehen. Aber er fürchtete sich vor Gottes Zorn und versuchte ihm zu entfliehen, indem er sich nach Tharsis einschiffte, einer Stadt, die weit von Ninive entfernt war. Das Schiff stieß in See, und Jona wurde in der Kajüte vom Schlaf übermannt.

Plötzlich kam ein mächtiger Sturm auf, und der Kapitän rüttelte Jona wach.

»Komm«, sagte er. »Vielleicht ist es dein Gott, der uns diesen Sturm geschickt hat.« Jona betete, aber der Sturm wurde nur noch schlimmer. »Ich weiß, ich habe die Schuld«, sagte er zu den Seeleuten, »ihr solltet mich über Bord und ins Meer werfen.«

Aber die Seeleute taten das nicht, sie brachten die Ruder aus und versuchten die Küste zu erreichen. Aus dem Sturm aber wurde ein

heftiger Hurrikan, so daß sie dann doch Jona packten und ihn über Bord warfen.

Der Wind ließ sogleich nach. Jona schwamm eine Weile, aber dann verließ ihn die Kraft. Da kam ein großer Fisch, ein Wal, und verschluckte ihn, so daß er drei Tage und drei Nächte innen in seinem Bauch blieb. Dann spuckte der Wal ihn wohlbehalten an der Küste aus.

Wieder befahl Gott Jona, nach Ninive zu gehen, und diesmal gehorchte er sofort. Als er in die große Stadt kam, ging er durch die Straßen und rief: »In vierzig Tagen wird Ninive zerstört!«

Die Leute wurden, als sie das hörten, von Furcht ergriffen, denn sie wußten von der Macht Gottes. Sie brachten Jona zum König, und der König befahl, daß alle Männer und Frauen der Stadt um Vergebung ihrer Sünden bitten und ein neues Leben beginnen sollten. Gott erhörte ihre Gebete und verschonte Ninive.

Jona jedoch ergrimmte über Gott. Er glaubte sich zum Narren gemacht. »Ich wußte von Anfang an, daß du ihnen nichts zuleide tun würdest«, murrte er.

Er ging in die Wüste und setzte sich in den Sand. Es war sehr heiß und unbequem, also ließ Gott einen Baum neben ihm wachsen, der ihm Schatten gab. Am nächsten Tag verwelkte das Laub, und der Baum ging ein. Die Sonne brannte glühend heiß auf Jona herab, und er fühlte sich sehr krank.

»Mir tut der Baum leid, er blieb nur so kurze Zeit am Leben«, sagte Jona zu sich, »ich wünschte, ich wäre auch tot.«

Darauf sagte Gott freundlich zu ihm: »Wenn dir dieser Baum leid tut, den du weder gepflanzt noch gewässert hast, wieviel mehr müßte es mich schmerzen, wenn ich die Stadt Ninive zerstörte. Meine Liebe ist größer als deine. Ich vergebe denen, die Reue zeigen, und bringe allen Menschen Trost.«

Das Neue Testament

Das Neue Testament

INHALT

Elisabeth und Zacharias	198
Ein Engel erscheint vor Maria	199
Die Geburt Johannes des Täufers	200
Die Geburt Jesu	201
Die Weisen vor Herodes	204
Die Weissagungen Simeons	206
Die Flucht nach Ägypten	207
Der zwölfjährige Jesus im Tempel	209
Johannes tauft Jesus	210
Die Versuchung in der Wüste	212
Jesus in Galiläa	214
Die Hochzeit zu Kana	216
Jesus heilt den Aussätzigen und den Knecht des römischen Soldaten	218
Jesus heilt den Gelähmten	220

Was Fasten bedeutet	221
Die Berufung der zwölf Jünger	222
Die Bergpredigt	224
Jesus beruhigt den Sturm	226
Jesus heilt den Besessenen	228
Jairus' Tochter	229
Der Tod Johannes des Täufers	230
Die Gleichnisse	232
Jesus und die Kinder	242
Die Speisung der Fünftausend	244
Jesus wandelt auf dem Wasser	246
Jesus kündigt die Kreuzigung an	248
Jesus auf dem Wege nach Jerusalem	250
Jesus besucht Maria und Martha	251
Lazarus wird zum Leben erweckt	253
Jesus' Feinde verschwören sich gegen ihn	254
Jesus warnt die Jünger	256

Der Einzug in Jerusalem	257
Der verdorrte Feigenbaum	259
Jesus treibt die Geldwechsler aus dem Tempel	260
Jesus antwortet den Sadduzäern und den Pharisäern	262
Das Scherflein der Witwe	263
Jesus predigt vom Jüngsten Tag	264
Judas' Verrat an Jesus	265
Das Abendmahl	266
Jesus kündigt den Verrat an	268
Jesus im Garten von Gethsemane	269
Der Verrat	271
Petrus verleugnet Jesus	272
Verurteilung und Verspottung	273
Die Kreuzigung	275
Die Grablegung	278

Die Auferstehung	280
Jesus erscheint den Jüngern	282
Der ungläubige Thomas	283
Jesus am See Tiberias	284
Jesus' Himmelfahrt	285
Die Gründung der Kirche in Jerusalem	286
Die Heilung des lahmen Bettlers	287
Der erste Märtyrer	288
Saulus' Bekehrung und Flucht	289
Petrus' Vision und seine Flucht	292
Paulus' erste Reise	294
Paulus' zweite Reise	296
Paulus' dritte Reise	297
Paulus in Jerusalem und Rom	298
Paulus' letzte Jahre	301
Petrus' Briefe	302
Die Offenbarung des Johannes	303

Elisabeth und Zacharias

Jahrhunderte vergingen. Wieder wurde das Land Juda erobert, diesmal durch die Römer, die es in ihr Reich einverleibten. Es wurde Judäa genannt, blieb aber Königreich und von dem jüdischen König Herodes regiert. Die eigentliche Macht lag jedoch in Händen des römischen Statthalters. Unter Herodes' Herrschaft lebte in Judäa ein Priester, der den Namen Zacharias trug. Er und seine Frau Elisabeth waren Gott ergeben und befolgten seine Gebote. Ihr großer Kummer war, daß sie keine Kinder miteinander hatten. »Oh, Herr, schenke uns einen Sohn«, beteten sie.

Als Zacharias eines Tages an einem Gottesdienst im Tempel von Jerusalem teilnahm, erschien ihm ein Engel.

»Fürchte dich nicht, Zacharias«, sagte der Engel. »Gott hat dein Gebet erhört. Ihr werdet einen Sohn bekommen, den ihr Johannes nennen sollt. Er wird ein Mann Gottes und ein großer Verkünder seiner Lehre sein. Vom Geiste des Propheten Elias erfüllt, wird er das Volk zu Gott zurückführen und es auf die Ankunft des Herrn vorbereiten.«

»Aber wie soll das geschehen?« fragte Zacharias. »Wir sind zu alt, um noch einen Sohn zu bekommen.«

»Ich bin Gabriel«, erwiderte der Engel, »Gott hat mich geschickt. Aber weil du an seinem Wort zweifelst, wird er dich mit Stummheit schlagen, und du wirst so lange nicht reden können, bis das, was ich dir verkündet habe, Wahrheit wird.«

Als Zacharias nach Hause kam, konnte er seiner Frau Elisabeth nichts von der Erscheinung erzählen, weil er stumm war. Elisabeth aber sagte zu ihm:

»Wir bekommen ein Kind, Zacharias – Gott hat unsere Gebete erhört.«

Ein Engel erscheint Maria

Einige Monate später schickte Gott den Engel Gabriel in die Stadt Nazareth in Galiläa, um dort ein junges Mädchen aufzusuchen. Sie war einem Mann namens Josef, der aus dem Geschlecht König Davids stammte, zur Frau versprochen. Das Mädchen trug den Namen Maria.

Der Engel erschien vor ihr und sagte: »Sei gegrüßt, Maria, der Herr ist mit dir.« Als Maria den Engel sah und hörte, was er gesagt hatte, verwunderte sie sich und erschrak.

»Fürchte dich nicht, Maria«, fuhr der Engel fort, »Gott liebt dich, du hast Gnade bei ihm gefunden. Du wirst einen Sohn zur Welt bringen, dem du den Namen Jesus geben sollst. Er wird groß sein, und das Volk wird ihn den Sohn des Höchsten nennen. Gott wird ihm den Thron seines Ahnen David geben, und er wird in alle Ewigkeit über Israel herrschen. Sein Reich wird nie ein Ende haben.«

»Wie soll das zugehen?« fragte Maria. »Ich habe nie mit einem Mann geschlafen.«

Der Engel Gabriel erwiderte: »Der Heilige Geist Gottes wird über dich kommen und von dir Besitz nehmen. Darum auch wird das heilige Kind, das aus deinem Leibe geboren werden wird, Sohn Gottes genannt werden.«

Der Engel fuhr fort: »Nach dem Willen Gottes wird auch deine Verwandte Elisabeth einen Sohn haben. Du weißt, daß sie bisher kein Kind geboren hat und zu alt scheint, um noch eines zur Welt zu bringen. Bei Gott ist kein Ding unmöglich.«

Maria sagte: »Ich diene dem Herrn. Möge alles so geschehen, wie du es gesagt hast.«

Die Geburt Johannes des Täufers

Maria eilte zu Elisabeth, die sich in einer Stadt in den Bergen befand. Als ihre Kusine sie sah, fühlte sie sich von dem Geist Gottes erfüllt. Sie lief auf Maria zu und begrüßte sie, und die beiden Frauen umarmten einander.

»Du bist gesegnet unter den Frauen«, sagte Elisabeth zu ihr, »und das Kind in deinem Leibe auch! Du bist die Mutter unseres Herrn und erfüllst mein Haus mit Licht. Als du mich eben begrüßtest, hüpfte mein Kind vor Freude in mir. Es ist wichtig für eine Frau, an Gott zu glauben, denn du und ich, wir sind der Beweis, daß er Wunderbares vollbringen kann!«

Nach einiger Zeit gebar Elisabeth einen Sohn. Als er acht Tage alt war, wurde er beschnitten – eine Sitte, die damals wie heute bei den Juden üblich ist –, und er sollte einen Namen erhalten.

»Natürlich wirst du ihn nach seinem Vater Zacharias nennen«, sagten die Leute zu ihr.

Der alte Mann konnte nicht sprechen, sich nur durch Zeichen verständlich machen, aber er hatte die Worte des Engels nicht vergessen. Man brachte ihm eine Schiefertafel, und darauf schrieb er: »Sein Name ist Johannes.«

Und in diesem Augenblick konnte Zacharias wieder sprechen und rief: »Gelobt sei Gott! Dieses Kind wird uns den Herrn verkünden, der uns erlösen und uns von unseren Feinden befreien wird. Er wird ihm den Weg bereiten und dem Volk sagen, daß es gerettet ist. Dann wird uns Gott in seiner Barmherzigkeit ein Licht senden. Es wird auf alle scheinen, die sich verloren fühlen, ängstigen oder im Sterben liegen, und uns Frieden bringen.«

Die Geburt Jesu

Die Monate vergingen, es wurde Sommer und dann Herbst. Das Kind, das Maria trug, schlief in ihr und wuchs. Als der Winter kam, war Marias Leib schwer und von ihm erfüllt. Die Geburt des Kindes stand nahe bevor.

Da Judäa ein Teil des Römischen Reiches war, unterlagen sie und Joseph dem römischen Gesetz. »Alle Männer und Frauen, die in diesem Land wohnen, müssen Steuern bezahlen«, lautete der Erlaß des Kaisers Augustus. »Eine Liste wird aufgestellt werden, in die der Name eines jeden Bürgers eingetragen wird. Der Kaiser wünscht, daß die gesamte Bevölkerung darin aufgeführt wird.«

Als König Herodes diese Anordnung erhielt, befahl er allen in seinem Reich, an ihren Geburtsort zurückzukehren und sich dort eintragen zu lassen. Da Joseph aus dem Geschlecht Davids stammte, mußte er Nazareth, wo er wohnte und arbeitete, verlassen und sich nach Bethlehem begeben, das im Süden lag und über hundert Kilometer entfernt war.

Maria, seine Frau, mußte sich ebenfalls dorthin begeben, obwohl sie tagtäglich mit der Geburt des Kindes rechnete. Gemeinsam machten sie sich mit ihrem Maultier auf den Weg durch die Berge nach Bethlehem. Es war Abend, als sie in die Stadt kamen, und sie versuchten, eine Unterkunft zu finden. Joseph aber war arm, und es war nicht leicht, eine einfache Herberge zu finden.

»Macht, daß ihr fortkommt«, sagten die Leute auf der Straße. »Bethlehem ist voll von Fremden wie ihr, die überall aus dem Lande herkommen, um sich eintragen zu lassen.« Sie warfen einen Blick auf Maria, die müde und erschöpft auf dem Maultier saß. »Los, geh«, sagten sie und drängten sie fort.

Die Nacht war angebrochen, und Joseph hüllte Maria in seinen Mantel und führte sie die Straße hinunter. Vor einem Haus blieb er stehen und klopfte an die Tür. Eine Frau kam an die Tür und öffnete sie einen Spalt. »Kein Zimmer frei«, sagte sie barsch und schlug ihnen die Tür vor der Nase zu.

Maria ließ sich sanft von dem Maultier, das ebenfalls müde war, herab. Sie gingen weiter, bis sie an ein Gasthaus kamen. Alle Fenster waren erleuchtet, und drinnen in den Räumen saßen Leute und aßen und tranken. Auf dem Hof standen Pferde, Kamele und Esel vor Krippen voller Futter. Joseph klopfte an die Tür. Der Wirt öffnete sie.

»Kein Zimmer frei!« rief er und winkte sie fort. Als sie gingen, fiel das Licht aus der Tür auf Maria.

»Ihr könnt im Stall schlafen, wenn ihr wollt. Das Stroh ist frisch aufgeschüttet«, rief der Wirt ihnen nach.

Und so machte Maria sich in dem süß duftenden Heu ein Lager. Und dort brachte sie, von Ochsen und Eseln umgeben, ihren Sohn zur Welt. Sie wickelte ihn gut ein und legte ihn in eine mit Heu gefüllte Krippe. Sie nannte ihn Jesus, was »Gott ist der Retter« bedeutet.

In dieser Nacht wurde die Weissagung des Propheten Jesaja erfüllt:

> ». . . denn uns ist ein Kind geboren; uns ist ein Sohn geschenkt;
> und die Herrschaft wird er auf seinen Schultern tragen
> und sein Name wird sein
> Herrlichkeit, Ratgeber, Friedensfürst,
> der Mächtige Gott, der Immerwährende Vater.«

Auf den Hügeln um Bethlehem waren Schafhirten draußen auf den Feldern, die in der Nacht ihre Herden hüteten. Plötzlich erschien ihnen ein Engel, und der Glanz Gottes umgab sie. Die Hirten erschraken, und das Licht blendete sie.

»Fürchtet euch nicht«, sagte der Engel zu ihnen. »Ich habe eine frohe Botschaft für euch – heute nacht ist euch in Bethlehem, in der Stadt Davids, der Heiland geboren worden. Sein Name ist Christus, der Herr.«

Da verstärkte sich der Glanz des Lichtes, als wäre auf den Feldern heller Tag, und der Himmel war erfüllt von Engeln Gottes. Ihre Stimmen erhoben sich und wehten wie ein Wind über die Hügel und durch die Täler. Sie sangen:

»Ehre sei Gott in der Höhe und Friede auf Erden und den Menschen ein Wohlgefallen!«

Dann verklang der Gesang, das Licht erlosch allmählich, und die Schafhirten sagten zueinander:

»Kommt, gehen wir nach Bethlehem, um uns anzusehen, was dort Heiliges geschehen ist.«

Sie wanderten zur Stadt und kamen in den Stall, in dem Maria und Joseph nächtigten. Sie sahen das schlafende Kind in der Wiege und knieten sich hin und beteten zu ihm.

Dann gingen sie hinaus und erzählten, was geschehen war, und alle Leute waren voller Staunen und Ehrfurcht.

Maria aber bewegte die Worte der Engel im Herzen und dachte noch oft an sie, während Jesus aufwuchs.

Die Weisen vor Herodes

Die Menschen in Judäa hatten nicht bemerkt, daß über Bethlehem ein Stern aufgegangen war. Sie wurden nicht gewahr, daß die Nächte nicht mehr dunkel waren und daß über dem Stall, in dem Jesus geboren worden war, ein neuer Stern am Himmel stand, der heller als alle anderen war.

König Herodes selbst erfuhr zuerst durch Fremde von diesem Stern, und zwar durch drei Weise aus dem Osten.

»Was hat dieses helle Licht über eurem Land zu bedeuten?« fragten sie ihn. »Wir haben einen neuen Stern am Himmel bemerkt. Er bewegt sich nicht wie die anderen Sterne, sondern steht reglos über einer bestimmten Stelle in Judäa.«

Herodes sah zu den Weisen hin. Sie waren alt und kannten sich offenbar mit den Umläufen von Sternen aus und wußten deren Sinn zu ergründen. Aber er begriff nicht, wovon sie redeten. Noch mehr überraschte ihn ihre nächste Frage.

»Wo ist dieses zum König der Juden geborene Kind?« fragten sie.

»Wozu geboren?« rief er aus.

»Zum König der Juden. Es muß der Messias sein, der Erlöser, auf den alle Welt wartet. Deswegen sind wir hergekommen.«

Herodes war alles andere als erfreut über das, was er hörte. *Er* war König der Juden und wollte keinen anderen neben sich. Er ließ seine Hohepriester und Gelehrten kommen.

»Was wißt ihr über einen neuen König von Judäa?« fragte er sie. »Stimmt es, daß wir mit der Ankunft eines Messias rechnen können?«

»Ja, Herr, es ist wahr. In den Schriften der Propheten steht es so«, erwiderten die Priester.

»Wann? Wo?« wollte der König wissen.

Einer der Gelehrten trat vor. »Es steht alles in dem Buch des Propheten Micha geschrieben, Herr«, sagte er. »In Bethlehem soll es sich zutragen. Micha drückt es in seiner etwas altertümlichen Sprache ungefähr so aus: ›*und du, Bethlehem, im Lande Juda, du bist nicht die geringste unter den Fürsten von Juda – denn aus dir wird ein Herrscher hervorgehen, der über mein Volk Israel regieren wird.*‹«

Herodes hatte genug gehört. Er wandte sich wieder an die Fremden. »Sucht ihn«, sagte er, »und kommt und erzählt mir, wo dieser König ist. Ich will hin zu ihm, um ihn zu – äh – zu verehren.«

Die Weisen brachen auf, und wieder sahen sie den hell funkelnden Stern am östlichen Himmel stehen. Sie folgten seinem Licht bis nach Bethlehem, über dem es still zu stehen schien.

Dort fanden sie Maria und Joseph und vor ihnen in der Krippe das Jesuskind. Sie wußten, daß dies der König war. Denn sie hatten eine so weite Reise unternommen, und sie fielen vor ihm betend auf die Knie.

Dann griffen sie in ihre Satteltaschen und holten die Geschenke heraus, die sie mitgebracht hatten. Sanft legten sie ihre Gaben in das Heu zu seiten des Kindes.

Gold war darunter, wie man es Königen schenkt, und Olibanum, das man auf dem Altar des Herrn zu Weihrauch verbrennt. Und Myrrhen auch, die man in jenen Zeiten zur Bewahrung von Menschen nach ihrem Tod verwendete.

Die Weissagung Simeons

In Jerusalem lebte ein alter Mann mit Namen Simeon. »Bitte, Gott«, betete er, »laß mich den Messias ein einziges Mal sehen. Dann werde ich in Frieden sterben.«

»Geh zum Tempel, Simeon«, sagte Gott zu ihm, »dort wirst du ihn finden«.

An diesem Tag hatte Maria Jesus zum Tempel mitgenommen, um ihn vor Gott zu bringen. Wie es unter den Juden üblich war, opferten sie und Joseph zwei Turteltauben, um dem Herrn für ihren erstgeborenen Sohn zu danken.

Als Simeon Maria mit dem Kind auf den Armen sah, ging er zu ihr hin.

»Gelobt sei Gott«, sagte er und nahm das Baby in seine Hände. Er hielt Jesus vor sich und sagte sanft:

»Jetzt, Herr, kann dein Diener in Frieden sterben, denn sein Gebet ist erhört worden. Meine Augen haben das Heil gesehen, das allen Menschen zuteil werden wird. Denn das Licht, das jetzt auf die Erde scheint, leuchtet zum Preis deines Volkes Israel.«

Dann wandte er sich an Maria, die seine Worte voller Staunen gehört hatte, und sagte, während er ihr das Baby in die Arme zurücklegte:

»Dein Kind wird vielen zur Größe verhelfen und manch einem den Sturz in die Tiefe bringen. Aber Leute wird es geben, die ihm nicht glauben werden, und Schmerz wird wie ein Schwert in dein Herz dringen.«

Als Maria und Joseph ihr Opfer beendet hatten, gingen sie mit ihrem Kind zurück nach Bethlehem.

Die Flucht nach Ägypten

»Erzählt dem König Herodes nicht, wo ihr das Jesuskind gefunden habt«, sagte Gott den Weisen im Traum, »und kehrt nicht auf dem gleichen Wege heim. Geht heimlich von Israel fort.«

Die Weisen handelten nach seinen Worten, und als Herodes' Kundschafter ausfindig gemacht hatten, was geschehen war, befanden sie sich schon weit außer Landes.

Auch Joseph erhielt eine Botschaft von Gott. Ein Engel erschien ihm im Traum und sagte:

»Joseph, du bist in großer Gefahr. Herodes will das Kind töten. Er läßt überall nach dir suchen. Nimm Maria und das Baby und fliehe mit ihnen nach Ägypten. Bleib dort, bis ich dich zurückrufe. Beeile dich!«

Joseph erwachte. Um ihn herum schien alles still. Dann hörte er einen Hund bellen. Er stand rasch auf und zog seine Sandalen an. Sanft weckte er Maria.

»Steh auf, Maria!« sagte er. »Wir müssen fliehen, ehe König Herodes uns findet!«

»Möge Gott uns behüten«, sagte Maria und hüllte Jesus in ihren Mantel.

Mit dem Maultier, mit dem sie gekommen waren, verließen sie Bethlehem.

Diesmal aber hatte Maria ein Kind bei sich in den Armen, und die Nacht hüllte sie ein und verbarg sie vor den Augen der Menschen. Bei Sonnenaufgang waren sie schon fern im Süden, und als sie die Grenze nach Ägypten überquert hatten, wußten sie, daß sie in Sicherheit waren.

Herodes wartete unterdessen ungeduldig auf die Rückkehr der Weisen. Als die Tage vergingen, begann er Verdacht zu schöpfen. Schließlich schickte er auf der Suche nach ihnen Kundschafter aus.

»Die sind schon lange fort!« sagten die Leute in Bethlehem. »Sie haben sich irgendwie in der Richtung entfernt«, fügten sie hinzu und zeigten zu den Bergen im Osten.

Als Herodes erfuhr, daß er hintergangen worden war, packte ihn die Wut. Er versuchte sich zu entsinnen, was die Weisen zu ihm gesagt hatten. Sie hatten von einem Kind als König gesprochen und waren nach Bethlehem gegangen.

Er war entschlossen, jeden Anspruch auf seinen Thron im Keim zu ersticken, aber er hatte keinen Anhalt, wo er das Kind finden könnte, das die Weisen ihm als König bezeichnet hatten. Er wußte nicht einmal den Namen. Ihm war nur bekannt, daß es sich in Bethlehem befand und höchstens zwei Jahre alt war. In einem Anfall von Machtgier und Wut befahl er, daß alle Kinder in Bethlehem getötet werden sollten, die unter zwei Jahre alt waren.

Seine Soldaten marschierten in die Stadt ein, rissen die geängstigten Kinder ihren Müttern aus den Armen und brachten eines nach dem anderen um. Überall war ein entsetzliches Wehgeschrei zu hören. Mit ihren toten Babys in den Armen setzten sich die Mütter auf die Straßen Bethlehems und weinten und trauerten um ihre grausam getöteten Kinder.

Die Zeit verstrich. Ein anderer König saß auf dem Thron Judäas. Maria und Joseph waren noch in Ägypten, und Jesus war zum Jungen herangewachsen. Da erschien Joseph ein Engel im Traum und sagte: »Kehrt nach Israel zurück, denn der König Herodes ist tot.« So gingen sie heim und ließen sich wieder in Nazareth nieder.

Der zwölfjährige Jesus im Tempel

Als Jesus zwölf Jahre alt war, ging er mit seinen Eltern nach Jerusalem. Sie machten diese Pilgerfahrt jedes Jahr, um Gott am Passahfest zu danken. Jesus nahm an der Opferung von Lämmern, süßem Honig und Wein teil und aß das krosse, ungesäuerte Brot, zur Erinnerung der Flucht der Juden aus Ägypten.

Als das Fest vorüber war, begaben sich seine Eltern wieder nach Nazareth.

»Wo ist Jesus?« fragte Maria.

»Er muß mit den anderen Pilgern vorangegangen sein«, sagte man ihr.

Aber als sie unter den Priestern nach Jesus suchten, fanden sie ihn nicht. Tief besorgt eilten Maria und Joseph zurück nach Jerusalem. Drei Tage lang suchten sie ihn auf den Märkten und in allen Basaren, aber sie fanden ihn nicht. Schließlich gingen sie zum Tempel, der ihre letzte Hoffnung war.

»Sieh nur, da ist er, in Salomos Vorhalle!« rief Joseph. Jesus saß unter den Gelehrten im Tempel, als wäre er einer von ihnen. Er stellte ihnen Fragen und hörte sich ihre Antworten an, und jeder, der ihn hörte, staunte über seine Klugheit.

»Was tust du hier, mein Kind?« rief Maria. »Wir haben uns große Sorgen gemacht!«

Ruhig und freundlich antwortete er: »Warum suchst du nach mir? Weißt du nicht, daß ich in meines Vaters Haus sein muß?«

Dann gingen sie mit ihm zurück nach Nazareth. Als er älter wurde, erlernte er das Tischlerhandwerk. Aber es zeigte sich, daß Gott ihn mit besonderer Weisheit begnadet hatte, und alle, die ihn kannten, liebten ihn.

Johannes tauft Jesus

Jahrhunderte lang hatten die Juden auf die Ankunft ihres Erlösers gewartet. Sie sehnten sich nach einem, der sie von der römischen Herrschaft und den verhaßten Steuern befreien könnte, die sie zu zahlen hatten. Johannes war der erste, der erkannte, daß Jesus der von allen erwartete Erlöser war. Er war Jesus' Vetter, sechs Monate älter als er, und als Sohn eines Priesters war er als Gottesdiener im Tempel von Jerusalem aufgewachsen. Er erlebte, wie übel die Armen von den Reichen behandelt wurden, und kam zu dem Schluß, daß Gott in dem Tempel mit seinen habgierigen und schwachen Priestern nicht anwesend sein konnte.

Also ging Johannes, wie es Elia vor ihm getan hatte, in die Wüste. Er trug als Prophet, der er war, ein gegürtetes Hemd aus Kamelhaar und ließ sein Haar bis auf die Schultern wachsen. Er aß Heuschrecken und wilden Honig und trank Wasser aus einer Ziegenhaut, die er an Wüstenquellen füllte. Er hauste in Höhlen und wartete dort auf das Wort Gottes.

Eines Tages fühlte er die große Stille, die über den Bergen lag, fast als senkte sie sich auf ihn herab, und da hörte er Gott sagen:

»Ruf das Volk von Israel zusammen; bereite es auf das Kommen ihres Herrn vor.«

Johannes ging vorerst nicht in die Städte; er begann dort zu predigen, wo er war: in der Wüste. Das Volk kam aus Neugierde zu ihm und blieb dann, weil es an ihn glaubte.

»Seid bereit!« rief er. »Bereit für das Reich Gottes! Hört auf, im Tempel zu opfern; hört auf, mit euren Nächsten zu hadern!«

Er taufte die Leute, indem er sie in das Wasser des Jordan tauchte, zum Zeichen dafür, daß nun alles Böse von ihnen abgewaschen war und daß sie in Zukunft versuchen wollten, ihr Leben zu ändern und die Gebote Gottes zu befolgen.

»Was sollen wir tun?« fragte das Volk ihn.

»Wenn ihr zwei Mäntel habt, gebt einen davon dem Mann, der keinen hat«, antwortete er ihnen. »Wenn ihr genug Nahrung habt, gebt die Hälfte davon jenen, die Hunger leiden.«

Einige Steuereinnehmer, die zur Taufe zu ihm gekommen waren, fragten ihn: »Was sollen wir tun?«

»Euch in Rechtschaffenheit üben«, sagte er. »Nehmt kein Geld von den Leuten, das ihr dann für euch selbst behaltet.«

Darauf fragten ihn einige Soldaten: »Und wir? Was ist mit uns?«

»Tut anderen kein Leid an«, antwortete Johannes, »und begnügt euch mit eurem Sold.«

»Wer, übrigens, bist du?« fragten sie ihn. »Bist du Elia? Oder ein Prophet wie er?«

Johannes antwortete: »Ich bin nur eine Stimme, die in der Wüste ruft. Ich bin nicht der Erlöser, nicht Christus. Er wird nach mir kommen und mächtiger sein als ich. Ich taufe euch mit Wasser, er jedoch wird euch mit dem Geist Gottes taufen und mit Feuer. Ich bin nicht einmal wert, seine Schuhriemen zu lösen!«

Als Jesus von Johannes erfuhr, verließ er Nazareth und suchte ihn auf. Er fand ihn an den Ufern des Jordans und bat Johannes, ihn zu taufen.

»Das ist nicht recht so«, sagte Johannes zu ihm. »Du bist es, der mich taufen sollte, denn du bist mächtiger als ich!«

Jesus erwiderte: »Es ist Gottes Wille.«

Also wurde Jesus von Johannes im Fluß getauft. Als er aus dem Wasser kam, öffnete sich der Himmel, und er sah den Geist Gottes in der Gestalt einer Taube auf ihn herabkommen. Die Stimme Gottes sagte:

»Du bist mein lieber Sohn, an dem ich mein Wohlgefallen habe.«

Die Versuchung in der Wüste

Gott sandte Jesus in die Wildnis. Er ging allein in die Wüste fern vom Jordan, wo alles verdorrt war und brach lag.

Um ihn herum herrschte Stille. Elia war einst hier gewesen und vierzig Tage und vierzig Nächte über Steine und Sand gewandert. Vor ihm hatte sich Moses dort vierzig Tage aufgehalten und mit Gott auf dem Berge Horeb gesprochen. Jetzt war es Christus, der in der Einöde stand und dort vierzig Tage und vierzig Nächte zu verbringen hatte.

Er war hungrig. Wo er auch hinblickte, überall war nichts als Sand und Stein. Selbst die Bäume, die hier einst wuchsen, waren zu Stein geworden.

Der Hunger plagte ihn, und es verlangte ihn nach Brot. Der Wind wirbelte den heißen Sand auf und wehte ihm die Sandkörner ins Gesicht.

»Wenn du der Sohn Gottes bist«, ertönte die Stimme des Teufels in dem Wind, »dann ist dir kein Ding unmöglich. Es dürfte dir nicht schwerfallen, diese Steine in Brot zu verwandeln!«

Jesus jedoch erwiderte: »Der Mensch lebt nicht vom Brot allein; er braucht das Wort Gottes.«

Die Nacht kam herab, und der Teufel trug Jesus zu der heiligen Stadt Jerusalem. Hier, von der höchsten Zinne des Tempels, konnte Jesus die Kuppeln und die Türme und Seen in ihrer Schönheit zu seinen Füßen liegen sehen.

»Wenn du der Sohn Gottes bist«, flüsterte der Teufel ihm im Nachtwind zu, »dann kannst du dich von hier hinabwerfen in die Stadt. Die Engel Gottes werden dich auffangen und nicht fallen lassen! Die Zeit ist gekommen – zeige dem Volk, daß du Gott bist. Sie werden dir glauben und dich zum König machen.«

»Nein«, sagte Jesus, »es kommt mir nicht zu, Gott zu versuchen. Er hat mir aufgetragen, das Leid und die Schmerzen der Menschen mit ihnen zu teilen.«

Der Teufel führte Jesus noch höher hinauf, zum Gipfel des höchsten Berges der Welt. Von hier konnte Jesus alles auf Erden sehen, vom Anbeginn der Zeit bis zu ihrem Ende. Er sah die großen Königreiche, die Armeen und die Waffenlager aller Völker.

Zum dritten Mal versuchte der Teufel ihn. »Dies alles kann ich dir geben«, sagte er. »Ich werde dich mächtiger machen, als je ein Mensch war. Du brauchst nur das Knie vor mir zu beugen und mich anzubeten!«

Jesus rief laut: »Geh von mir, Satan – ich kann dich nicht anbeten, anbeten kann ich nur Gott. Denn in den Geboten steht: ›*Du sollst Gott, den Herrn, anbeten und nur ihn allein!*‹«

Da ging der Teufel fort, und mit ihm verzogen sich alles Böse und alle Finsternis, von denen die Luft erfüllt war. Die Engel Gottes kamen, brachten Jesus etwas zu essen und nahmen sich seiner an.

Jesus in Galiläa

Jesus verließ sein Elternhaus in Nazareth und ging aufs Land nach Galiläa. Doch bevor er aufbrach, begab er sich an einem seiner letzten Tage in die Synagoge, um zu beten. (Synagogen waren die kleineren Tempel, in denen die Juden ihre Andacht abhielten und sich Gottes Wort von jenen Weisen erläutern ließen, die Rabbis genannt wurden). Einer von ihnen reichte ihm die Schriftrolle des Propheten Jesaja, und er las:

»*Der Geist des Herrn ist in mir, denn er hat mich gesalbt; er hat mich gesandt, den Armen die frohe Botschaft zu lehren, die Blinden sehend zu machen und die Menschen aus Gefangenschaft zu befreien.*«

Jesus wandte sich an das Volk und sagte: »In dieser Synagoge sind heute die Worte des Propheten erfüllt worden!«

Alle sahen erstaunt zu ihm hin. Dann murmelten sie untereinander: »Aber ist das nicht Josephs Sohn? Der Sohn des Tischlers, den wir alle kennen?«

Jesus erwiderte: »Ja, der bin ich. Kein Prophet gilt etwas in seinem eigenen Lande. Er muß hinaus in die Welt und Fremden predigen.« Dann verließ er die Synagoge.

Warum ging Jesus nicht nach Jerusalem, der Hauptstadt von Judäa? Weil die Priester und Gelehrten dort gesagt haben würden: »Wir allein wissen die Wahrheit über Gott. Wir hören nicht auf das Wort eines Tischlers aus Nazareth.«

So begann er zu predigen und Wunder zu tun in dem abgelegenen Land Galiläa.

»Die Zeit ist gekommen!« rief er, während er durch die Weizenfelder und Weingärten schritt, die an den See von Galiläa grenzten. »Das Reich Gottes ist nicht mehr fern. Bereitet euch darauf vor und freut euch!«

Wieder begab sich Jesus zum Ufer des Jordan. Er war dort hingegangen, um mit Johannes und mit den Leuten zu sprechen, die er um sich versammelt hatte.

Als Johannes der Täufer ihn kommen sah, zeigte er zu ihm hin und sagte:

»Er ist das Lamm Gottes, durch dessen Opfer die Welt von ihren Sünden befreit wird.«

Zwei Männer trennten sich von Johannes und liefen zu Jesus. Er fragte sie:

»Was wollt ihr von mir?«

»Wir wollen dich reden hören«, sagten sie.

»Kommt«, sagte Jesus. Sie blieben den ganzen Tag bei ihm, und am nächsten Morgen brachte einer von ihnen, der Andreas hieß seinen Bruder, der ein Fischer war, zu Jesus.

»Du bist Simon, der Sohn von Johannes«, sagte Jesus zu diesem Mann. »Von jetzt an sollst du Petrus heißen, was ›der Fels‹ bedeutet.«

Danach begegnete Jesus zwei Männern, von denen der eine Philip, der andere Nathanael hieß, und sagte zu ihnen: »Folgt mir.«

Nathanael kniete vor Jesus nieder. »Du bist der Sohn Gottes, der König Israels«, sagte er.

Die Männer, die Jesus folgten, nannten ihn »Rabbi«, weil er ihr Lehrer und sie seine Schüler oder Jünger waren. Sie hörten ihn das Wort Gottes verkünden und sahen, wie er Kranke heilte. Sie hörten ihn in den Synagogen, auf freiem Feld und am See von Galiläa predigen. An einigen Tagen war Jesus von einer so großen Volksmenge umgeben, daß er fast von den Leuten erdrückt wurde. Er setzte sich in ein Boot, fuhr hinaus auf den See und sprach übers Wasser zu der Menge, die sich am Ufer versammelt hatte.

»Ich bin gekommen, um den Menschen das Leben und die Herrlichkeit zu bringen«, sagte er eines Tages zu ihnen. »Sie werden wie Wasser über die Erde strömen und alle heilen und sie wieder gesund machen.«

Die Hochzeit zu Kana

In Galiläa wurde ein Mädchen einem Mann angetraut. Das Hochzeitsfest, an dem Jesus als Gast teilnahm, fand in dem Dorf Kana statt.

Das Fest dauerte schon einige Tage. Am letzten Abend würde die Braut nach der Sitte des Landes zum Haus des Bräutigams gebracht werden. Und zwar bei Fackellicht in der Nacht und von einem langen Schleier bedeckt, damit sie vor den Blicken Neugieriger geschützt sei. Sie würde Girlanden aus Myrthen und Orangenblüten im Haar tragen, die in einem Kranz auch um ihre Hüfte gewunden wurden. Jesus hatte auch seine Jünger zu dem Hochzeitsfest mitgebracht. Auch seine Mutter Maria, deren Mann Joseph vor vielen Jahren gestorben war, nahm daran teil.

Die Familie hatte das ganze Dorf zu dem Fest eingeladen. Die Menge drängte sich im Haus, und viele saßen draußen unter den Bäumen und aßen und tranken und vergnügten sich.

Maria kam leise zu Jesus, und als niemand in der Nähe war, sprach sie zu ihm.

»Der Wein ist ihnen ausgegangen«, sagte sie. »Es sind mehr Leute zum Fest gekommen, als sie erwartet hatten. Der alte Wein ist ausgetrunken, und der junge Wein ist sauer geworden.«

»Können sie sich nicht neuen Wein kommen lassen?« fragte Jesus.

»Nein. Du weißt, daß sie nicht gerade sehr reich sind. Sie haben ihr ganzes Geld für Lebensmittel und Wein ausgegeben. Sie schämen sich furchtbar.«

»Warum erzählst du mir das?« fragte Jesus sie. »Die Zeit, da ich ihnen helfen kann, ist noch nicht gekommen.«

Jesus sagte das sehr freundlich zu ihr. Maria aber glaubte trotzdem, daß er seinen Freunden helfen würde.

»Tut alles, was er euch sagt«, flüsterte sie den Dienern zu.

Sie gingen zurück ins Haus. Die Weinschläuche waren leer, aber die Gäste hatten das noch nicht gemerkt. Sie hörten den Flöten und Trommeln zu, deren Musik ihnen lustig in den Ohren klang. Die Musikanten spielten immer schneller, die Leute klatschten im Takt mit und stampften mit ihren Füßen auf den harten Steinboden.

In einer Ecke standen sechs große Wasserkrüge, in denen die Leute beim Betreten des Hauses ihre Hände und ihre Füße wuschen. Um das Wasser in ihnen kühl zu halten, waren die Krüge mit frischem grünem Laub verstopft.

Jesus sagte zu einem Diener: »Füllt die Wasserkrüge bis zum Rand.«

Die Diener schöpften aus der Quelle im Hof Wasser und gossen es in die Krüge.

»Nun füllt einige der kleineren Gefäße und bringt sie zu dem Speisemeister«, sagte er. Sie brachten die gefüllten Gefäße zu dem Mann, der aus jedem einen Schluck nahm und das Getränk probierte. Nach einer kleinen Pause lachte er laut auf.

»Nanu, was für Wein ist denn das?« rief er aus, »so etwas habe ich noch nie getrunken!« Er rief zu dem Bräutigam hinüber:

»Andere Leute servieren zuerst ihren guten Wein und bewahren die billigeren Sorten bis zum Schluß auf. Ihr aber laßt den besten Wein, den ich je trank, am Ende des Festes servieren!«

Die Leute staunten nicht wenig. Alle wußten, daß die Gefäße mit Wasser aus der Quelle gefüllt worden waren. Sie blickten zu Jesus. Durch die ihm gegebene Macht hatte er Wasser in Wein verwandelt. Es war das erste Wunder, das er vollbrachte.

Jesus heilt den Aussätzigen und den Knecht des römischen Soldaten

Eines Tages kam ein Aussätziger zu Jesus. In jenen Tagen hatte jeder Mann Angst, von einem Aussätzigen angesteckt zu werden, und so hielt man sich fern von denen, die von diesem furchtbaren Leiden befallen waren, und half ihnen nicht. Aussätzige mußten, wenn sie in die Nähe von Menschen kamen, warnend »Unrein! Unrein!« ausrufen, woraufhin die Leute sich eilends davonmachten. Aussätzige durften nicht einmal im Tempel an Gottesdiensten teilnehmen. Als sich der Aussätzige näherte, fühlte Jesus Mitleid mit dem Mann, weil er so furchtbar litt.

»Ich weiß, daß du mich heilen kannst, Herr, wenn du es willst«, sagte der Mann und kniete sich hin.

Jesus streckte die Hand aus. »Ja, ich will's«, sagte er und berührte ihn.

»Geheilt sollst du sein«, fügte er hinzu, und sofort verschwanden die entsetzlichen Geschwüre.

»Geh jetzt«, sagte Jesus zu ihm, »und danke Gott im Tempel dafür, daß er dich heilte. Erzähl's aber den Leuten nicht, bete statt dessen zu Gott.«

Aber der Mann konnte nicht anders und redete überall von dem neuen Arzt. Die Leute wurden neugierig und folgten Jesus überallhin, um mit eigenen Augen die Wunder zu sehen, die er vollbrachte. Darum entzog sich Jesus und ging in die Berge, wo er betete und auf Gottes Wort hoffte. Doch nach einer Weile kamen die Leute selbst hierher und beobachteten ihn.

Jesus zog sich in eine Stadt in Galiläa zurück, in die Stadt Kapernaum. Dort trat ein römischer Soldat auf ihn zu und sagte:

»Herr, ich habe einen Knecht zu Hause, der schwer krank ist. Ich schätze ihn sehr und möchte nicht, daß er stirbt. Willst du ihn dir nicht ansehen und ihn vielleicht heilen?«

»Führe mich zu ihm«, antwortete Jesus.

Aber der Soldat zögerte. »Ich möchte dir deine Zeit nicht stehlen, Herr«, sagte er, »sag mir ein Wort – das dürfte schon genügen.« Jesus blickte zu ihm hin. Der Mann fuhr fort: »Mach dir nicht die Mühe, zu mir in mein Haus zu kommen. Sag mir nur das Wort, dann wird der Mann von seiner Krankheit genesen.«

»Dein Glaube an mich ist groß«, sagte Jesus. »Die meisten wollen viel mehr von mir als nur ein Wort. Sie würden niemals glauben, daß ich jemand heilen kann, ohne ihn gesehen oder berührt zu haben. Aber ich kann's. Geh jetzt nach Hause. Dein Knecht wird nicht sterben, ich habe ihn geheilt.«

Jesus wandte sich an die Umstehenden. »Ihr seht«, sagte er, »dieser Mann ist ein Heide, ein Nicht-Jude, aber er glaubt an mich. Von denen, die meiner Religion angehören, hat mir noch keiner ein solches Vertrauen gezeigt. Die Zeit wird kommen, in der Menschen aus aller Welt das Licht Gottes sehen und an ihn glauben werden. Doch mein eigenes Volk hier in Israel wird nicht glauben, das Licht wird nicht die Finsternis durchdringen, in der sie leben.«

Jesus heilt den Gelähmten

Während Jesus predigte, hatte sich eine Volksmenge um ihn versammelt. Unter ihnen ein Lehrer und ein Priester, beide Pharisäer, Angehörige einer Gruppe von Juden, die Gottes Gesetze streng einhielten und glaubten, ihre Art von Gottesdienst sei die einzig richtige. »Wer ist dieser Mann?« fragten sie. »Was weiß er von den Gesetzen Gottes? Er ist bei uns nicht in die Lehre gegangen!«

»Er spricht über Gott«, sagte ein Mann neben ihnen, »und über Liebe und Vergebung. Wir haben das noch nie so gehört!«

Vier Männer kamen die Straße hinunter, die auf einer Bahre einen Gelähmten trugen.

»Bringt mich zu Jesus!« rief der Kranke. Mühselig bahnten sich die Männer mit der Bahre einen Weg durch die Menge, bis sie zu dem freien Platz kamen, auf dem Jesus stand, und stellten die Bahre mit dem Gelähmten vor ihm hin.

»Deine Sünden sind dir vergeben«, sagte Jesus freundlich zu dem alten Mann.

»Aber das ist unmöglich!« riefen die zuschauenden Pharisäer. »Nur Gott kann vergeben!«

Jesus hörte das und antwortete ihnen: »Ich habe die Macht, zu heilen und zu vergeben. ›Deine Sünden sind dir vergeben‹ und ›Steh auf und gehe‹, kann ich jederzeit sagen.« Er wandte sich dem Gelähmten zu. »Steh auf«, sagte er, »und gehe.«

Der Mann streckte sich und erhob sich von der Bahre. Jesus hatte ihn an Leib und Seele geheilt.

Was Fasten bedeutet

Einer aus dem Volk sagte zu Jesus: »Johannes des Täufers Jünger fasten oft und verrichten ihre Gebete ebenso, wie es die Pharisäer tun – warum essen und trinken und vergnügen sich deine Jünger?«

Jesus antwortete: »Könnt ihr von Gästen verlangen, daß sie fasten, während der Bräutigam unter ihnen ißt? Die Zeit wird kommen, zu der sie der Bräutigam verläßt; das ist dann die Zeit zum Fasten!«

Er versuchte, es ihnen auf andere Weise zu erklären. »Niemand füllt jungen Wein in alte Schläuche. Tut er es, dann wird der junge Wein die Schläuche zersprengen – der Wein wird verschüttet, und die Schläuche sind unbrauchbar. Junger Wein muß in neue Schläuche gefüllt werden.«

»Meine Lehre ist jung und neu wie der Wein, und so verhalten sich meine Jünger anders. Wer an den alten Wein gewöhnt ist, wird ihn weiterhin trinken. ›Was früher gut war, ist auch heute noch gut‹, werden sie sagen. Sie werden mir nicht auf dem Wege zum Reich Gottes folgen.«

Ein Pharisäer mit Namen Nikodemus sagte: »Wir wissen, daß Gott dich gesandt hat, Herr.«

»Ja«, antwortete Jesus, »ich bin gekommen, die Menschen zu Gott zu führen. Aber bevor sie sein Reich betreten, müssen sie neu geboren werden.«

»Das ist nicht möglich«, sagte Nikodemus, »keiner kann in den Schoß seiner Mutter zurück!«

»Ich versichere dir,« sagte Jesus, »solange ein Mensch nicht aus dem Wasser und dem Geist geboren ist, kann er nicht zu Gott kommen. Dein Körper ist aus dem Körper deiner Mutter geboren, aber nur der Geist Gottes kann dem Geist zur Geburt verhelfen.«

Die Berufung der zwölf Jünger

Als Jesus eines frühen Morgens am Ufer des Sees von Galiläa entlangwanderte, sah er in der Ferne zwei Fischer, die ihre Netze reinigten. Als er näherkam, erkannte er in ihnen Simon und Andreas, seine ersten beiden Jünger, die, wann immer sie konnten, ihre Tätigkeit als Fischer weiterhin ausübten. Er sah in ihre leeren Körbe.

»Simon«, sagte er, »rudere dorthin, wo das Wasser tief ist. Das ist die Stelle, wo du Fische finden wirst.«

»O Herr«, antwortete Simon, »wir haben die Netze die ganze Nacht ausgelegt und nichts gefangen. Wenn du meinst, daß es Sinn hat, dann wollen wir es noch einmal versuchen.«

Er schob sein Boot in den See, und sein

Bruder Andreas ruderte in dem anderen Boot hinterher. Dort, wo das Wasser tief war, legten sie die Netze zwischen den beiden Booten aus. Dann warteten sie ab und spürten, wie sich eine große Stille über den See legte. Plötzlich schrie Simon erfreut auf. Vom Ufer aus sah Jesus die beiden Männer die Netze einholen, die brechend voll waren von springenden und im Morgenlicht glitzernden Fischen. Sie zogen die vollen Netze ins Boot und ruderten zurück. Simon war so aufgeregt, daß er ins Wasser sprang und ans Ufer watete. Er warf sich Jesus zu Füßen und rief aus: »Verlaß mich, Herr, ich bin deiner nicht würdig.«

»Komm mit mir«, sagte Jesus zu ihm. »Von jetzt an werdet ihr beide Menschenfischer sein.«

Simon und Andreas hatten zwei Freunde, Jakob und Johannes, die Söhne des Zebedäus, der weiter unten im See fischte. Jesus rief sie zu sich, und sie verließen ihre Boote und ihren Vater und folgten ihm.

Dann ging Jesus zum Hafen. Er sah dort einen Steuereinnehmer mit Namen Matthäus, der vor der Tür seines Zollhauses saß. Matthäus sah hoch, und Jesus sagte: »Folge mir!« Die Leute waren entsetzt. Ein Steuereinnehmer konnte doch nicht ein Jünger Jesu sein. Jeder wußte, daß sie Diebe und Betrüger waren. Männer wie die Pharisäer hielten sich etwas darauf zugute, daß sie mit diesen Leuten nichts gemein hatten. Jesus hörte das Volk murren und sagte:

»Ich bin nicht gekommen, die Gesunden zu heilen, sondern die Kranken. Ich bin nicht gekommen, Menschen zu retten, denen es gut geht, sondern ihnen zu zeigen, wie sie es besser machen können.«

Dann begab er sich in das Bergland. Von all seinen Anhängern wählte er zwölf Männer als seine Jünger aus, die seine Lehre verbreiten sollten. Es waren Petrus und sein Bruder Andreas, Jakob und Johannes, die Söhne des Zebedäus, Philip, Bartholomäus, Thomas, Matthäus, ein Mann, der ebenfalls Jakob hieß und der Sohn des Alphäus war, außerdem Thaddäus, Simon, genannt Zelotes, und Judas Ischariot. Jesus schickte je zwei seiner Jünger in alle Richtungen. Er legte seine Hände auf ihre Schultern und übertrug ihnen seine Kraft.

»Nehmt nichts mit, nicht einmal Geld oder ein zusätzliches Paar Sandalen«, sagte er. »Wenn ihr ein Dorf betretet, begrüßt die Leute und sagt ›Schalom‹, ›Friede sei mit euch‹. Wenn ihr ihnen willkommen seid, dann sprecht mit ihnen. Heilt ihre Kranken und eßt von ihrem Brot. Wollen sie nichts von euch wissen, dann geht. Habt keine Furcht; Gott wird mit euch sein. Von ihm werdet ihr erfahren, was ihr sagen sollt. Denkt daran: die Ernte ist reif; hört nicht auf zu beten, so daß viele kommen und beim Mähen helfen werden.«

Die Bergpredigt

Jesus ging in die Berge und sprach zu den Männern und Frauen, die sich dort um ihn versammelt hatten:

»Selig sind die Demütigen, denn ihnen wird das Reich Gottes gehören.«

»Selig sind die von Trauer heimgesuchten, denn sie werden Trost finden.«

»Selig sind jene, die keine Besitztümer haben, denn sie werden das ganze Erdreich besitzen.«

»Selig sind, die den Sieg des Guten wünschen, denn ihr Wunsch wird erfüllt werden.«

»Selig sind jene, die sich ihrer Feinde erbarmen, denn ihnen wird Barmherzigkeit zuteil werden.«

»Selig sind jene, die ein reines Herz haben, denn sie werden Gott von Angesicht sehen.«

»Selig sind jene, die den Frieden wollen, denn Gott wird sie seine Kinder nennen.«

»Selig sind jene, die um der Gerechtigkeit willen leiden, denn ihnen wird das Reich Gottes gehören.«

»Selig seid ihr, wenn Menschen euch wegen eurer Liebe zu mir verfluchen und strafen. Nehmt ihre Schmähungen gelassen hin, denn ihr werdet später reichlich belohnt werden.«

»Ihr seid das Salz der Erde, ohne das Nahrung keinen Geschmack hat. Ihr seid das Licht der Welt, versteckt also euer Licht nicht, so daß es anderen verborgen bliebe. Wenn die Menschen erkennen, daß ihr Gutes tut, werden sie Gott preisen, in dessen Dienst ihr eure Werke vollbringt.«

»Sammelt keine Reichtümer auf Erden, wo sie doch nur von Motten und Rost zerfressen und von Dieben und Einbrechern gestohlen werden; sammelt euch Schätze im Himmel, wo sie nicht verderben und nicht gestohlen werden können. Denn euer Herz wird immer bei den Dingen sein, die für euch von Wert sind.«

»Richtet nicht über andere Leute, damit ihr nicht selbst gerichtet werdet. Es ist leicht, den Splitter im Auge eurer Freunde zu sehen, aber schwerlich könnt ihr euch über den Balken im eigenen Auge freuen.«

»Erst müßt ihr den Balken aus eurem eigenen Auge ziehen, vielleicht seht ihr dann klar genug, um den Splitter aus den Augen anderer entfernen zu können.«

»Ihr habt gehört, daß gesagt wurde: ›Auge um Auge und Zahn um Zahn‹. Ich aber sage zu euch, daß es nicht gut ist, Übles mit Üblem zu bekämpfen. Wenn einer euch auf eine Seite eures Gesichts schlägt, dann haltet ihm auch die andere Seite hin.«

»Ihr habt gehört, daß gesagt wurde: ›Liebt eure Nächsten und haßt eure Feinde.‹

Ich aber sage euch: Liebt eure Feinde und betet für jene, die euch hassen. Behandelt jene, mit denen ihr zu tun habt, wie ihr von ihnen behandelt werden wollt.«

»Wenn ihr betet, sollt ihr nicht viele Worte machen, denn der Herr weiß, was euch Not tut, bevor ihr ihn fragt.«

»Fragt, und ihr werdet erhalten, wonach ihr fragt; schaut euch um, und ihr werdet finden, wonach ihr sucht; klopft, und die Tür wird euch aufgetan.«

»Jeder, der meine Worte hört und sie befolgt, ist wie der Weise, der sein Haus auf einen Felsen baut. Der Regen fällt, und die Flut kommt, die Winde blasen, aber das Haus stürzt nicht zusammen, weil es auf Fels gebaut ist. Jeder aber, der meine Worte hört und ihnen nicht folgt, ist wie der Narr, der sein Haus auf Sand gebaut hat. Der Regen fällt, und die Flut kommt, die Winde blasen, und das Haus stürzt ein, weil es auf keinem festen Grund steht.«

Jesus beruhigt den Sturm

Jesus fuhr fort zu der Menge zu predigen, die auf dem Berg um ihn versammelt war. Er sagte:

»Kein Mensch kann zwei Herren dienen; entweder er haßt den einen und liebt den anderen, oder er ist dem einen treu und betrügt den anderen. Ihr könnt nicht Gott und zugleich dem Geld dienen.«

»Ihr sollt, sage ich euch, nicht darum besorgt sein, was ihr zu essen oder was ihr zu trinken habt oder wie ihr euch kleiden sollt. Das Leben ist wichtiger als die Nahrung, die ihr zu euch nehmt, und der Körper ist wichtiger als das Kleid, das ihn bedeckt.«

»Seht zu den Vögeln, die unter dem Himmel fliegen. Sie säen und sie ernten nicht, noch sammeln sie Vorräte in Scheunen – doch nährt sie der Himmlische Vater. Und gewiß seid ihr wertvoller, als sie es sind.«

»Ist einer unter euch, der sich größer machen kann, als er ist, so sehr er sich Mühe gibt und sich anstrengt?«

»Warum sorgt ihr euch also um eure Kleider? Betrachtet die Lilien, die auf dem Felde

wachsen. Sie tun keine Arbeit und doch, sage ich euch, sind sie herrlicher als Salomo in all seinem Glanz. Wie also Gott das Gras kleidet, das heute auf dem Felde wächst und morgen verwelkt, so wird er mit größerer Sorgfalt euch kleiden. Wie gering ist euer Glaube an ihn!«

»Vertut also nicht eure Zeit in Sorge um eure täglichen Bedürfnisse; überlaßt das Menschen, die keinen Gott haben, dem sie dienen. Gott weiß, was ihr braucht. Setzt alles daran, daß ihr seine Liebe gewinnt und verdient, alles andere kommt dann von selbst.«

»Kümmert euch nicht um den morgigen Tag, denn er wird für sich selber sorgen.«

Es war spät geworden, und die Nacht brach an. Jesus hatte viele Stunden gepredigt. Als er am Ende aufhörte, saß die Menge immer noch um ihn herum. Er sagte zu seinen Jüngern:

»Wir müssen zum anderen Ufer des Sees hinüber.«

Dunkle Wolken kamen plötzlich am Himmel auf, und eine Sturmböe peitschte das Wasser auf und warf sie in ihrem Schiff zu Boden. Die Männer wurden von Angst gepackt und fürchteten, ins Wasser geschleudert zu werden.

»Wo ist Jesus?« schrie einer von ihnen in den Sturm. »Wir werden alle ertrinken!« Der Regen kam prasselnd herunter, während sie in dem Boot nach ihm suchten. Sie fanden ihn hinten am Heck, wo er sich schlafen gelegt hatte. Sie faßten seinen Mantel und versuchten ihn wachzurütteln.

»Rabbi! Herr! Hilf uns, wir ertrinken!« Er schlug die Augen auf und erhob sich. »Warum fürchtet ihr euch?« fragte er sie. »Habt ihr denn gar keinen Glauben?«

Dann rief er in den Sturm:

»Hör auf und beruhige dich!«

Der Sturm ließ nach, und die Wellen wurden still. Langsam traten die Sterne hinter den Wolken hervor, bis sich der Nachthimmel klar und friedlich über der Erde erstreckte. Verwundert sahen die Männer im Boot sich an.

»Was ist das für ein Mensch?« flüsterten sie einander zu. »Dem selbst der Sturm gehorcht!«

Jesus heilt den Besessenen

Eines Tages begegnete Jesus einem Besessenen. Alle in der Gegend kannten den Mann; er hauste auf Friedhöfen und schrie und kreischte oft nächtelang, weil der Wahnsinn ihn quälte. Die Leute hatten versucht, ihn in Ketten zu legen, aber der Geistesgestörte sprengte die Fesseln und rannte davon in die Berge.

Dieser Mann sah Jesus in einem Boot über den See fahren, und er lief ihm entgegen ans Ufer. Er rief:

»Was willst du von mir, Jesus, Sohn des höchsten Gottes? Bist du gekommen, um mich zu quälen?«

Jesus fragte ihn freundlich: »Wie heißt du?«

»Mein Name ist Million, weil wir so viele sind«, antworteten die bösen Geister, von denen der arme Mann besessen war.

»Kommt hervor!« rief Jesus die Geister. »Laßt den Mann und fahrt in die Schweine dort am Hang!«

Die bösen Geister gehorchten ihm. Sie fuhren in die Schweine, so daß diese vom Wahnsinn ergriffen wurden. Wild grunzend galoppierten sie über den Rand des Hügels, stürzten in den See unter ihnen und ertranken.

Der Schweinehirt lief entsetzt davon und erzählte allen, die ihm entgegenkamen, was geschehen war. Die Leute liefen zu der Stelle, wo jetzt der Verrückte, in dem die bösen Geister gewütet hatten, friedlich und vom Wahnsinn befreit neben Jesus saß.

Die Leute erschraken über das, was sie für Zauberkraft hielten, und baten Jesus, die Gegend zu verlassen. Also fuhr er zurück zum anderen Ufer des Sees.

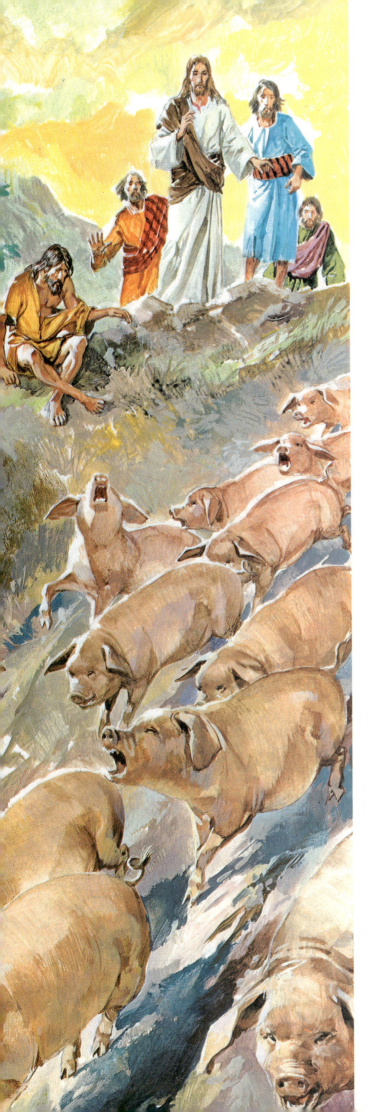

Jairus' Tochter

Als das Boot landete, kam ein Mann namens Jairus zum Ufer gerannt. »Ah, meine kleine Tochter«, seufzte er. »Sie ist schwer krank. Sie ist erst zwölf und liegt im Sterben. Bitte komm und berühre sie mit deiner Hand, damit sie am Leben bleibt.«

Jesus, wie immer von einer großen Menge begleitet, folgte ihm. Eine Frau, die von seiner Heilkraft gehört hatte, drängte sich durch die Menge zu ihm. Sie war seit zwölf Jahren krank und hatte alle möglichen Ärzte aufgesucht, aber ihr Leiden hatte sich immer nur verschlimmert.

Wenn es mir nur gelingt, sein Gewand zu berühren, dachte sie, dann werde ich gesund.

Sie trat an ihn heran und strich über sein Gewand. Im gleichen Augenblick war sie frei von der Krankheit.

Jesus drehte sich um. »Wer hat mich berührt?« fragte er. »Etwas von meiner Kraft ist von mir gegangen.«

»Ich, Herr«, sagte die Frau, »vergebt mir!«
»Dein Glaube hat dich geheilt«, antwortete Jesus. »Geh hin in Frieden!«

Ein Mann drängte sich durch zu Jairus. »Es ist zu spät!« rief er. »Deine Tochter ist tot!«

»Oh, nein«, erwiderte Jesus ruhig. »Sie ist nicht tot, sie schläft nur. Du mußt nur glauben, dann wird sie gesund werden.«

Darauf gingen sie zu dem Haus und schickten die Frauen fort, die gekommen waren, um das Kind zu betrauern. Er ging in das Zimmer, in dem das kleine Mädchen im Bett lag.

»Steh auf, mein Kind!« sagte er und faßte ihre Hand. Sie schlug die Augen auf und erhob sich. Jesus lächelte ihr zu. Dann sagte er: »Bringt ihr etwas zu essen«, und verließ das Haus.

Der Tod Johannes des Täufers

Schon lange Zeit hatte sich der König Herodes Antipas über die Predigten von Johannes dem Täufer geärgert, bis ihm schließlich die Geduld ausging. Niemand läßt sich gerne sagen, daß er schwach und habgierig ist und seine Pflichten vernachlässigt. Aber das traf alles auf Herodes zu. In seiner Machtgier hatte er sogar Herodias, die Frau seines Bruders, geheiratet und ihre Tochter Salome bei sich im Palast aufgenommen.

Herodias war in Rom in einer luxuriösen Umgebung aufgewachsen. Sie war es wie ihre römischen Bekannten gewöhnt, viel Geld auszugeben – anderer Leute Geld –, um Feste zu veranstalten. Eines Tages hatten sie und Herodes dessen Hof für eine Weile in eine Festung am Toten Meer verlegt.

Sie waren noch nicht lange dort, als Johannes der Täufe sie aufsuchte, um mit dem König zu sprechen. Die Königin wollte ihn nicht vorlassen, sie wußte, daß er, wenn er einmal redete, kein Blatt vor den Mund nahm. Herodes aber war neugierig; ihm war zugetragen worden, daß Johannes das Volk gegen ihn aufwiegelte. Er wollte diesen wilden Mann aus der Wüste selbst einmal sehen.

Johannes, mit seinem groben Fell bekleidet, kam barfüßig zum König.

»Du bist das Böse selbst!« rief Johannes. »Du hast deinem Bruder die Frau gestohlen! Du vernachlässigst deine Pflichten und stiehlst den Armen das Geld. Das Reich Gottes naht! Gott wird dich bestrafen!«

Der König ließ Johannes verhaften. Er wurde ins Gefängnis gesteckt und blieb dort einige Monate. Herodes Antipas überlegte während dieser Zeit, was er mit ihm machen könnte. Aus Angst, daß seine Anhänger das Volk gegen ihn aufputschen würden, ließ er Johannes nicht umbringen. Während Johannes in der Finsternis seines Kerkers schmachtete, schrieb er einen Brief an Jesus. »Bist du wirklich der Messias«, fragte er darin, »oder müssen wir auf einen anderen warten?«

»Sag zu Johannes«, teilte Jesus dem Boten mit, »daß ich Blinden das Augenlicht wiedergegeben und Lahme gesund gemacht habe. Aussätzige habe ich geheilt und Tauben das Gehör wiedergegeben. Tote sind zum Leben erweckt worden, und Arme haben Gottes frohe Botschaft gehört. Glücklich ist der Mensch, der seinen Glauben an mich nicht verliert.«

Frieden kehrte zurück in das Herz von Johannes, und er wartete geduldig.

Eines Tages gab der König ein Fest. Alle hohen Beamten, Armeebefehlshaber und Edelleute waren eingeladen. Es dauerte nicht lange, bis sie alle von Wein und Musik berauscht waren.

»Wo ist Salome?« rief der König. »Sie soll vor uns tanzen!« Also tanzte sie, und der König genoß aufgeregt dieses Schauspiel.

»Du kannst dir alles von mir wünschen!« rief er laut. »Alles, was dein Herz begehrt!«

Das Mädchen rannte zu seiner Mutter.

»Was soll ich mir wünschen?« flüsterte sie ihr zu. »Wünsch dir den Kopf von Johannes dem Täufer«, antwortete die Königin.

Als der König Salomes Wunsch hörte, war er bestürzt. Aber weil er ein Schwächling war, suchte er vor aller Augen den starken Mann herauszukehren.

»Schlagt ihm den Kopf ab!« schrie er. Das geschah, und der Kopf von Johannes dem Täufer wurde auf einem Tablett zu Salome gebracht.

Die Gleichnisse

Tag für Tag versammelte sich das Volk um Jesus, um ihn sprechen zu hören. Damit sie ihn besser sehen und verstehen konnten, setzte er sich hin und wieder in ein Boot und sprach vom See aus zu den Leuten am Ufer.

Er erzählte ihnen Geschichten, kleine Geschichten, manche von ihnen waren so kurz, daß sie nur eine Minute dauerten. Es waren das die Gleichnisse. Sie handelten von alltäglichen Dingen und einfachen Leuten. Jedes von ihnen hatte aber einen verborgenen Sinn, den die Zuhörer herauszufinden versuchten. Dies sind einige der Geschichten, die Jesus erzählte.

*

Wer ist der Frau gleich, die zehn Silberstücke hat und eins davon verliert? Sie nimmt ihre Lampe und sucht überall danach; mit ihrem Besen fegt sie alle dunklen, abseitigen Ecken aus, bis sie es schließlich findet. Als sie es gefunden hat, ruft sie ihre Freunde zusammen und teilt ihnen die freudige Nachricht mit. Gott ist wie sie; wenn wir uns von ihm abwenden und Böses tun, sucht er überall nach uns, und wenn er uns findet, ist er darüber voller Freude.

*

Was gleicht einem Senfkorn? Ihr wißt, es ist eines der kleinsten Samenkörner, doch wenn es in die Erde gesät wird, wird es größer als alle anderen Pflanzen im Garten und bekommt Zweige, in denen die Vögel ihr Nest bauen können. Es gleicht dem Reich Gottes. Sehen könnt ihr es nicht, aber sein Samen ist bereits in die Herzen der Menschen gepflanzt. Eines Tages wird er aufgehen und zum Himmel wachsen.

*

Ein Sämann ging, um Korn in seinen Feldern zu säen. Etwas von der Saat fiel auf einen Weg, und die Vögel kamen und pickten sie auf. Anderes davon fiel auf steinigen Boden, der kaum von Erde bedeckt war. Die Saat ging wohl auf, aber als die Sonne hoch stand, wurde die Saat von der Hitze versengt und welkte dahin. Etwas von der Saat fiel zwischen Dornbüsche, und die Dornen streckten sich und erstickten sie. Manches aber fiel auf gutes Land, und als es heranreifte, wurden daraus üppige Ähren, und der Mann erntete sechzig Mal so viel, wie er gesät hatte.

*

Wer ist wie der Mann, der hundert Schafe besitzt und eines davon verliert? Er läßt die 99 Schafe am Berghang, während er im Tal auf die Suche nach dem einen verlorenen Schaf geht. Und wenn er es gefunden hat, legt er es sich auf die Schulter und bringt es voller Freude zurück. Er ruft seine Freunde und Nachbarn zusammen. »Kommt und feiert mit mir«, sagt er zu ihnen, »denn ich habe das Schaf gefunden.«

Gott ist wie dieser Schafhirte. Es herrscht mehr Freude im Himmel über einen Mann, der gesündigt hat und Buße tut, als über 99 Gerechte, die nie vom rechten Pfad abwichen.

*

Das Himmelreich ist wie ein vergrabener Schatz, der verborgen in einem Feld liegt. Ein Mann stößt zufällig darauf – er vergräbt ihn wieder und verkauft außer sich vor Freude seinen ganzen Besitz, um das Feld an sich zu bringen.

Oder stellt euch das Himmelreich als eine Perle von großem Wert vor; jedermann wird alles, was er besitzt, verkaufen, um sie zu erwerben.

Unser Vater im Himmel ist mit einem Landbesitzer vergleichbar, der vor Sonnenaufgang ausgeht, um Männer für die Arbeit in seinem Weingarten anzustellen.

Er stellte sie für den ganzen Tag an und vereinbarte mit ihnen, daß jeder als Lohn ein Silberstück erhalten sollte. Sie begannen kurz nach Sonnenaufgang zu arbeiten.

Die Traubenernte war aber so reichlich, daß der Landbesitzer noch mehr Arbeiter brauchte. Er ging also noch einmal aus und stellte mehr Männer an. »Geht zu den anderen in den Weingarten«, sagte er. »Ich werde euch anständig entlohnen«.

Um die Mittagszeit ging er wieder aus, weil es ihm immer noch an Arbeitskräften fehlte. Und auch am Nachmittag stellte er noch einige Männer ein.

Elf Stunden, nachdem der erste mit der Arbeit begonnen hatte, ging er wiederum hinaus und sah einige Männer müßig herumstehen.

»Warum arbeitet ihr nicht?« fragte er sie.

»Weil uns keiner angestellt hat«, erwiderten sie, und er sagte zu ihnen:

»Geht in meinen Weingarten und pflückt Trauben.«

Als es dunkel wurde, rief der Landbesitzer alle Arbeiter zusammen und gab jedem von ihnen, ganz gleich, wie lange er gearbeitet hatte, ein Silberstück. Er bezahlte sogar die Männer, die er zuletzt angestellt hatte, als erste, den ersten aber gab er zuletzt ihren Lohn.

Einige der Arbeiter murrten. Sie sagten: »Diese Burschen hier haben nur eine Stunde gearbeitet, und du entlohnst sie genau wie uns – wir haben den ganzen Tag hart gearbeitet und die Hitze ertragen müssen!«

Er antwortete darauf: »Ich bin nicht ungerecht zu euch, meine Freunde. Wir haben als Tageslohn ein Silberstück ausgemacht, nicht wahr? Nehmt also euer Geld und geht nach Hause. Ich habe mir vorgenommen, den später gekommenen ebensoviel zu geben wie euch. Müßt ihr nun eifersüchtig sein, weil ich großzügig bin?«

Gott ist wie dieser Mann. Uns allen wendet er seine Liebe gerecht und gleichmäßig zu.

*

Ein Mann hatte zwei Söhne. Der jüngere sagte zu seinem Vater:

»Vater, gib mir meinen Anteil an Land und Stallungen, der mir eines Tages zustehen wird.«

Also teilte der Mann sein Eigentum zwischen den beiden Söhnen auf. Kurz darauf packte der jüngere Sohn alles zusammen, was ihm gehörte, und reiste ab, um sich die Welt anzusehen. Er lebte leichtfertig und gab sein Geld mit vollen Händen aus. Er war bald mittellos. Dann wurde das Land von einer furchtbaren Hungersnot befallen, und er litt Hunger. Er arbeitete für einen Mann, der ihn zum Füttern der Schweine aufs Feld schickte. Er hatte so großen Hunger, daß er sogar das Schweinefutter in den Trögen gegessen hätte, doch niemand gab ihm etwas zu essen.

Eines Tages kam er zur Vernunft und sagte sich: Die Knechte meines Vaters haben mehr zu essen, als sie verzehren können, und ich gehe hier an Hunger zugrunde! Ich werde mich aufmachen und zu meinem Vater zurückkehren und sagen: Vater, ich habe mich im Angesicht des Himmels und in deinen Augen schuldig gemacht. Ich bin deiner als Sohn nicht würdig. Bitte, stell mich als einen deiner Knechte ein.

Also verließ er seine Arbeitsstelle und kehrte nach Hause zurück. Sein Vater aber, der ihn schon aus der Ferne herankommen sah, fühlte sich von Liebe zu ihm ergriffen. Er lief ihm entgegen und umarmte und küßte ihn. Der Sohn löste sich von ihm und trat zurück.

»Vater«, sagte er, »ich habe mich im Angesicht des Himmels und in deinen Augen schuldig gemacht. Ich bin deiner als Sohn nicht würdig – «

Aber sein Vater drückte ihn wieder an sich. »Beeilt euch!« rief er seinen Knechten zu, »bringt mir die besten Kleider für meinen Sohn. Bringt ihm Schuhe, steckt ihm einen Ring an den Finger und schlachtet das Kalb, das wir

gemästet haben, wir wollen essen und trinken und ein großes Fest feiern! Ich dachte, er wäre tot, aber er ist am Leben – ich dachte, ich hätte ihn verloren, aber ich habe ihn wiedergefunden!«

*

Ein Bauer hatte einmal eine besonders gute Ernte. Er sagte zu sich: Wie reich bin ich doch! Ich muß größere Scheunen bauen, um diesen Vorrat lagern zu können! Jetzt kann ich mich ausruhen, ich habe auf Jahre hinaus genug Lebensmittel. Keiner auf Erden ist so glücklich wie ich, ich habe alles, was ich brauche!

Gott jedoch sagte zu ihm: »Du Narr, du wirst noch diese Nacht sterben, und deine Seele wird deinen Körper verlassen. Du hast so gierig Nahrung für deinen Körper gesammelt, daß deine Seele darüber verdorrt ist!«

*

Was ist der Hefe gleich, die eine Frau mit Mehl und Wasser zu einem Sauerteig vermengt, der in der Schüssel aufgeht? Sie gleicht dem Reich Gottes, denn es wird aufgehen und sich über die Erde ausbreiten, so wie der Sauerteig aufgeht und die Schüssel bis zum Rande erfüllt.

*

Israel ist wie ein Weingarten, den der Besitzer besonders liebt. Er pflegt ihn mit aller Sorgfalt, umzäumt ihn und errichtet darin einen Wachtturm. Dann überläßt er den Garten einigen Weinbauern und geht nach Übersee. Im Herbst sendet er einen Diener, der ihm seinen Anteil an der Ernte bringen soll. Die Pächter aber schlagen den Diener und jagen ihn mit leeren Händen davon.

Darauf schickt der Besitzer einen zweiten und schließlich einen dritten Diener, aber jedesmal trägt sich dasselbe zu. Am Ende schickt er seinen Sohn, weil er sich sagt: Vor meinem Sohn haben sie bestimmt Respekt.

Aber das war nicht der Fall. Als der Sohn zum Haus seines Vaters kam, klopfte er an die

Tür, und die Pächter öffneten ihm und schlugen ihn tot. Daraufhin kam der Besitzer selbst angereist, er enteignete die Übeltäter und übergab seinen Weingarten anderen Pächtern.

*

»Der Herr sagt, wir sollen unsere Nächsten lieben, wie wir uns selbst lieben«, sagte eines Tages ein Gelehrter zu Jesus. »Aber wer genau ist unser Nächster?«

Jesus erwiderte:

»Ein Mann reiste einst von Jerusalem nach Jericho. Banditen überfielen ihn, schlugen ihn halb tot, raubten ihm seine Kleider und ließen ihn am Straßenrand liegen.

Nach einer Weile kam ein Priester vorbei, er sah den Mann dort liegen, blieb aber nicht stehen. Er setzte statt dessen seinen Weg auf der anderen Seite der Straße fort. Darauf näherte sich ihm ein Beamter. Auch er sah den Mann, aber blickte weg und ging weiter.

Dann kam ein Fremder des Weges, ein Samariter. Als er den Mann sah, hatte er Mitleid mit ihm. Er beugte sich zu ihm herab, reinigte seine Wunden mit Öl und Wein und verband ihn. Dann hob er den Mann auf sein Maultier und brachte ihn zu einem Gasthaus, wo er sich seiner annahm. Am nächsten Tag gab er dem Wirt zwei Silberstücke und sagte: ›Kümmere dich um ihn. Wenn du größere Ausgaben hast, werde ich sie dir auf meinem Rückweg erstatten.‹«

»Wer von diesen Männern«, fragte Jesus, »hat sich dem Mann als Nächster erwiesen?«

»Zweifellos jener, der ihm half«, erwiderte der Gelehrte.

*

Gutes und Böses wachsen in dieser Welt nebeneinander wie Weizen und Unkraut. Wenn aber die Zeit gekommen ist, wird der Herr das eine vom anderen trennen.

Er wird das Böse in der Welt verbrennen, wie der Bauer das Unkraut in einem Feuer ver-

brennt, und das Gute bewahren, wie der Weizen geerntet und sorgfältig in einer Scheune gelagert wird.

*

Ein reicher Mann faßte einst den Plan, sich auf eine Geschäftsreise nach Übersee zu begeben. Er wollte kein Geld mitnehmen und wollte es auch nicht unter Verschluß aufbewahren. Also verteilte er es unter seine Knechte und bat sie, gut darauf acht zu geben.

Der eine Knecht erhielt fünf Säcke mit Geld, der nächste zwei und der dritte nur einen. Jeder bekam so viel, wie er nach Ansicht seines Herrn gut bewahren würde. Dann machte er sich auf die Reise.

Der Mann, der die fünf Säcke erhalten hatte, brach auf und trieb Handel mit ihnen. Er machte das so geschickt, daß er am Ende den übergebenen Betrag verdoppelt hatte.

Der Mann, dem sein Herr zwei Säcke gegeben hatte, gewann ebenfalls zwei dazu.

Der dritte Mann aber, dem ein Sack gegeben worden war, ging aus dem Haus und vergrub ihn aus Angst, daß er ihn verlieren würde, in der Erde.

Als der reiche Mann zurückkam und gewahr wurde, wie hart die ersten beiden Knechte für ihn gearbeitet hatten, freute er sich und belohnte sie. Als aber der dritte Mann den Geldsack, genauso wie er ihn erhalten hatte, zurückgab, wurde der Besitzer böse. »Du hättest mehr Mut beweisen sollen!« sagte er. »Du hättest deine Chance besser nutzen sollen. Wenn du dein Leben sinnvoll verwendest, dann wird etwas daraus, aber machst du nichts daraus, dann stehst du am Ende mit leeren Händen da.«

*

Es lebte einst ein reicher Mann mit Namen Dives. Vor seinem Haus draußen auf der Straße hielt sich öfters ein Armer auf, der ihn um Lebensmittel bat. Der Name des armen Mannes war Lazarus. Beide Männer wurden krank und starben. Lazarus wurde in den Himmel getragen, weil er während seines Lebens so viel gelitten hatte, Dives aber mußte draußenvor bleiben. Er hatte Lazarus nicht zu Lebzeiten geholfen, er hatte ihn auf der Straße vor seinem Haus dem Elend überlassen. Darum schloß Gott ihn aus, denn nun war er an der Reihe zu leiden, wie Lazarus gelitten hatte.

*

Es lebte einst ein Richter, der weder Gott fürchtete noch Achtung vor seinen Mitmenschen hatte. Nicht weit von ihm wohnte in der Stadt eine Frau, die immer wieder zu ihm kam und ihn bat: »Bitte, schütz mich vor diesem Mann, der mich zugrunde richtet.« Lange Zeit weigerte sich der Richter, irgend etwas zu unternehmen. Aber eines Tages sagte er sich: »Es ist eigentlich viel einfacher, etwas für die Frau zu tun. Dann habe ich endlich Ruhe vor ihr.« Wenn schon ein Mann, der für seine Nächsten nichts übrig hat, ihnen auf ihre Bitte hilft, wieviel mehr wird dann Gott, der dich liebt, für dich tun, wenn du ihn um seine Hilfe bittest!

*

Das Reich Gottes ist wie ein Hochzeitsfest. Zehn Bräute nehmen daran teil, die alle auf ihren Bräutigam warten. Fünf von ihnen sind leichtfertig, die anderen fünf aber sind vernünftig. Die ersten fünf nehmen Lampen zur Hand und machen sich auf die Suche nach ihrem Bräutigam, aber sie vergessen, die Lampen mit Öl zu füllen. Die vernünftigen tun zuerst Öl in ihre Lampen und warten mit ihnen auf die Ankunft ihrer Verlobten.

Die Verlobten und ihre Freunde lassen sich Zeit, und die zehn Bräute werden müde. Schließlich schlafen sie ein.

Mitten in der Nacht ertönt der Ruf: »Hier sind sie! Steht auf und geht ihnen entgegen!«

Die zehn Mädchen springen auf und machen ihre Lampen zurecht, um ihren Verlobten zu leuchten und sie zu empfangen.

»Unsere Lampen brennen nicht!« sagen die leichtfertigen Mädchen zu den anderen.« Gebt uns etwas von eurem Öl ab.« »Aber nein!« antworten die vernünftigen Mädchen. »Es ist nicht genug Öl für uns alle da. Wir müssen unsere Verlobten mit brennenden Lampen empfangen! Ihr könnt euch nicht das Licht aus der Lampe von jemand anderem leihen, jeder von uns muß sein eigenes Licht bei sich tragen.«

Die leichtfertigen Mädchen machen sich eilig auf die Suche nach Öl und sind noch nicht zurückgekehrt, als die Verlobten kommen. Die

vernünftigen Mädchen schließen sich dem Hochzeitszug an und werden auf dem Fest von allen freudig begrüßt. Mittlerweile haben die anderen Öl gefunden und kommen rasch angelaufen, aber es ist zu spät. Die Türen sind geschlossen, sie finden keinen Einlaß und können nicht teilnehmen an dem Fest.

*

Unser Vater im Himmel kann mit einem König verglichen werden, der seine Knechte auffordert, ihm alles Geld, das sie ihm schulden, zurückzuzahlen. Eines Tages wurde ein Mann zu ihm gebracht, der ihm eine Million Säcke mit Gold schuldete. Als der König sah, daß sein Untertan diese Schuld unmöglich begleichen konnte, gab er Befehl, ihn, seine Frau und seine Kinder als Sklaven zu verdingen und alles, was er besaß, einzuziehen. Der Mann fiel vor dem König auf die Knie und bat ihn um Gnade.

»Laß mir nur etwas Zeit, dann werde ich alles bis auf den letzten Pfennig zurückzahlen!« rief er. Der König hatte Mitleid mit ihm und erließ ihm seine Schulden.

Als dieser Mann nun wieder frei war, begegnete er eines Tages einem Bekannten, der ihm einige Silberstücke schuldete. Er packte ihn an der Kehle und schrie ihn an:

»Gib mir das Geld zurück, und zwar sofort!«

Der Mann fiel vor ihm auf die Knie und bat ihn um Aufschub. Aber er wollte nichts davon wissen. Er ließ den Mann verhaften und ins Gefängnis werfen. Der König erfuhr von seiner grausamen Handlungsweise und ließ ihn kommen.

»Ich habe dir deine ganze Schuld erlassen, weil ich Mitleid hatte mir dir. Warum hast du nicht deinen Schuldner ebenso freundlich behandelt, wie du es von mir erlebt hast?«

Aber er hörte sich gar nicht erst an, was der andere zu sagen hatte. Er ließ ihn ins Gefängnis stecken, wo er so lange blieb, bis er seine Schuld zurückgezahlt hatte.

*

Ein Mann hatte vor, ein großes Fest zu geben, und lud dazu viele Leute ein. Als es soweit war, schickte er Diener aus und ließ ihnen bestellen: »Kommt jetzt, es ist alles bereit.« Aber alle brachten Entschuldigungen hervor. Einer sagte: »Ich habe Land gekauft, ich muß es mir ansehen und kann nicht kommen.« Ein anderer entschuldigte sich: »Ich habe einige Ochsen gekauft, die ich heute holen muß. Ich kann nicht kommen.« Ein Dritter sagte: »Ich habe gerade geheiratet, du wirst es sicher verstehen, daß ich da keine Zeit habe.«

Als der Mann alle diese Entschuldigungen hörte, wurde er böse. Er sagte zu einem seiner Knechte: »Geh in die Stadt und bring mir von den Straßen und Plätzen die Armen und Kranken, die Krüppel, die Blinden und Lahmen ins Haus. Wenn du das erledigt hast, dann gehst du auf die Landstraßen und lädst Arme und Obdachlose zu Essen und Trinken ein.«

Es ist mit dem Herrn das gleiche; die Leute, die jetzt keine Zeit für sein Königreich haben, werden es nie zu Gesicht bekommen, aber wer kommt, der wird es erleben können.

*

Jesus sprach: »Ich bin ein guter Schafhirte. Ein guter Hirte gibt sein Leben hin um seiner Schafe willen. Ein Mann, der die Schafe nicht besitzt, der nur zum Hüten angestellt ist, wird immer zuerst an seine eigene Sicherheit denken. Sieht er einen Wolf kommen, dann rennt er davon und überläßt die Schafe ihrem Schicksal. Ein guter Hirte jedoch kennt jedes seiner Schafe beim Namen. Er läßt sie aus dem Gehege, und wenn er sie um sich geschart hat, dann führt er sie auf die Weide, und sie folgen

ihm, weil sie seine Stimme kennen und sich sicher fühlen.

»Ich weiß, daß die Schafe mein sind, und sie wissen, daß ich sie in meiner Hut habe, gerade so wie der Vater im Himmel mich kennt und ich den Vater kenne. Ich gebe mein Leben, um sie aus Gefahr zu retten.

»Ich habe noch andere Schafe, die zu anderen Herden gehören. Aber auch sie werde ich hüten, und sie werden auf meine Stimme hören. Ich werde sie alle um mich scharen, so daß aus ihnen eine Herde unter einem Hirten wird.«

Jesus und die Kinder

Mütter pflegten ihre Kinder zu Jesus zu bringen, damit er ihnen seinen Segen erteilte. Es waren meist schlichte, gutherzige Frauen, die die Worte nicht verstanden, mit denen sich gebildete Leute an Jesus wendeten. Aber in ihren Herzen wußten sie, was das Wichtigste an ihm war: daß er die Liebe zu Gott in sich trug und er dadurch den Kindern Kraft geben würde.

Als die Jünger die Kinder schüchtern um Jesus herumstehen sahen, wurden sie ungehalten.

»Kommt, kommt«, sagten sie zu den Müttern, »ihr nehmt ihm nur seine Zeit. Er muß mit wichtigeren Leuten reden als mit diesen Kindern!«

»Niemand ist wichtiger als diese Kinder«, sagte Jesus. Er winkte die Kinder nahe zu sich heran und sagte dann zu den Männern neben sich: »Wenn ihr so stolz und so sehr von eurer eigenen Wichtigkeit erfüllt seid, werdet ihr das Reich Gottes niemals empfangen. Ihr müßt arglos sein wie diese hilfsbedürftigen Kinder, wenn ihr des Herrn inne werden wollt.

Hütet euch davor, ein Kind zu verletzen, denn mein Vater im Himmel hat seine Engel gesandt, die über sie wachen.«

Dann sagte er zu ihnen: »Bildet euch nicht ein, daß ihr besser seid als andere Menschen oder auch nur besser als diese Kinder. Seid nicht hochmütig oder stolz wie der Mann in diesem Gleichnis:

»Zwei Männer gingen in den Tempel, um zu beten. Der eine war ein Pharisäer, ein Gelehrter, der andere war ein Steuereinnehmer, der bei allen Leuten wegen seines Berufes verhaßt war. Während der Pharisäer vorm Betreten des Tempels seine Schuhe abstreifte, sah er den Steuereinnehmer über den Hof daherkommen. Der Pharisäer ging rasch davon und kam an einer Menge von Leuten vorbei, von denen er keine hohe Meinung hatte – an Römern, Frauen, Sklaven und Krüppeln, denen allen der Zutritt in das Innere des Tempels untersagt

war. Als er die Haupttreppe hinaufgestiegen war, blieb er vor dem großen Tor stehen, das zum Altar führte.

»›Oh, Herr‹ betete er, warf die Arme hoch und hob seine Stimme, so daß sie überall im Vorhof zu hören war, ›ich danke dir, daß ich nicht bin wie diese einfachen Leute, die ich draußen vor dem Tempel gesehen habe. Ich bin froh darüber, daß ich nicht habgierig, unredlich und unrein bin. Noch mehr freue ich mich darüber, daß ich nicht wie dieser elende Steuereinnehmer da drüben bin. Ich faste zweimal die Woche, ich stifte den zehnten Teil meines Einkommens für wohltätige Zwecke; ich erfülle die Gebote der Heiligen Schrift.‹

»Der Steuereinnehmer stand an einer entfernten Ecke des Hofes. Er hob nicht einmal die Augen. Er verschränkte die Hände in einer Gebärde der Verzweiflung vor seiner Brust. Dann betete er leise: ›Ich habe gesündigt und Falsches getan – Herr, vergib mir.‹

»Wer von diesen beiden Männern stand näher zu Gott?« fragte Jesus. »Wen von ihnen liebte der Herr und vergab ihm?«

Die Speisung der Fünftausend

Jesus sagte zu seinen Jüngern: »Kommt, suchen wir uns einen stillen Ort, an dem wir uns ausruhen können.« Er setzte sich mit ihnen in ein Boot, aber die Leute wollten ihn nicht fortlassen, und so folgte ihm am Ufer entlang eine große Menge.

Sie schienen wie Schafe ohne einen Hirten und so verloren, daß Jesus Mitleid mit ihnen empfand. Er steuerte das Boot zum Ufer zurück, sprach zu ihnen über Gott und heilte die Kranken.

Es wurde Abend, und die Jünger sagten: »Es ist einsam hier draußen und schon spät. Schick die Leute weg, Herr, solange es noch hell ist, damit sie sich etwas zu essen besorgen können.«

Er antwortete: »Gebt ihnen von unserem Essen. Wieviel ist nötig, damit sie alle satt werden?«

Philip antwortete: »Es würde uns mindestens zweihundert Silberstücke kosten, wenn wir genug Brot für alle diese Leute kaufen wollten. Es müssen ungefähr fünftausend sein. Und hier gibt es nirgends Brot zu kaufen.«

»Wieviel haben wir denn noch?« fragte Jesus. Andreas kam mit einem kleinen Jungen zu ihm. »Dieser kleine Junge hat fünf Roggenbrote und zwei Fische«, sagte er. »Er sagt, wir können sie gern haben, wenn wir möchten. Aber das würde nicht reichen, um fünftausend Menschen satt zu machen!«

Jesus sagte: »Die Leute sollen sich setzen und sich in kleine Gruppen aufteilen, damit es leichter ist, die Lebensmittel herumzureichen.«

Dann nahm er die fünf Brote und die Fische und blickte zum Himmel. Er dankte Gott für die Speise und brach das Brot. Dann zerteilte er die Fische und gab die Stücke den Jüngern und dem kleinen Jungen zum Verteilen.

Alle fünftausend Menschen hatten zu essen, und keiner von ihnen ging hungrig aus. Als sie gesättigt waren, sagte Jesus:

»Sammelt das ein, was übriggeblieben ist, damit es nicht verdirbt.«

Nicht jeder, der mich ›Herr, Herr‹ nennt, wird das Reich Gottes gewinnen. Nur jene, die tun, was mein Vater zeit ihres Lebens von ihnen erwartet, werden es am Ende betreten. Es ist nicht genug, über Gott zu *reden;* wichtiger ist es, zu *tun,* was er sagt.«

Sie sammelten die übriggelassenen Lebensmittel ein und füllten mit diesen Resten zwölf Körbe.

Dann ging Jesus allein mit den Jüngern in die Berge. »Ich bin das Brot des Lebens«, sagte er zu ihnen. »Jeder, der zu mir kommt, wird gesättigt werden, und wer an mich glaubt, den wird nie dürsten.

Als sie zurückkehrten, sah Jesus einen Blinden am Wegrand sitzen. »Warum ist dieser Mann blind?« fragten ihn die Jünger. »Straft Gott ihn oder seine Eltern, weil sie Unrecht begangen haben?« Jesus erwiderte: »Die Menschen leiden nicht, weil sie Unrecht getan haben, sondern weil sich darin die Macht Gottes zeigt, die in ihnen wirkt. Ich bringe den Blinden Licht, denn ich bin das Licht der Erde.« Und er gab dem Mann das Augenlicht wieder.

Wenn ihr betet, sprecht mit ruhiger Stimme zu Gott: ›Unser Vater im Himmel, dein Name werde geheiligt; dein Reich komme, dein Wille geschehe auf Erden wie im Himmel. Gib uns unser täglich Brot. Vergib uns unsere Sünden, wie wir denen vergeben, die uns Unrecht getan haben. Führe uns nicht in Versuchung, zu tun, was wir nicht tun sollten, und erlöse uns vom Übel.‹

Jesus wandelt auf dem Wasser

»Geht jetzt nach Hause«, sagte Jesus zu den Leuten, die sich um ihn geschart hatten. »Schlaft gut heute nacht und dankt Gott, wenn ihr morgen früh aufwacht. Freut euch über jeden Tag eures Lebens und habt keine Furcht.«

Die Menge machte sich auf den Weg. Jesus wandte sich seinen Jüngern zu. »Verlaßt mich jetzt auch, denn ich muß beten. Ich muß allein sein, um die Kraft des Herrn zu empfangen. Heute habe ich jedem Mann, jeder Frau und jedem Kind, die ich heilte, etwas von meiner Kraft gegeben. Wie ein Wasserbrunnen entleert werden kann, so hat sich das Wasser des Lebens mir entzogen. Ich muß jetzt in die Berge gehen, so daß mich der Himmlische Vater in der Stille der Nacht wieder mit seiner Kraft überkommt.«

Die Jünger waren betrübt, denn lieber wären sie in der Nacht bei ihrem Herrn geblieben. Aber sie schoben das Boot vom Strand in das Wasser und lichteten den Anker. Sie wateten durch das seichte Wasser und zogen das Boot hinter sich her. Als es weit genug draußen war und frei schwamm, kletterten sie hinein und zogen das Segel hoch.

Das Boot machte nur wenig Fahrt. Die Lichter der Bauernhäuser auf dem jenseitigen Ufer wurden nicht größer, die Berge hinter den Häusern kamen nicht näher. Das Boot segelte fast genau gegen den Wind an und schien zeitweise stillzustehen. Die Lichter am Ufer verloschen eins nach dem anderen, und es wurde stockfinster um sie.

Die Jünger bekamen es mit der Angst. Sie hatten keinen Punkt, den sie hätten ansteuern können, und der Wind stand so steif im Segel, als wollte er sie ans Ufer zurückdrängen.

Plötzlich sahen sie vor sich eine Gestalt, die ihnen auf dem Wasser entgegenkam. Dann erkannten sie die Gestalt – es war Jesus, der mit wehendem Mantel auf den Wellen wandelte. Ein Strahlen ging von ihm aus und erfüllte sie mit Entsetzen.

»Ein Geist!« riefen sie.

»Ich bin es«, antwortete Jesus. »Fürchtet euch nicht.«

Simon Petrus, der immer als erster Worte fand und handelte, sagte:

»Wenn du es bist, Herr, dann laß mich über das Wasser zu dir kommen.«

»Na, dann komm«, rief Jesus zurück.

Petrus stieg aus dem Boot. Er betrat das Wasser, das ihn trug. Er war schon nahe an Jesus herangekommen, als eine Windböe ihm Gischt ins Gesicht blies und das Wasser um ihn herum zum Schäumen brachte. Er sah an sich herab und bekam Angst.

»Hilf mir, Herr!« rief er, als das Wasser schon seine Knöchel bedeckte. Aber je ängstlicher er wurde, desto schneller versank er. Jesus streckte die Arme aus und hielt ihn fest.

»Du warst nur am Versinken, weil du Angst hattest, Petrus«, sagte er. »Hat dich dein Glaube an mich verlassen?«

Der Wind ließ nach, und sie kehrten zum Boot zurück und kletterten hinein. Die Mannschaft im Boot kniete vor Jesus nieder. »Wahrhaftig, du bist der Sohn Gottes!« sagten sie.

Jesus kündigt die Kreuzigung an

Jesus nahm seine Jünger in das Bergland von Cäsarea Philippi, wo das Quellgebiet des Jordan war.

Dort wandte er sich an sie und sagte: »Was reden die Leute über mich? Wer, meinen sie, bin ich?«

»Nun«, erwiderten sie, »einige sagen, du bist Johannes der Täufer. Andere sagen, du bist Elia oder vielleicht Jeremia oder einer der anderen Propheten.«

»Und ihr – was sagt ihr?«

»Ich sage, du bist der Messias, der Sohn des lebendigen Gottes!« antwortete Petrus. Jesus sagte:

»Gesegnet seist du, Simon, Sohn des Johannes, denn mein Vater im Himmel hat dir dies offenbart! Du bist Petrus der Fels, und auf diesen Felsen will ich meine Kirche bauen. Sie wird mächtiger sein als alle Macht der Finsternis!«

Dann begann Jesus seine Jünger auf die Zeit der schweren Prüfungen vorzubereiten, die ihm bevorstand. Er erzählte ihnen, daß er nach Jerusalem gehen müßte, wo ihm die Obrigkeit zusetzen und seinen Tod herbeiführen werde.

»Das verhüte Gott, Herr! Das darf niemals geschehen!« rief Petrus verzweifelt aus.

Jesus erwiderte scharf: »Geh von mir, Petrus, und versuche mich nicht, wie es der Teufel getan hat! Du denkst nur an das, was du möchtest, nicht an das, was Gott will.« Dann sagte er: »Wer mir folgen will, muß alles aufgeben und das Kreuz auf sich nehmen. Denn

wer sein Leben erhalten will, der wird es verlieren, wer aber sein Leben um meinetwillen verliert, der wird es finden.«

Jesus nahm Simon Petrus, Jakob und seinen Bruder Johannes mit in die Berge. Je höher sie stiegen, desto heller und kühler wurde die Luft, und tief unter ihnen erstreckte sich das Land. Es war Abend. Jesus sah hinunter in das verheißene Land, das Land Israel. Seine Täler und die Klippen seiner Berge hoben sich scharf gegen die untergehende Sonne ab.

Dann senkte sich die Dunkelheit auf sie herab. Es wurde Nacht. Sie waren hoch über der Erde, hoch über den Wohnstätten von Menschen.

Petrus, Jakob und Johannes lehnten sich gegen einen überhängenden Felsen; sie waren sehr müde. Jesus betete zu Gott. Plötzlich ging mit ihm eine Veränderung vor sich; in sein Gesicht trat der Glanz Gottes, und sein Gewand wurde so strahlend weiß, daß sie das Licht blendete. Moses und Elia standen neben ihm und sprachen zu ihm.

»Oh, Herr!« rief Petrus aus. »Es ist wundervoll, hier mit dir zu sein. Wenn du es möchtest, bauen wir hier drei Hütten, eine für dich, eine für Moses und eine für Elia.«

Er war so aufgeregt und zugleich erschrocken, daß er kaum wußte, was er sagte. Während er sprach, senkte sich eine helle Lichtwolke auf den Berg herab und umfing sie, so daß sie nichts mehr sehen konnten. Eine Stimme sprach aus der Wolke:

»Dies ist mein lieber Sohn; den sollt ihr hören!«

Die drei Jünger fielen nieder auf ihr Gesicht und bedeckten ihre Augen. Dann wagten sie hochzuschauen. Jesus stand nun allein ein wenig abseits. Stille und ein großer Frieden lagen in der Luft. Jesus kam zu ihnen und berührte sie sanft.

»Steht auf«, sagte er, »und fürchtet euch nicht. Aber erzählt niemandem von dem, was ihr erlebt habt, bis des Menschen Sohn von den Toten auferstanden ist.«

Jesus auf dem Wege nach Jerusalem

Jesus begegnete auf dem Wege nach Jerusalem einem jungen Mann. Er war der Sohn vermögender Eltern und bewunderte Jesus sehr. »Sag mir bitte, Herr«, fragte er ihn, »was soll ich tun, um das ewige Leben zu gewinnen?«

»Halte dich an die Gebote Gottes«, antwortete Jesus.

»Herr«, sagte der junge Mann, »ich habe sie von meiner Kindheit an befolgt.«

Jesus sah ihm in die Augen. »Eines noch mußt du tun. Gehe hin und verkaufe alles, was du besitzt, und gib das Geld den Armen, denn Gott wird dich im Himmel reich beschenken. Dann komm zurück und folge mir.«

Als der junge Mann das hörte, war er verstört und betroffen. Er besaß viele schöne Dinge und konnte sich nicht vorstellen, ohne sie leben zu müssen. Jesus sah ihn traurig davongehen und sagte zu seinen Jüngern: »Es ist leichter für ein Kamel, durch ein Nadelöhr zu gehen, als für einen Reichen, in das Reich Gottes zu kommen.«

Jesus und seine Jünger gingen auf ihrem Weg nach Jerusalem weiter. Als sie zu einem Dorf kamen, humpelten ihnen zehn Aussätzige entgegen. »Heile uns, Herr!« riefen sie.

Jesus heilte sie, und die Aussätzigen hasteten davon. Nur einer, der in dieser Gegend fremd war, wandte sich um, kam zu Jesus, kniete vor ihm nieder und dankte ihm. »Dein Glaube hat dich geheilt«, erwiderte Jesus, »denn es hat dich danach verlangt, Gott zu danken.«

Jesus besucht Maria und Martha

Auf seinem Wege nach Jerusalem machte Jesus in dem Dorf Bethanien halt und besuchte die beiden Schwestern Martha und Maria.

»Jesus ist zu Besuch gekommen!« rief Martha ihrer Schwester zu und beeilte sich, ihm gefällig zu sein. »Schnell! Mach dich an die Arbeit! Wir müssen für ihn tun, was wir nur können. Wir wollen ihm eine bessere Mahlzeit bereiten, als er je irgendwo bekommen hat. Niemand soll sagen, wir seien arm oder lebten kümmerlich!«

Sie war so in Eile, daß sie kaum Zeit fand, Jesus, als er eintrat, richtig zu begrüßen. Maria fiel vor ihm auf die Knie und sagte:

»Willkommen, Herr. Du bringst Freude und Frieden in unser Haus!« Sie führte ihn zum Innenhof, und dort nahm er Platz. Sie setzte sich neben ihn und sprach von Gott und davon, wie notwendig es ist, unsere Herzen von allem freizumachen, außer von der Liebe zu ihm. Als Maria ihm daraufhin in die Augen sah und seiner Stimme lauschte, fühlte sie sich von großer Ruhe überkommen.

Was er sagt, ist wichtiger als alles andere in der Welt, dachte sie. Ich muß bei ihm bleiben und nicht in die Küche gehen. Für diesen Augenblick muß ich leben, nicht für die Zeit danach, wenn er fort ist. Gott hat ihn mir geschenkt, an dem ich mich freuen will.

Martha kam aus der Küche nach draußen. Ihr Gesicht war erhitzt durch ihre Geschäftigkeit, und ihre Hände waren noch naß von den Fischen, die sie gesäubert hatte. Sie war auf ihre Schwester böse.

»Aber, Herr, sag doch Maria, sie soll mir beim Kochen helfen«, sprach sie zu Jesus. »Es ist so viel zu tun!«

»Martha, Martha«, erwiderte Jesus. »Du sorgst dich zuviel um Kleinigkeiten. Tu nur eins zur Zeit und immer nur das Wichtigste. Maria weiß, welches das ist.«

Die beiden Schwestern sahen einander an. Hatte er nicht einst gesagt, daß seine Worte wichtiger seien als Nahrung und Wein?

Später sagte Jesus zu seinen Jüngern:

»Der Menschen Sohn ist gekommen, sein Leben hinzugeben, damit andere erlöst werden.«

Jesus nannte sich nun häufiger Menschensohn. So hatte der Prophet Daniel von dem Messias gesprochen, dem Erlöser, der eines Tages kommen und das Volk zum Reich Gottes führen würde. Menschensohn war der geheime Name für Christus.

»Ihr sollt darüber nicht traurig sein«, fuhr Jesus fort. »Ihr sollt festhalten an eurem Glauben zu Gott und an dem Glauben an mich. Der Ort, an den euch mein Vater, wenn alles vorüber ist, führen wird, ist wie ein Haus mit vielen Wohnungen. Ich gehe jetzt dort hin, um euch dort einen Platz zu bereiten. Eines Tages komme ich zurück und führe euch an diesen Ort.

Jetzt wißt ihr, wohin ich gehen werde, und ihr kennt nun auch meinen Weg.«

»Aber, Herr«, sagte Thomas, »das ist es ja gerade. Wir wissen nicht, wohin du gehst. Wie sollen wir also deinen Weg kennen?«

»Ich bin der Weg, ich bin die Wahrheit und das Leben«, antwortete Jesus. »Folgt mir – das ist alles, was ihr zu tun habt.«

Lazarus wird zum Leben erweckt

Eines Tages wurde Lazarus krank. Es wurde immer schlimmer mit ihm, und so ließen Martha und Maria Jesus bestellen:

»Komm schnell, Herr, und heile unseren Bruder!«

Aber die Jünger erschraken. »Geh nicht nach Bethanien zurück!« baten sie ihn. »Es ist nicht lange her, da wollten die Leute dort dich steinigen.«

»Ich muß«, erwiderte Jesus. »Lazarus ist bereits eingeschlafen, und ich muß ihn wecken.«

Als sie nach Bethanien kamen, war Lazarus bereits gestorben, und sein Leichnam war, wie es in heißen Ländern Sitte ist, sogleich beerdigt worden.

»Oh, Herr«, schluchzte Martha, »wenn du doch früher gekommen wärst, du hättest ihn retten können!«

»Dein Bruder wird wieder zum Leben erwachen«, antwortete Jesus.

»Ja, ich weiß«, sagte Martha, »wenn der Tag der Auferstehung kommt –«

»Ich bin die Auferstehung und das Leben«, sagte Jesus zu ihr. »Wenn ein Mensch an mich glaubt, wird er nie sterben. Weißt du das?«

»Ja, Herr«, sagte Maria, »ich weiß, daß du Christus bist, der Sohn Gottes.«

»Führt mich zu seinem Grab«, sagte Jesus. Lazarus war in einer Höhle begraben, und sie mußten einen Stein wegrollen, um den Eingang freizumachen. Die Leute fragten sich: »Warum hat er seinen Freund Lazarus nicht gerettet?«

Jesus weinte. Er weinte, weil sie nicht begriffen, daß es in Gott keinen Tod gibt.

»Lazarus, komm hervor!« rief er.

Mit winzigen Schritten, weil sein Leib und seine Beine von den Totentüchern umwunden waren, kam Lazarus hervor. Die Menge stöhnte vor Überraschung auf; Jesus sagte nur:

»Nehmt ihm die Tücher ab, damit er nach Hause gehen kann.«

Jesus' Feinde verschwören sich gegen ihn

Die Pharisäer ließen Jesus nicht aus den Augen. Aus verschiedenen Gründen wollten sie ihn aus dem Weg haben. Sie trafen sich mit den Hohenpriestern von Jerusalem, um gemeinsam einen Plan aufzustellen. Ein Priester erhob sich und sagte:

»Dieser Jesus ist gefährlich. Er vollbringt Wunder, daran gibt es keinen Zweifel. Aber wenn wir ihm weiterhin freie Hand lassen, wird seine Macht über das Volk immer größer werden. Sie werden ihm folgen und alles tun, was er von ihnen verlangt!«

»Ja«, sagte ein Beamter, »und was geschieht dann? Den Römern wäre das ein Dorn im Auge. Sie würden befürchten, wir wollten uns unabhängig machen und uns vom römischen Reich trennen. Man wird uns öffentliche Versammlungen und Gottesdienste im Tempel verbieten.«

»Was können wir tun? Ihn ausweisen? Oder ins Gefängnis werfen? Er ist beim Volk zu beliebt und hat sich nichts zuschulden kommen lassen.«

Da erhob sich Kaiphas, der oberste Tempelpriester.

»Jesus muß beseitigt werden«, sagte er, »in unser aller Interesse. Besser, ein Mann stirbt, als daß die ganze Nation zugrunde geht.«

Die Pharisäer begaben sich zu dem römischen Statthalter in Jerusalem.

»Wir wollen ebensowenig mit Jesus zu tun haben wie du«, sagten sie. »Wir haben nichts dagegen, wenn du ihn verhaften lassen und umbringen würdest. Wir werden ihn dazu bringen, daß er gegen dich aussagt, und dann kannst du ihn wegen Verrats belangen.«

Sie schickten einige junge Leute zu Jesus, die ihn verhören sollten. Als Zeugen begleiteten sie einige Männer des Herodes. »Herr«, fragte ihn einer der Rabbiner mit argloser Miene, »hältst du es für richtig, daß Steuern an Cäsar bezahlt werden? Ich meine, sollten wir, die Juden, Steuern für einen fremden König bezahlen?«

Jesus merkte sehr wohl, daß der Mann ihm eine Falle stellen wollte. »Bringt mir eine Münze«, sagte er, »und ich will es euch sagen.«

Die Münze wurde gebracht. Jesus hielt sie vor sich hin. »Wessen Bild ist darauf geprägt?« fragte er. »Das Bild Cäsars«, antworteten sie.

»Also gebe man Cäsar, was Cäsar zukommt, und Gott gebe man, was Gott zukommt. Zahlt also Steuern an Cäsar. Denn es geht um die Frage, wem ihr wirklich dient. Gott? Cäsar? Oder dem Geld?«

Sie waren so erstaunt über seine Worte, daß es ihnen den Atem verschlug. Hiernach ließ Jesus sich nicht mehr öffentlich in Jerusalem sehen, sondern verkündete den Jüngern seine Lehre in einer abgelegenen Stadt im Bergland.

Aber seine Feinde ließen nicht locker. Wieder hielten sie eine Versammlung im Palast des Hohenpriesters ab. Darunter waren einige, die Jesus achteten und nicht wollten, daß gegen ihn vorgegangen würde. Aber sie meldeten sich nicht zu Wort, weil sie befürchteten, aus der Synagoge ausgestoßen zu werden und ihre Stellung zu verlieren, falls sie sich für Jesus einsetzten.

Kaiphas schlug vor, Jesus verhaften zu lassen und ihn den Römern zu übergeben.

»Ja, aber warum wollen wir denn eigentlich seinen Tod?« fragte einer. Kaiphas antwortete:

»Weil er sich aufführt, als wäre er Gott. Das ist Gotteslästerung, und darauf steht die Todesstrafe.«

Jesus warnt die Jünger

Jesus machte sich für seinen letzten Weg bereit. Als die Leute sahen, daß er nach Jerusalem ging, erschraken sie. Jedermann wußte, daß seine Feinde dort eine Verschwörung gegen ihn planten. Jesus aber wollte an dem Passahfest in Jerusalem teilnehmen, an dem alle jüdischen Familien dem Herrn ein Lamm opferten. Die Menschen glaubten, daß sie rein würden, wenn ein schuldloses Geschöpf für sie starb.

»Das Passahfest beginnt bald«, sagte Jesus zu seinen Jüngern, »und der Menschensohn wird von seinem eigenen Volk verraten und den Hohenpriestern und Pharisäern ausgeliefert werden. Dann wird man ihn Leuten übergeben, die nicht an Gott glauben. Sie werden ihn verhöhnen und ihm ins Gesicht spucken. Sie

werden ihn schlagen und umbringen. Aber nach drei Tagen wird er auferstehen.«

In Bethanien aß Jesus mit Lazarus und seinen Schwestern. Als sie bei Tisch saßen, holte Maria ein Gefäß mit kostbarem, seltenem Öl. Sie begoß damit Jesus' Füße und rieb sie mit ihrem langen Haar trocken.

Als sich der schwere Duft im Zimmer ausbreitete, murmelte Judas, der Jünger, der das Geld unter Aufsicht hatte: »Wir hätten das Öl verkaufen und das Geld den Armen geben sollen.«

»Maria hat es gut und richtig gemacht«, sagte Jesus. »Sie hat mich gesalbt, weil mir der Tod bevorsteht.«

Der Einzug in Jerusalem

Auf seinem Wege nach Jerusalem kam Jesus durch Jericho.

»Jesus von Nazareth kommt! Es heißt, er ist der Messias!« So verbreitete sich die Kunde von Straße zu Straße.

Das Volk versammelte sich am Wegrand, um ihn vorbeiziehen zu sehen. Unter ihnen war ein Mann mit Namen Zachäus, der keinen größeren Wunsch hatte, als Jesus zu sehen. Er versuchte sich mit den Ellenbogen einen Weg durch die Menge zu bahnen, aber die Leute stießen ihn zurück. Er war allgemein unbeliebt, weil er Steuereinnehmer war und römische Freunde hatte. Er war zu klein, um über die vielen Leute hinweg Jesus sehen zu können. Darum kletterte er auf einen Baum und sah von dort auf die Straße hinunter.

Jesus näherte sich. Hunderte von Leuten umdrängten und berührten ihn und wollten von ihm gesegnet werden. Plötzlich sah er hoch und erblickte Zachäus im Baum.

»Komm herunter, Zachäus«, rief er, »heute nacht werde ich bei dir in deinem Haus wohnen.«

Am nächsten Tag setzte Jesus seinen Weg nach Jerusalem fort. Er nahm zwei seiner Jünger beiseite und sagte zu ihnen:

»Geht in das Dorf am Hang des Ölbergs. Dort findet ihr einen Esel, auf dem noch niemand geritten hat. Bindet ihn los und bringt ihn her.«

Sie holten den Esel, und er bestieg ihn. Dann gingen sie bergauf über die steinige Straße, die zur Stadt führte.

Wo immer er hinkam, warfen die Leute ihre Umhänge vor ihm auf die staubbedeckten

Steine, als wollten sie einen Teppich auslegen für einen König. Kinder pflückten Blätter von den Hecken, streuten sie vor ihm aus und bedeckten seine Füße mit Blumen.

Immer mehr Leute drängten heran und winkten mit Zweigen, die sie von den Palmen am Wege gepflückt hatten. Sie sangen:

»Hosianna! Der Sohn Davids! Er kommt im Namen des Herrn! Gesegnet sei er!«

»Verbiete ihnen, solche Dinge von dir zu sagen, Herr!« sagte ein Pharisäer, der über den Jubel des Volkes bestürzt war. Jesus aber antwortete:

»Ich sage dir, wenn das Volk schwiege, dann würden die Steine schreien, um mich willkommen zu heißen!«

Gefolgt von einer singenden, Palmwedel schwingenden Menge betrat er den Tempel. Die Tempelwächter, die Gelehrten und Anwälte empörten sich.

»Hört auf mit dem Gesinge!« riefen sie, aber keiner beachtete sie, so daß sie sich wütend abwandten.

»Er muß in Haft genommen werden!« sagten sie. »Er wiegelt das Volk auf und schürt den Aufstand!«

Der verdorrte Feigenbaum

Jesus hatte Hunger. Er sah sich um und erblickte einen am Weg stehenden Feigenbaum. Er hatte kräftige Zweige, und das Laub hing dicht und grün auf die Erde herab. Er sah aus, als wäre er voller Feigen, ebenso wie man von Jerusalem vermuten konnte, daß es voller Menschen war, die Gott liebten.

Von den Steinen auf dem Weg stieg die Mittagshitze auf. Er teilte die Zweige und hob die Hand, um Feigen zu pflücken. Aber die Zweige waren leer. Der Baum hatte ihn getäuscht; er trug keine Früchte, geradeso wie die Priester und Gelehrten Jerusalems keine Liebe zum Menschensohn in ihren Herzen trugen.

»Nie wieder soll etwas an dir wachsen!« sagte Jesus, und im gleichen Augenblick verdorrte der Feigenbaum.

Jesus stieg auf den Ölberg, sah traurig auf die Stadt hinab und sagte:

»Oh, Jerusalem, Jerusalem!
Du mordest die Propheten
und steinigst, die dir gesandt sind!
Wie oft habe ich deine Kinder versammeln wollen, wie eine Henne ihre Küken unter ihren Flügeln versammelt,
aber du hast es nicht gewollt!«

Dann wandte er sich an seine Jünger. »Die Zeit wird kommen«, sagte er, »da die Menschen Gott vergessen und ihre Liebe erkalten wird. Dann werden sie euch um meinetwillen hassen.«

Jesus treibt die Geldwechsler aus dem Tempel

Jesus trat in den Tempel. Rechts und links hockten Bettler und streckten ihre Hände zu ihm aus. Jesus sprach zu ihnen und erteilte ihnen den Segen. Im Vorhof saßen die Blinden und die Lahmen, denen das Betreten des Tempels nicht erlaubt war. Jesus heilte sie und ging weiter.

Er kam in einen anderen Hof. Hier roch und lärmte es, als würde ein Viehmarkt in den Tagen vorm Passahfest abgehalten. Widder sträubten sich gegen ihre Ketten, Ziegen und Lämmer drängten sich zitternd in ihren Ställen, während Tauben und andere Vögel flügelschlagend ihren Käfigen zu entkommen und wegzufliegen versuchten. Die meisten Leute brachten nicht ihre eigenen Opfertiere mit, sondern kauften sie hier, um sie zu schlachten und als Opfer darzubringen.

Übertönt war das Kreischen und Blöken der geängstigten Tiere vom Rufen und Fluchen der Männer, die sie feilhielten. Ab und zu brach ein Tier aus, und der Besitzer rannte durch die Menge hinter ihm her und stieß dabei die Leute, die zum Beten hergekommen waren, mit grober Gewalt beiseite. Darüber lachten die Geldwechsler, die in langen Reihen an den Tischen saßen und vor sich ihre Münzen aufgehäuft hatten.

Jesus blieb stehen. Ihm kamen die Worte des Propheten Malachi in den Sinn: »*Und plötzlich wird der Herr in den Tempel kommen und ihn reinigen von dem Gezücht...*«

Er band aus Hanffasern, die er vom Boden aufsammelte, ein grobes Seil. Dann schwenkte er es als Peitsche und fegte damit die Münzen von den Tischen, die übers Pflaster davonrollten. Er warf die Käfige um, so daß sie aufsprangen und die Vögel davonflogen. Er drohte den Händlern mit seiner Peitsche, so daß sie, ihre Waren zurücklassend, aus dem Tempel rannten. Er stieß die Stallgehege um, so daß die Ziegen und Lämmer in den Straßen davontrotteten. Am Ende stürzte er die Tische um und brachte die Bänke durcheinander.

»Nehmt alles das weg!« rief er.

Die Priester und Tempelwächter kamen, aufgescheucht durch den Lärm, angerannt, und als Jesus sie sah, rief er mit drohender Stimme:

»Es steht geschrieben: ›Mein Haus soll ein Gebetshaus für alle Menschen sein.‹ Aber ihr habt eine Diebshöhle daraus gemacht!«

Jesus antwortet den Sadduzäern und den Pharisäern

Den Pharisäern war Jesus schon seit langem verhaßt. Jetzt schlossen sich ihnen die Sadduzäer an, eine religiöse Gruppe, deren Gottesdienst sich geringfügig von dem der Pharisäer unterschied und deren Mitglieder nicht an die Auferstehung glaubten – an die Erweckung von Toten, die im Glauben an Gott gestorben waren. Gemeinsam suchten sie Jesus in eine Falle zu locken. Als sie ihn zum Predigen in den Tempel kommen sahen, führten sie eine Frau zu ihm, die ihrem Mann untreu gewesen war.

»Nach Moses Gesetz hat diese Frau den Tod durch Steinigen verdient«, sagten sie. »Was sagst du dazu?«

Jesus bückte sich, als hätte er sie nicht gehört, und schrieb mit dem Finger etwas in den Staub. Sie wiederholten ihre Frage. Er richtete sich auf und sah sie an.

»Soll derjenige unter euch, der nie unrecht getan hat, den ersten Stein auf sie werfen«, sagte er.

Dann bückte er sich wieder und schrieb weiter in den Staub.

Die Männer schwiegen. Keiner von ihnen konnte behaupten, niemals gesündigt zu haben. Einer nach dem anderen gingen sie davon. Darauf sagte Jesus mit ruhiger Stimme zu der Frau:

»Geh jetzt nach Hause und sündige nicht wieder.«

Das Scherflein der Witwe

Bald darauf veröffentlichte der Hohe Rat in Jerusalem einen Erlaß. Ein Herold verkündete:

»Jesus von Nazareth führt das Volk in die Irre. Durch ihn lernen sie, die Gesetze Moses zu mißachten. Wem bekannt ist, wo er sich aufhält, der hat es dem Hohen Rat zu melden, damit er verhaftet und verhört werden kann.«

Jesus wurde von nun an von einer Menge von Leuten begleitet. Sie bildeten einen Schutzwall um ihn, so daß es die Tempelwächter nicht wagten, ihn zu verhaften.

Eines Tages predigte er im Frauengelaß des Tempels. Er sprach über das Geben. Zu lieben und zu geben, sagte er, sei wichtiger als alles andere.

Eine Witwe kam hinzu, die vom Alter gebeugt und offensichtlich sehr arm war. Niemand außer Jesus schien sie zu beachten. Gleich darauf kam eine andere Frau herein, die jung und reich war und nach der sich alle umsahen. Hell klangen an ihren Armen und Knöcheln die goldenen Bänder. Sie warf eine Handvoll Geld in den Opferkasten des Tempels, und das Klirren der großen Münzen kam als Echo von den Wänden zurück. Die Witwe hielt ein einziges kleines Geldstück in ihrer Hand. Es war alles, was sie an Geld besaß. Leise ließ sie es in den Kasten fallen.

Jesus sagte: »Die Reichen geben nur wenig von dem, was sie haben, sie geben nur, was sie selbst nicht brauchen. Diese Witwe hat Gott ihr letztes Geldstück gegeben, sie hat Vertrauen zu ihm und gibt ihm alles. Ihre Liebe ist mehr wert als alles Geld in der Welt, und Gott wird sie segnen und es ihr mit Freude lohnen.«

Jesus predigt vom Jüngsten Tag

Jesus sprach: »Am Ende der Zeit wird der Menschensohn zurückkehren. Die Sonne wird sich verdunkeln, der Mond wird verlöschen, die Sterne werden verschwinden und die Luft und der Himmel erzittern. Dann wird der Menschensohn auf einer hell strahlenden Wolke erscheinen.

Er wird die Menschen aus allen Winkeln der Erde um sich scharen und sie voneinander trennen, wie ein Schafhirt die Schafe von den Ziegen trennt. Diejenigen, die ein gutes Leben geführt haben, werden zu seiner Rechten, die Bösen aber zu seiner Linken Platz finden.

Zu denen zu seiner Rechten wird er sagen: ›Kommt, denn ihr seid gesegnet, und macht euch bereit, das Reich Gottes zu erben. Als ich hungrig war, gabt ihr mir zu trinken, als ich als Fremder zu euch kam, hießt ihr mich willkommen, ihr habt mich gekleidet, als ich nackt war, seid zu mir gekommen, als ich krank war, und habt mich besucht, als ich im Gefängnis war.‹ Dann werden die Guten ihn fragen: ›Herr, wann haben wir das alles getan?‹ Und er wird antworten: ›Immer wenn ihr das dem Geringsten unter euch getan habt, dann habt ihr es mir getan.‹

Dann wird er zu denen zu seiner Linken sagen: ›Weil ihr diese Dinge nicht aus freien Stücken getan habt, habt ihr sie nicht mir getan. Geht von mir – ihr seid in alle Ewigkeit verflucht.‹«

Judas' Verrat an Jesus

Wieder versammelten sich die Hohepriester und Ältesten. Ort der Zusammenkunft war der Palast des Kaiphas. Wieder ging es darum, auf welche Weise man Jesus von Nazareth mattsetzen könnte.

Jesus sprach um diese Zeit auf einem Hügel außerhalb der Stadt mit seinen Jüngern. Er sagte:

»Ich bin nicht gekommen, um die Welt zu richten, sondern um sie zu erlösen. Ich bin das Licht der Welt; wenn ihr mir folgt, werdet ihr nie in der Finsternis, sondern zeit eures Lebens im Licht wandeln. Ihr werdet die Wahrheit kennen, und die Wahrheit wird euch freimachen.«

Einer der zwölf Jünger, Judas Ischariot nämlich, machte sich plötzlich davon. Er lief den ganzen Weg bis Jerusalem und zum Palast des Hohepriesters.

»Laßt mich rein!« rief er und schlug gegen die schwere Tür. »Ich habe euch etwas Wichtiges zu sagen!«

Er wurde Kaiphas und seinem Rat vorgeführt.

»Was willst du, Judas Ischariot?«

»Ich will Jesus vernichten«, antwortete Judas. »Ich habe einmal seiner Lehre geglaubt, aber das ist vorbei. Seine Liebe ist mir unerträglich geworden. Ich führe euch zu ihm.«

»Spionen pflegen wir Geld zu geben«, sagte Kaiphas. »Wieviel willst du?«

Judas zuckte die Schultern. »Zahlt mir, was ihr wollt«, sagte er.

Kaiphas verachtete Jesus. »Dreißig Silberstücke sind der übliche Preis für einen Sklaven«, sagte er. »Reicht dir das?«

»Ja«, antwortete Judas, »ich bin einverstanden.«

Das Abendmahl

Jesus nahm Petrus und Johannes beiseite und sagte zu ihnen:

»Es ist Zeit, das Passahmahl herzurichten. Geht nach Jerusalem zum Brunnen Siloam. Dort werdet ihr einem Mann mit einem Wassereimer begegnen. Folgt ihm, und wenn ihr mit ihm zu seinem Haus kommt, dann sagt zu dem Hausherren: ›Unser Herr sagt, meine Zeit ist gekommen. Ich will das Passahfest in deinem Hause feiern.‹«

Petrus und Johannes taten, was Jesus ihnen gesagt hatte. Sie wurden im oberen Stock in ein Zimmer mit einem niedrigen Tisch und drei Bänken geführt, an denen gerade genug Platz für dreizehn Gäste war. Sie legten dort die für das Fest vorgeschriebenen Nahrungsmittel hin: Bittere Kräuter und Nüsse, Rosinen und Feigen, Essig, Salz und einen Krug mit Wein. Die Öllampen wurden zurechtgemacht, das ungesäuerte Brot war bereits in den Ofen geschoben. Es fehlte nur noch das Lamm.

Als alles bereit war, kam Jesus. Er brachte die anderen Jünger mit, und gemeinsam stiegen sie die Steintreppe zu dem oberen Raum empor. Unter ihnen lag die Stadt, deren Bevölkerung die Befreiung aus der ägyptischen Sklaverei jubelnd feierte. Es war die Nacht der Freiheit und der Erlösung.

Jesus nahm am Tisch Platz. Er erteilte den Segen und reichte die in Essig getauchten Kräuter herum. Plötzlich stand er auf, nahm sein langes Gewand ab und band sich ein Handtuch um wie die Schürze eines Dieners. Er nahm eine Schüssel und einen Krug mit Wasser und begann, die Füße seiner Jünger zu waschen. Petrus rief:

»Aber Herr! Du sollst meine Füße nicht waschen!« Jesus kniete sich vor ihn hin. »Wenn du mich dich nicht waschen läßt«, erwiderte er, »dann kannst du nicht teilhaben an dem, was mit mir geschehen wird. Ich beuge mich in Demut vor dir, wie du dich in Demut vor anderen beugen sollst. Diener und Herrn sind gleich vor den Augen des Herrn.«

Als er ihre Füße gewaschen und abgetrocknet hatte, nahm er das flache, ungesäuerte Brot in die Hand. »Dank dir, o Herr, daß du das Brot aus der Erde wachsen ließest«, sagte er. Aber statt mit den Worten fortzufahren, die von den Juden beim Gebet benutzt werden, sagte er: »Dies ist das Brot des Elends, das unsere Väter aßen . . .« Er hob es hoch und sprach: »Dies ist mein Leib, den ich für euch dahingebe.« Dann brach er das Brot und teilte es unter ihnen.

Er goß den roten Wein in den großen Becher und dankte Gott mit diesen Worten: »Gelobt sei der Herr, der die Welt mit seiner Güte, seiner Gnade und seiner Barmherzigkeit speist.« Dann fügte er hinzu: »Dieses ist mein Blut, das Blut des Neuen Testaments, das für die Menschen vergossen wird.«

Er reichte den Becher herum, und jeder von ihnen trank. Er gab sein Leben für die Menschheit, er vergoß es für sie, so daß sie ein neues Leben beginnen konnten.

Nichts konnte sich mehr zwischen sie und die Liebe Gottes stellen. Jesus hatte ihnen das Neue Testament gegeben.

Jesus kündigt den Verrat an

Jesus blickte zu den zwölf Männern, die er zur Teilnahme an seiner letzten Mahlzeit auf Erden ausgewählt hatte.

»Wahrlich, ich sage euch, heute nacht wird mich einer von euch verraten«, sagte er.

Sie waren von Entsetzen erfüllt. »Aber ich doch nicht, Herr«, sagte einer nach dem anderen. Johannes, der zu seiner Rechten saß, fragte: »Wer von uns ist es, Herr? Bitte, sag's uns.«

Jesus erwiderte: »Derjenige ist es, dem ich dieses in die Schüssel getauchte Stück Brot geben werde.« Er reichte Judas Ischariot das Brot, und Judas rief aus: »Du glaubst doch wohl nicht, daß ich dich verraten werde, Herr?« Jesus antwortete: »Du sagst es.«

Das Abendmahl war fast vorüber. »Ich nenne euch jetzt ein neues Gebot«, sagte Jesus. »Liebt einander, wie ich euch geliebt habe. Es gibt keine größere Liebe als die, daß ein Mensch sein Leben für seine Freunde hingibt. Ihr seid meine Freunde.

Wenn ich euch verlassen habe, werde ich den Heiligen Geist schicken, daß er sich eurer annimmt. Er wird euch helfen und führen auf allen Wegen der Wahrheit.

Seid darauf gefaßt, daß manche euch hassen werden. Aber der Dunkelheit folgt Licht, und dem Kummer und der Sorge folgen Freude und Glückseligkeit.

Ich bin Teil von euch, und Gott ist Teil von mir. Ich bete jetzt zu meinem Vater, daß er uns alle zu einem Leib vereint.«

Jesus im Garten von Gethsemane

»Kommt«, sagte Jesus, »es ist Zeit zu gehen.« Sie wanderten durch die schlafende Stadt zum Ölberg. Als sie durch das Tal gingen, hörten sie das Wasser plätschernd über die Steine fließen. Es war der Fluß Kedron. Jesus watete hindurch, dann wandte er sich an seine Jünger und sagte:

»Heute nacht werdet ihr mich alle verlassen. Es ist prophezeit worden: ›Der Schafhirte, der Gefährte Gottes, wird niedergeschlagen, und die Schafe seiner Herde werden versprengt werden.‹ Diese Stunde ist gekommen.«

Petrus rief: »Und wenn dich alle verlassen, ich bleibe bei dir! Ich gebe mein Leben für dich und teile alles Leid mit dir!«

Jesus sagte traurig: »Wahrlich, ich sage dir: heute nacht, bevor der Hahn zum zweiten Mal kräht, wirst du mich dreimal verleugnet haben.«

Petrus rief aus: »Nein, niemals! Und wenn ich mit dir sterben müßte, ich werde dich niemals verleugnen!«

»Ich auch nicht, Herr! Ich auch nicht!« riefen sie alle.

Sie betraten den Garten Gethsemane. Er war von einer Mauer umgeben, durch die ein Tor nach draußen führte. Jesus sagte zu seinen Jüngern:

»Legt euch hier zur Ruhe, während ich im Garten zu Gott beten werde.«

Er nahm Petrus, Jakob und Johannes mit, die ihm von seinen Jüngern am nächsten standen.

Zu ihnen sagte er:

»Meine Seele ist voller Kummer, und mein Herz bricht. Bleibt hier und haltet Wache für mich.«

Er schien, als er sich von ihnen entfernte, betrübt und voller Verzweiflung. Er warf sich auf die Erde. Mit dem Gesicht auf dem Boden betete er:

»*Abba* – Vater, für dich ist alles möglich. Ich bitte dich, laß diesen Kelch voller Elend und Todesqual an mir vorübergehen. Aber ich weiß, es ist nicht mein Wille, sondern deiner, der geschehen wird.«

Die Jünger wollten ihm in seiner Verzweiflung beistehen, aber er hatte sich nicht von ihnen begleiten lassen. Sie sahen zu ihm hin und warteten ab, bis sie der Schlaf übermannte.

Als Jesus zurückkam, weckte er sie und sagte zu Petrus:

»Simon, nicht einmal eine Stunde kannst du für mich wachen? Dein Geist ist willig, aber dein Fleisch ist schwach. Wache und bete, damit du nicht in Versuchung fällst.«

Jesus verließ sie wieder und ging tiefer in den Garten hinein. Wieder sank er zur Erde und beugte sich tief vor Gott. Die Qual in ihm wuchs, während er betete, und der Schweiß rann ihm wie Blutstropfen von seiner Stirn auf die Erde.

Er kehrte zu seinen Jüngern zurück. In ihrem Kummer und ihrer Erschöpfung waren sie wieder eingeschlafen.

Zum dritten Mal warf er sich zu Boden und betete.

»Dein Wille geschehe, Herr«, sagte er.

Dann erhob er sich und ging zurück zu den Jüngern. »Schlaft ihr?« fragte er sie. »Seht, mein Verräter ist gekommen!«

Der Verrat

»Kommt«, hatte Judas zu der Tempelwache gesagt, »ich werde euch zu Jesus führen. Der Mann, den ich küssen werde, ist Jesus. Ergreift ihn!«

Sie drangen durch das Tor in den Garten und hatten Fackeln und Laternen, Schwerter und Stöcker bei sich.

Judas trat auf Jesus zu. »Sei gegrüßt, Herr!« rief er und küßte ihn.

Jesus erwiderte: »Judas, mein Freund, warum bist du hier? Verrätst du den Menschensohn durch einen Kuß?«

Die Männer zogen die Schwerter und umringten Jesus. Petrus stellte sich vor ihn, schlug nach dem Knecht des Hohepriesters und hieb ihm ein Ohr ab.

»Steck dein Schwert zurück in die Scheide«, sagte Jesus zu ihm. »Wer vom Schwert lebt, wird durch das Schwert umkommen.« Er berührte das Ohr des Knechtes und heilte es. Dann sagte er zu den Männern:

»Wen sucht ihr?«

»Jesus von Nazareth«, antworteten sie. »Der bin ich«, sagte er.

Die Tempelwachen traten an ihn heran. Sie banden ihm die Hände hinter dem Rücken zusammen, rissen sein Kopftuch herunter und packten sein Gewand.

Jesus sagte zu dem Hauptmann: »Ich bin kein Verbrecher. Ihr hättet es nicht nötig gehabt, mit Schwertern bewaffnet in der Nacht zu mir zu kommen. Ich war Tag für Tag im Tempel und habe dort gepredigt. Warum habt ihr mich nicht dort verhaftet? Vielleicht, weil ihr Angst habt? Ja, dies ist die rechte Zeit für euch – die Stunde, zu der Dunkelheit herrscht.«

Er blickte sich um. Die Jünger waren davongelaufen und hatten ihn verlassen. Er war mit seinen Feinden allein.

Petrus verleugnet Jesus

Als Jesus gefangengenommen worden war, folgte ihm Petrus in einiger Entfernung. Er hielt Abstand zu den Tempelwachen und Soldaten, weil er nicht wollte, daß sie auch ihn verhafteten.

Sie brachten Jesus zum Palast des Kaiphas. Petrus ging im Hof in die Nähe des Feuers, das die Wachen entzündet hatten. Er hoffte, ein Wort darüber zu hören, was man mit Jesus vorhatte.

Eines der Mädchen, die als Dienerinnen im Palast angestellt waren, kam vorüber. Als sie Petrus entdeckte, blieb sie stehen.

»Warst du nicht einer seiner Anhänger?« fragte sie argwöhnisch.

»Nein, nie!« rief Petrus.

Er stand auf. Das Mädchen zuckte die Schultern und ging weg. Petrus versteckte sich im Schatten der Mauer. Allmählich waren keine Stimmen mehr zu hören, und es trat Stille ein.

In der Ferne krähte ein Hahn.

Petrus ging zum Palasttor. Er wollte fliehen, bevor ihn irgend jemand erkannte.

Am Tor unterhielt sich der Wachtposten mit einem Mädchen vom Personal, und Petrus versuchte unauffällig an den beiden vorbeizuschlüpfen. Aber der Feuerschein von der Fackel der Wache fiel ihm ins Gesicht, und das Mädchen rief:

»Du bist einer von ihnen! Du warst mit Jesus von Nazareth zusammen, und jetzt läufst du davon!«

»Nein, nein!« rief Petrus. »Ich kenne den Menschen nicht! Und ich denke gar nicht daran, wegzulaufen!«

»Aber ja doch«, sagte der Wachtposten. »Du sprichst den gleichen Dialekt wie er. Du bist aus Galiläa!«

»Ich schwöre euch, ich kenne diesen Jesus nicht!« sagte Petrus. Er drängte sich an ihnen vorbei durch das Tor und rannte den Hügel hinunter zu der in der Dunkelheit daliegenden Stadt.

Plötzlich blieb er stehen. Er hörte in der Stille nichts als das Pochen seines eigenen Herzens.

In der Ferne krähte wieder ein Hahn.

Da erinnerte sich Petrus an das, was Jesus vor einigen Stunden zu ihm gesagt hatte:

»Bevor der Hahn zweimal kräht, wirst du mich dreimal verleugnet haben.«

Und die Tränen rannen ihm übers Gesicht.

Verurteilung und Verspottung

Jesus war jetzt in der Gewalt seiner Feinde. Er wurde vor den obersten jüdischen Gerichtshof gebracht. Seine Ankläger saßen im Halbrund um ihn herum und begannen ihn zu verhören. Ein Zeuge nach dem anderen wurde aufgerufen, um Gründe zu finden für eine Verurteilung zum Tod. Die Beweise, die sie gegen ihn vorbrachten, waren alle erlogen. Am Ende traten zwei Männer auf, die behaupteten, Jesus habe Gott gelästert. »Er hat gesagt, er könnte den heiligen Tempel Gottes niederreißen und ihn, wenn er wollte, in drei Tagen wieder aufbauen«, brachte einer von ihnen vor.

Kaiphas sah zu Jesus. Er sagte mit lauter Stimme: »Ich erhebe Anklage gegen dich, weil du dich Messias und Sohn Gottes genannt hast.«

Jesus erwiderte: »Der bin ich, und du wirst den Menschensohn zur Rechten des Allmächtigen sitzen sehen.«

Da zerriß Kaiphas sein Gewand, als wollte er damit zeigen, daß mit Jesus' Worten wie mit dem zerrissenen Tuch etwas Unwiderrufliches geschehen sei. Er sagte: »Weitere Beweise brauchen wir nicht. Ihr habt ihn mit eigenen Ohren Gott lästern hören. Wie lautet euer Urteil?«

Die Mitglieder des Hohen Rates standen auf. Einer nach dem anderen sagte: »Darauf steht die Todesstrafe.« Darauf zerrissen auch sie ihre Gewänder von einer Seite zur anderen.

Jesus wurde abgeführt. Die Wachen schlugen ihn mit Fäusten und spuckten ihm ins Gesicht.

Dann zogen sie ihm ein Tuch über den Kopf, so daß er nichts sehen konnte, und schlugen noch heftiger auf ihn ein.

»Du bist ein Weissager«, johlten sie, »wer von uns war es, der dich geschlagen hat?«

Der Hohe Rat hatte nicht die Befugnis, Jesus zum Tode zu verurteilen; dazu war nur Pontius Pilatus, der römische Statthalter, bevollmächtigt. Darum brachten sie ihn zum Palast des Statthalters.

»Wie lautet die Anklage gegen diesen Mann?« fragte Pilatus.

»Er führt das Volk in die Irre und untersagt uns, Steuern an Cäsar zu zahlen. Außerdem behauptet er, der Messias zu sein, der König der Juden.«

Pilatus blickte zu Jesus. Seine Kleider waren zerrissen und schäbig. Er sah wahrhaftig nicht wie ein König aus.

»Bist du der König der Juden?« fragte er ihn.

»Du sagst es«, erwiderte Jesus.

»Dieser Mann ist kein Verbrecher«, sagte Pilatus. »Wie kann ich ihn aufgrund eurer dürftigen Beweise verurteilen?«

Er fügte hinzu: »Nun ja, er stammt aus Galiläa, aus der Provinz des Königs Herodes. Soll Herodes über ihn zu Gericht sitzen.«

Also brachte man Jesus zu Herodes. Der König stellte ihm viele Fragen, aber Jesus gab darauf keine Antwort. Die Priester und Gelehrten des Hohen Rates umdrängten Herodes und versuchten ihm einzureden, daß Jesus ein gefährlicher politischer Führer sei, der die Machtstellung der Römer bedrohte. Herodes sah wieder zu Jesus. Er war enttäuscht, daß dieser Mann nicht eines seiner Wunder vor ihm vollbrachte. Er schickte die Mitglieder des Hohen Rates fort.

»Bringt ihn zurück zu Pilatus!« sagte er. »Ich bin nicht bereit, ihn zu verurteilen.«

Herodes' Soldaten grölten laut und begannen, Jesus zu verhöhnen. Sie bekleideten ihn mit prächtigem Zeug wie einen König bei einer Zirkusvorstellung, stießen ihn herum und trieben ihre Späße mit ihm.

Die Kreuzigung

Jesus wurde noch einmal zu Pilatus geführt. Der römische Statthalter bestellte die Hohepriester und die Ältesten der Juden zu sich und sagte:

»Ich sehe nicht ein, warum dieser Mann zum Tode verurteilt werden soll. Wenn ihr einverstanden seid, lasse ich ihn peitschen und setze ihn dann auf freien Fuß.«

Aber die Menge, die sich draußen versammelt hatte, war wie von einem Fieber ergriffen. Die Leute schrien:

»Weg mit ihm! Gib statt seiner Barabas frei!« Barabas, wußten sie, war ein Dieb und ein Mörder, aber sie ließen Jesus fallen und stellten sich auf seine Seite. Also wurde Barabas freigelassen. Die Menge jedoch gab immer noch keine Ruhe. Sie brüllte:

»Kreuzige ihn! Kreuzige ihn!«

Pilatus hatte Angst vor dieser böswilligen, besessenen Menge und versuchte sie mit lauter Stimme zu übertönen. Aber sie beachteten ihn nicht, und so ließ er eine Schüssel mit Wasser kommen und wusch sich vor ihnen die Hände, so daß sie, selbst wenn sie ihn nicht hörten, sehen konnten, was er damit meinte.

»Ich will mit euch nichts zu tun haben. Ich wasche meine Hände in Unschuld. Von jetzt an seid ihr allein verantwortlich für das, was mit Jesus von Nazareth geschieht!«

Die römischen Soldaten führten Jesus ab und schlugen ihn. Als er halbtot zusammenbrach, zogen sie ihm ein rotes Gewand an, flochten eine Krone aus Dornen und preßten sie ihm ums Haupt. Als Zepter gaben sie ihm ein

Schilfrohr in die Hand. »Seht ihn euch an, den König der Juden!« brüllten sie lachend.

Pilatus ließ Jesus nach draußen führen, so daß alle ihn sahen. »*Ecce homo*«, rief er »– seht, welch ein Mensch! Hier habt ihr euren König!«

Jesus mußte das Kreuz, an das er genagelt werden sollte, selbst tragen. Jemand hatte mit Farbe darauf geschrieben:

Jesus Nazarenus Rex Judeorum – das ist: »Jesus von Nazareth, König der Juden.«

Er war jetzt so geschwächt, daß er unter dem Kreuz wiederholt zu Boden stürzte. Darauf zwangen die Römer einen in der Menge stehenden Mann namens Simon von Kyrene das Kreuz für ihn zu tragen.

Das Volk stand in dichter Menge am Straßenrand, während sich der Zug den steinigen Hügel hinauf nach Golgatha bewegte, was »Schädelstätte« heißt und der Ort war, an dem Verbrecher gehenkt wurden. Dort trat eine Frau vor und reichte Jesus einen Becher mit Wein, der mit Myrrhen vermischt war, um seine Schmerzen zu lindern, aber er nahm ihn nicht.

Die Soldaten nagelten ihn mit je einem Nagel durch seine Hände und Füße ans Kreuz. Während sie hämmerten, sagte er: »Vater, vergib ihnen, denn sie wissen nicht, was sie tun.«

Dann richteten sie das Kreuz auf, so daß das Körpergewicht des Gekreuzigten an seinen durchbohrten Händen und Füßen zerrte.

Die Soldaten teilten Jesus' Kleider unter sich auf und würfelten um seinen Rock.

Sein Jünger Johannes stand in einer Gruppe von Frauen nahe bei und stützte Jesus' Mutter! Jesus sagte zu ihm: »Sie ist jetzt deine Mutter.« Zu Maria sagte er: »Er ist dein Sohn.«

Zwei zum Tode verurteilte Diebe wurden ebenfalls gekreuzigt und ihre Kreuze zu beiden Seiten von Jesus aufgerichtet. Trotz seiner Schmerzen verspottete einer von ihnen Jesus. Der andere aber sagte zu Jesus: »Denke an mich, wenn du in das Himmelreich kommst.« Jesus antwortete: »Noch heute wirst du mit mir im Himmel sein.« Einige Männer des Hohen Rates murmelten: »Wenn er wirklich der Messias ist, wird er sich retten. Dann glauben wir ihm.«

Plötzlich erhob sich ein Sturm, und die Sonne verdunkelte sich. Das Volk ergriff entsetzt die Flucht.

Jesus rief: »Mein Gott, mein Gott, warum hast du mich verlassen?« Das waren die Worte aus einem der Lieder von König David, in dem es außerdem heißt:

»Mögen jene, die den Herrn suchen, ihn preisen und in ihren Herzen froh sein bis an ihr Ende. Ich werde in alle Ewigkeit leben und ihm dienen!«

Die römischen Soldaten, die Jesus und die Diebe gekreuzigt hatten, tranken in der langen Zeit, die sie auf den Tod der Männer warten mußten, von dem Wein, den sie sich mitgebracht hatten. Er war sauer und unvergoren, aber er löschte ihren Durst.

Jesus murmelte: »Ich bin durstig.«

Einer der Soldaten tränkte einen Schwamm mit Wein, steckte ihn auf seinen Speer und hielt ihn Jesus an die Lippen. Jesus saugte mit seinen Lippen an dem Schwamm. Dann sank sein Kopf zurück an das Holz.

»Es ist vollbracht!« sagte er.

Mit lauter Stimme rief er: »In deine Hände, Herr, befehle ich meinen Geist.«

Dann verschied er am Kreuz.

Die Grablegung

Jesus hing tot am Kreuz. Sein Leichnam würde bald abgenommen und zusammen mit den Verbrechern in das Massengrab geworfen werden.

Es war der Abend vor dem Sabbath. Ein Mann eilte durch die Straßen von Jerusalem zum Amtssitz von Pilatus. Es war Josef von Arimathia, ein vermögender, einflußreicher Jude, der dem Hohen Rat angehörte. Er war ein Anhänger Jesus'. Er wollte Pilatus um seinen Leichnam bitten, um ihn würdevoll in seiner eigenen Grabstätte beizusetzen.

»Was, er ist schon tot?« fragte Pilatus überrascht. Gekreuzigte starben meist mehrere Tage lang einen langsamen, qualvollen Tod.

Denn der Gekreuzigte konnte mit ausgereckten Armen nicht lange voll durchatmen. Er konnte sich nur kurz auf die ans Kreuz genagelten Füßen stellen. Dann bekam er einige Sekunden lang Luft, um gleich darauf wieder vor Schmerzen in sich zusammenzusinken. Die Soldaten, die die Kreuzigung überwachten, brachen ihm dann gewöhnlich die Knie, damit er sich nicht noch einmal ausstrecken könnte. Darauf starb er den Erstickungstod.

»Ist er wirklich schon tot?« fragte Pilatus seine Soldaten.

»Ja, Herr, schon geraume Zeit«, anworteten sie. »Einer von uns stieß ihm, als er am Kreuz hing, den Speer in die Seite, so daß Wasser und Blut flossen. Aber er war schon tot.«

»Dann nimm ihn an dich, den Leichnam«, sagte Pilatus zu Josef, »die Kraft, die in ihm war, hat ihn mit seinem Tod verlassen.«

Josef und Nikodemus, auch ein Freund Jesus' und Mitglied des Hohen Rates wie Josef, gingen zusammen nach Golgatha, wo das Kreuz stand. Sie nahmen Jesus' Leichnam ab und hüllten ihn in Leinentücher.

Drei Frauen, die Jesus am Kreuz sterben sahen, hatten Krüge mit Myrrhen und Öl mitgebracht, um seinen Körper, wie es damals Sitte war, einzubalsamieren. Sie beeilten sich, Jesus' Leichnam für die Beerdigung vorzubereiten, weil der Sabbath bevorstand und an diesem Tag kein Jude irgendeine körperliche Arbeit verrichten durfte.

Sie brachten den Leichnam zu der Grabstätte, die Josef für sich erworben hatte. Sie war an einem Hügelabhang in den Felsen gehauen. Sie legten den in Leinentücher gehüllten Körper in die Höhle. Dann rollten sie einen großen Stein vor den Eingang und gingen fort.

Die Priester und Pharisäer begaben sich zu Pilatus und sagten:

»Herr, wir haben Grund anzunehmen, daß Jesus' Jünger beabsichtigen, die Leiche aus dem Grab zu entfernen. Sie wollen vor der Welt den Anschein erwecken, als sei der Messias von den Toten auferstanden. Er hat ja auch selbst gesagt: ›Nach drei Tagen werde ich auferstehen.‹ Ordne daher an, daß das Grab drei Tage sorgfältig bewacht wird.«

»Ja«, sagte Pilatus, »das werde ich tun. Sichert das Grab, so gut ihr könnt; ich werde eine Gruppe von Soldaten hinschicken, um es bewachen zu lassen.«

Die Priester machten sich auf und gingen zu dem Ort, an dem Jesus beerdigt worden war. Sie rammten den Stein fest ein und versiegelten ihn. Dann stellten sich die inzwischen eingetroffenen Wachtposten davor auf.

Die Auferstehung

Die Sonne war untergegangen, und damit war der Sabbath zu Ende. Maria Magdalena und zwei andere Frauen brachten Öl herbei, um Jesus ein zweitesmal einzubalsamieren, weil sie vorher so in Eile gewesen waren und es nur flüchtig gemacht hatten. Alle drei waren Anhängerinnen von Jesus und wollten ihm ihre Liebe und Achtung beweisen, indem sie seinen Körper so sorgsam wie möglich behandelten.

Es war dunkel, und niemand sah die drei Frauen leise durch die Straßen gehen und die Stadt verlassen. Auf einem schmalen Pfad gingen sie zu der Felshöhle, in der Jesus beigesetzt war.

Die Nacht neigte sich ihrem Ende zu, der Himmel wurde im Osten allmählich hell. Die Frauen blieben vor der Grabstätte stehen. Der Stein war nicht mehr davor, er war weggerollt worden. Ängstlich näherten sie sich dem dunklen Eingang der Höhle. Sie beugten sich vor, um besser sehen zu können. Es stand dort ein in ein helles, weißes Gewand gekleideter junger Mann. Er sagte:

»Fürchtet euch nicht. Sucht ihr Jesus, der gekreuzigt wurde? Er ist nicht mehr hier.« Er zeigte auf eine Stelle neben dem Grab. »Dort ist er hingelegt worden. Und von dort hat er sich entfernt. Warum sucht ihr nach einem Lebenden unter den Toten? Wißt ihr nicht, daß er sagte, er würde am dritten Tag auferstehen?«

Die Frauen wurden von Entsetzen ergriffen. Sie liefen zurück zu dem Haus, in dem sich die Jünger aufhielten, und riefen Petrus zu:

»Sie haben den Herrn aus dem Grab geholt, und wir wissen nicht, wo er ist.«

Petrus und Johannes liefen zum Grab, um sich zu vergewissern. Johannes kam als erster dort an. Er sah in die Grabhöhle. Inzwischen hatte sich die Sonne erhoben und schien tief in die Höhle hinein.

Johannes sah die Leinentücher dort liegen, aber vor Beklommenheit wagte er es nicht, hineinzugehen. Als Simon Petrus herankam, drängte er sich an Johannes vorbei in die Höhle. Die Leinentücher, mit denen sein Körper umwickelt worden war, lagen auf der einen Seite, das Tuch, das seinen Kopf bedeckt hatte, lag auf der anderen Seite. Sie zerbrachen sich den Kopf darüber, was das zu bedeuten hätte, und kehrten dann in die Stadt zurück.

Maria Magdalena war weinend und voller Trauer in der Nähe des Grabes geblieben. Nach einer Weile erschienen zwei Engel vor ihr. »Warum weinst du, Frau?« sagten sie zu ihr.

»Sie haben meinen Herrn fortgenommen, und ich weiß nicht, wo er ist.«

Sie sah um sich und bemerkte nicht weit von sich einen Mann. »Warum weinst du, Frau?« sagte er.

Maria, die ihn für den Gärtner hielt, antwortete:

»Sag mir, wo er hingebracht worden ist, damit ich hingehen und ihn forttragen kann.«

»Maria!« sagte er zu ihr.

Maria sah ihm ins Gesicht. »Rabbi!« rief sie, »Herr!« Denn es war Jesus.

»Du darfst mich jetzt nicht berühren«, sagte er. »Denn ich habe mich noch nicht zu meinem Vater begeben. Geh und sag den anderen, daß ich zu meinem und deinem Vater, zu meinem und deinem Gott gehen werde.«

Jesus erscheint den Jüngern

Am selben Tag verließen zwei der Jünger Jerusalem und gingen zum Dorf Emmaus. Ihre Herzen waren so erfüllt von dem, was geschehen war, daß sie von nichts anderem reden konnten.

Während die beiden tief im Gespräch befangen waren, kam Jesus und ging auf dem Weg neben ihnen her. Sie erkannten ihn nicht. Er sagte:

»Worüber redet ihr so unaufhörlich?«

Sie blieben mit gramzerfurchten Gesichtern stehen. »Bist du hier in Jerusalem fremd?« fragten sie ihn. »Hast du nicht gehört, was hier kürzlich geschehen ist?«

»Was denn?« fragte Jesus.

»Jesus von Nazareth – er ist zum Tode verurteilt und gekreuzigt worden. Und einige Frauen haben am Grab Engel gesehen, die sagten, er wäre von den Toten auferstanden.«

Jesus sagte: »Begreift denn keiner von euch, daß der Messias all dies erleiden mußte, damit das Wort der Propheten erfüllt würde?«

Als sie nach Emmaus kamen, sagten die Jünger: »Bleib doch bitte bei uns. Es ist schon dunkel. Die Nacht bricht an.«

Er setzte sich zu ihnen an den Tisch und nahm ein Brot in die Hand. Er dankte Gott, brach es und gab ihnen davon. Da gingen ihnen die Augen auf.

»Du bist es, Jesus!« riefen sie aus. Aber bevor sie noch etwas sagen konnten, war Jesus schon verschwunden.

Sie eilten nach Jerusalem und erzählten den anderen: »Jesus ist auferstanden! Wir haben ihn gesehen!«

Der ungläubige Thomas

Die Jünger glaubten nicht, daß sie Jesus, nachdem er beerdigt worden war, jemals wiedersehen würden. Es fiel ihnen auch schwer, den Frauen und Männern zu glauben, die behaupteten, daß sie ihn gesehen hätten.

»Ihr habt nur gesehen, was ihr sehen wolltet«, sagten sie. »Es ist Einbildung, weiter nichts!«

Diejenigen aber, die ihn in Emmaus gesehen hatten, blieben dabei: »Er hat das Brot in unserer Gegenwart gebrochen, und wir haben ihn erkannt!«

Plötzlich tauchte Jesus in ihrer Mitte auf. Dabei waren die Türen aus Angst vor der Tempelwache verschlossen, so daß niemand das Haus betreten konnte.

»Friede sei mit euch!« sagte er. »Warum seid ihr so bekümmert und warum zweifelt ihr an mir? Seht die Male an meinen Händen, wo sie von den Nägeln durchbohrt waren. Berührt mich, ich bin kein Gespenst.«

Thomas, einer von den zwölf, war an diesem Abend nicht dabei. Als die anderen ihm davon erzählten, glaubte er ihnen nicht.

»Erst wenn ich seine durchbohrten Hände und Füße sehe, werde ich glauben, was ihr sagt«, versetzte er.

Eine Woche darauf kamen sie wieder zusammen, und diesmal war Thomas dabei.

Plötzlich stand Jesus in ihrer Mitte.

»Friede sei mit euch!« sagte er. Dann warf er Thomas einen Blick zu. »Leg deine Finger hier auf meine Wunden in meinen Händen und am Körper. Du wirst es dann glauben.«

»Mein Herr und mein Gott!« rief Thomas.

»Du glaubst jetzt, weil du mich gesehen hast«, sagte Jesus zu ihm.« Glücklich sind jene, die an mich glauben, ohne mich gesehen zu haben.«

Jesus am See Tiberias

Die Jünger kehrten nach Galiläa zurück. Hier fühlten sie sich zu Hause, und sie nahmen wieder die Arbeit auf, die sie vor ihrer Berufung durch Jesus verrichtet hatten.

Eines Abends sagte Simon Petrus: »Ich geh fischen.«

»Wir kommen mit«, sagten die anderen. Es waren Thomas, Nathanael, Jakob, Johannes und zwei weitere.

Sie warfen ihre Netze aus und fischten die ganze Nacht, fingen aber nichts. Die Dämmerung kam herauf, und der Tag brach an. Am Ufer stand Jesus.

»Habt ihr etwas gefangen, Freunde?« rief er ihnen zu. »Nein«, riefen sie zurück. Sie erkannten ihn nicht.

»Dann werft die Netze rechts vom Boot aus«, sagte er. »Dort werdet ihr Fische finden.«

Sie ließen das Netz tiefer ins Wasser, und sofort wimmelte es in ihm von Fischen. Johannes, der Jesus immer am nächsten gestanden hatte, faßte die Gestalt am Ufer genauer ins Auge. »Es ist der Herr!« sagte er.

Sie ruderten zum Land zurück. Simon schwamm sogar die letzten hundert Meter, um schneller hinzukommen. Jesus hatte am Strand ein Holzfeuer gemacht.

»Bringt mir einige Fische«, sagte er. Sie zogen das Netz an Land und zählten darin hundertdreiundfünfzig Fische.

Jesus gab ihnen etwas Brot und Fisch zu essen. Dann sagte er zu Simon Petrus: »Simon, Sohn des Johannes, liebst du mich?« »Ja, Herr«, erwiderte er, »das weißt du doch.«

»Dann füttere meine Schafe«, sagte Jesus. »Kümmere dich um meine Menschenherde, wenn ich abwesend bin.«

Jesus Himmelfahrt

Jesus blieb nach seiner Auferstehung vierzig Tage auf Erden und zeigte sich seinen Jüngern und denen, die ihn geliebt hatten, als er auf Erden lebte. Unter ihnen waren einige, die immer noch nicht zu glauben wagten, daß er zurückgekehrt sei. Wenn sie ihn dann mit eigenen Augen sahen, fielen sie auf die Knie und beteten zu ihm.

Er hatte alles erfüllt, was die Propheten des Alten Testamentes vorhergesagt hatten. Er hatte das Licht in die Welt gebracht und die Menschen zu Gott zurückgeführt, indem er für sie am Kreuz starb. Er hatte sein himmlisches Reich gegründet. Er hatte Liebe, Freude und Frieden in die Welt gebracht.

Am letzten Tag führte Jesus seine Jünger auf einen Berg außerhalb Jerusalems. Er hob die Arme und segnete sie. Dann sagte er:

»Alle Macht im Himmel und auf Erden ist mir gegeben worden. Geht nun und beruft selbst aus allen Nationen der Erde Jünger, die euch folgen sollen, und tauft sie im Namen des Vaters und des Sohnes und des Heiligen Geistes. Lehrt sie, alles zu tun, was ich euch gelehrt habe. Glaubt mir, ich werde bis an das Ende der Welt immer bei euch sein.«

Während dieser Worte senkte sich eine Wolke vom Himmel herab und verbarg ihn vor ihren Augen. Die Wolke wurde zu Licht, und das Licht erfüllte Himmel und Erde und umfing alles auf Erden mit seinem Glanz.

Die Gründung der Kirche in Jerusalem

Jesus hatte gesagt: »Bleibt in Jerusalem, bis Gott euch von oben her Kraft sendet.«

Die Stadt war voller Pilger, die zum Feiern des Pfingstfestes gekommen waren. Es war der Tag des Dankfestes für die Weizenernte und für die Gesetzgebung durch Moses.

Gott wählte diesen Tag, um seinen Geist dem Volk zu senden, um seine Kirche zu gründen und ein Gesetz der Liebe zu verkünden.

Als die Jünger sich versammelt hatten, ertönte plötzlich vom Himmel her ein Geräusch wie von einem mächtigen Sturm. Es füllte das Haus ganz aus, in dem sie sich aufhielten. Feurige Zungen erschienen, die sich auf ihren Häuptern niederließen. Es waren die Zungen des Heiligen Geistes, der in allen Sprachen der Welt von Gott und von seiner Liebe zu reden begann. Die Leute liefen draußen auf der Straße zusammen und fragten, was hier denn geschah.

Petrus kam zu ihnen hinaus und sagte: »Meine Freunde, das Wort hat sich erfüllt, welches sagt: ›Gott erfüllt alles Volk mit seinem Geist; junge Männer werden Gesichter, alte Männer Träume haben.‹ Tut Buße und laßt euch im Namen Jesu Christi taufen, eure Sünden werden euch vergeben, und ihr werdet die Gaben des Heiligen Geistes erhalten.«

Immer mehr Menschen ließen sich taufen und schlossen sich der Gemeinschaft der Kirche an. Sie trafen sich Tag für Tag, brachen in ihren Heimen gemeinsam das Brot, hörten nicht auf zu beten und teilten ihre kleinen Freuden miteinander.

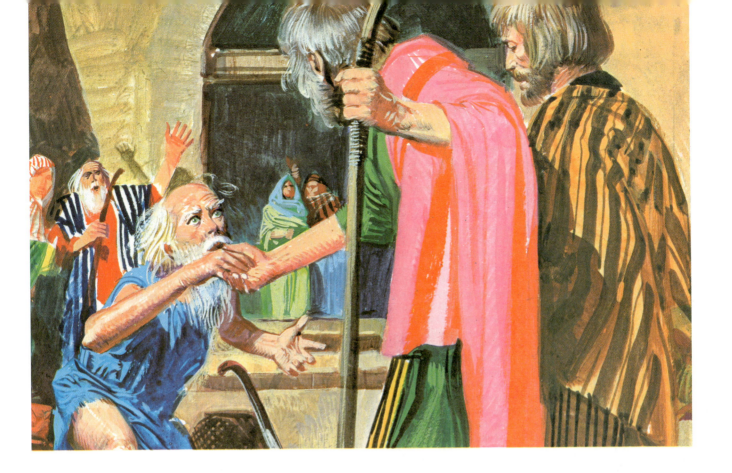

Die Heilung des lahmen Bettlers

Eines Nachmittags, als Petrus und Johannes auf dem Wege zum Tempel waren, um dort zu beten, sahen sie am Tor einen Bettler, der auf einer Bahre durch die Menge getragen wurde. Er konnte nicht gehen und hockte Tag für Tag um Geld bettelnd am Tor.

Als er Petrus und Johannes vorbeikommen sah, streckte er ihnen seine Hand entgegen.

»Eine milde Gabe, bitte«, sagte er.

Petrus blieb stehen. »Sieh mir ins Auge!« befahl er ihm. Der Mann, auf eine großzügige Gabe hoffend, sah ihn erwartungsvoll an.

»Ich habe weder Gold noch Silber«, sagte Petrus, »aber was ich habe, soll dir gehören. Im Namen von Jesus Christus von Nazareth: Stehe auf und gehe von nun an!« Und er nahm ihn an die Hand und zog ihn hoch.

Sogleich kehrte die Kraft in die Glieder des Krüppels zurück. Er sprang auf die Füße und stand, ohne zu fallen, und konnte nun wieder gehen. Er begleitete Petrus und Johannes in den Tempel, wo er, die Glieder streckend und reckend, Gott in seinen Gebeten dankte.

»Was ist denn das?« fragten sich die Leute. »Ist das nicht der Bettler, der sonst draußen am Tor hockt?«

Sie umringten ihn, und es entstand ein großes Gedränge, so daß der Bettler sich ängstlich an Petrus und Johannes klammerte. Petrus wandte sich um und sagte zu der Menge:

»Warum seid ihr so überrascht? Gott hat dies getan; durch die Kraft seines Sohnes Jesus Christus hat er diesen Mann gesund gemacht.«

Der erste Märtyrer

»Die Christen helfen sich gegenseitig, die Reichen teilen ihr Brot mit den Armen«, erfuhren die Priester und Ältesten durch ihre Spione. »Sie haben sieben Männer gewählt, die sie Dekane nennen und die die Nahrungsmittel verteilen. Unter ihnen ist sogar ein Rabbi, er heißt Stephanus.«

Die jüdischen Führer erschraken. Das Volk verlor die Gesetze Moses immer mehr aus den Augen, die Botschaft Christi breitete sich überall im Lande unter den Juden aus. »Wir müssen sie mit Gewalt unterdrücken!« sagten sie. Eines Tages hörten sie Stephanus predigen: »Ihr habt Jesus Christus, den Menschensohn, ermordet.«

Die Menge, die ihn umdrängte, wurde wütend. Die Leute drohten ihm mit der Faust. Stephanus sah über sie hinweg und sagte ruhig:

»Ich sehe den Himmel sich öffnen und den Menschensohn zur Rechten des Herrn stehen.«

Einige stürzten auf ihn los und schlugen ihn nieder. Dann schleppten sie ihn aus der Stadt und steinigten ihn, bis er tot zusammenbrach.

Unter ihnen befand sich ein Rabbi mit Namen Saulus. Voller Genugtuung sah er, wie die Steine Stephanus in die Knie zwangen. Er war Jude, in Tarsus in Kleinasien geboren, und er legte großen Wert darauf, daß diese neue Religion den alten jüdischen Glauben nicht verdrängte. Er hörte Stephanus, von Steinen getroffen, schreien: »Herr, vergib ihnen!« Dann rief er: »Herr, ich befehle dir meinen Geist!« und starb. Saulus war Zeuge gewesen bei der Ermordung des ersten christlichen Märtyrers.

Saulus' Bekehrung und Flucht

Erbittert verfolgte der Rabbi Saulus die Anhänger Christi. Er erhielt von den Hohepriestern die Vollmacht, jeden zu verhaften, der Moses Gesetze brach.

Gemeinsam mit der Tempelwache durchforschte er die Stadt, drang in die Häuser ein, in denen die Christen sich trafen, und ließ sie verhaften. Männer und Frauen wurden auf Sauls Befehl grausam zusammengeschlagen, und viele von ihnen flohen aus Judäa und gründeten an der Küste des Mittelmeeres neue Gemeinden.

Saulus erfuhr, daß auch die Juden in Damaskus von der christlichen Lehre angesteckt waren. Die frohe Botschaft oder das »Evangelium«, wie die Anhänger Christi die Lehre nannten, breitete sich wie die Dämmerung über den Abendhimmel über die ganze Welt aus. Saulus entschloß sich, selbst nach Damaskus zu gehen und unter diesen Leuten aufzuräumen.

Saulus, der sich später Paulus nannte, war ein eigensinniger Mann aus einer strenggläubigen jüdischen Familie, er war römischer Bürger und

hatte dadurch das Privileg, ungehindert im ganzen römischen Reich umherreisen zu dürfen. Er war ein hervorragender Gelehrter, hatte aber, wie alle jüdischen Jungen, auch ein Handwerk gelernt. Er war Zeltmacher. So hatte er es zu Vermögen und Ansehen gebracht, sein Hauptanliegen aber war, die christliche Lehre zurückzudrängen und die alte jüdische Religion wieder zu beleben.

Er ging zu dem Hohepriester in Jerusalem. »Diese Christen gewinnen von Tag zu Tag an Macht«, sagte er. »Ich habe erfahren, daß sich in Damaskus eine neue Gemeinde gebildet hat. Dagegen muß etwas unternommen werden! Ich gehe selbst hin und kümmere mich darum!«

Er ließ sich von dem Hohepriester Briefe an die Vorsitzenden der Synagogen in Damaskus geben, in denen sie aufgefordert wurden, Saulus alle Juden namentlich zu benennen, die in Verdacht standen, Christen zu sein.

»Ich werde sie verhaften lassen«, sagte Saulus zu dem Hohepriester, »und sie nach Jerusalem bringen.«

Begleitet von einem Trupp der Tempelwache, ritt er auf der Karawanenstraße nach Damaskus. Plötzlich traf ihn ein greller Blitz. Saulus stürzte zu Boden und wagte sich nicht zu rühren. Eine Stimme sprach zu ihm:

»Saulus, Saulus, warum bekämpfst du mich?«

»Wer bist du, Herr?« rief Saulus.

»Ich bin Jesus, den du verfolgst. Ich habe dich dazu bestimmt, mein Freund und Helfer zu sein. Stehe auf und gehe nach Damaskus. Dort wirst du erfahren, was du zu tun hast.«

Saulus gehorchte und stand auf. Er hatte seine Augen vor dem Blitzschlag, der ihn zu Boden warf, geschlossen. Jetzt öffnete er sie, aber das Licht war immer noch da – er sah nur diesen grellen Schein. Er war drei Tage blind, er aß und trank nichts und betete immer nur zu Gott. Darauf schickte Gott einen Christen mit Namen Ananias zu Saulus, der ihn gesundmachen sollte.

»Saulus, mein Bruder«, sagte Ananias, »der Herr hat mich geschickt, dir das Augenlicht zurückzugeben und dich zu taufen, so daß du als Christ neu geboren werden wirst.«

Er legte seine Hände auf den Kopf des Blinden. In diesem Augenblick schien es Saulus, als fiele es ihm wie Schuppen von den Augen. Er konnte wieder sehen, und was er sah, war hell und klar, denn es war von der Liebe Gottes beschienen.

Von dieser Stunde an wurde Saulus ein Anhänger Christi. Alle Kraft, die er in die Verfolgung der Christen gesetzt hatte, wandte er nun an, um ihnen zu helfen. Er sprach von Liebe, wo er zuvor von Haß gesprochen hatte, und die Menge, die sich überall um ihn scharte, bestand nicht nur aus Juden, sondern auch aus Heiden.

»In den Synagogen hat man sich verschworen, dich zu ermorden!« warnten ihn seine Freunde. »Du wirst Tag und Nacht überall bewacht, alle Tore sind von Posten besetzt, die eine Flucht verhindern sollen. Du mußt dich heimlich aus der Stadt verziehen.«

Einer der Christen in Damaskus hatte ein Haus an der Stadtmauer, auf die eines der Fenster hinausführte. Eines Nachts trat Saulus an dies Fenster. Der Mond schien nicht, und es war so dunkel, daß die Wachposten auf dem Turm jenseits der Brüstung kaum etwas erkannten.

Eine Gruppe von Christen hatte sich im Schatten der Mauer aufgestellt, während andere Saulus in einem großen Korb über die Brüstung hinabließen. Als er unten ankam, halfen ihm seine Freunde aus dem Korb. Er machte sich in südlicher Richtung nach Jerusalem auf den Weg und wanderte die ganze Nacht. Als er in Jerusalem ankam, begab er sich sofort zu der christlichen Gemeinde dort. Sie konnten nicht glauben, daß ihr einstiger Feind einer der ihren geworden war.

Barnabas, dessen Name »der Tröster« bedeutet, faßte als erster Vertrauen zu Saulus. »Komm zu uns«, sagte er, »und schließe dich der christlichen Bruderschaft an.«

Petrus' Vision und seine Flucht

In Caesarea lebte ein Mann, der den Namen Kornelius trug. Er war ein römischer Soldat, der ein vorbildliches Leben führte und allen half, die Hilfe brauchten, ob sie nun Römer, Afrikaner oder Juden waren. Eines Tages erschien ihm ein Engel und sagte: »Kornelius!« »Was ist, Herr?« fragte er erschrocken. Der Engel erwiderte:

»Dein Herz ist vom Licht Gottes erfüllt, und er hat vom Himmel erkannt, daß du ein guter Mensch bist. Schick drei Männer nach Joppe zu einem Mann mit Namen Simon Petrus. Er lebt in einem Haus am See zusammen mit einem, der ebenfalls Simon heißt, einem Gerber. Sag ihm, er soll mit dir kommen. Der Herr braucht ihn hier.«

Am nächsten Tag, als Kornelius' Boten auf dem Wege zur Stadt waren, stieg Petrus auf das flache Dach seines Hauses in Joppe, um zu beten. Er hatte, von Gott gesandt, ein Gesicht – er sah ein riesiges Tuch vom Himmel auf ihn herabkommen. Es war angefüllt mit allen möglichen Tieren, mit Fischen und Vögeln. Eine Stimme sprach zu ihm:

»Wenn du hungrig bist, Petrus, dann iß von diesen Geschöpfen.« Petrus sah, daß unter den

Tieren Schweine und Hasen waren, außerdem Fische und Vögel, die zu essen das Gesetz Moses den Juden verbot.

»Oh, nein, Herr!« sagte er. »Das sind unreine Tiere!«

Die Stimme sprach: »Es kommt dem Menschen nicht zu, zu bestimmen, welche Geschöpfe Gottes rein und welche unrein sind, noch wer unter den Menschen gut und wer unter ihnen schlecht ist. Richte nicht über das, was Gott geschaffen hat.«

Während Petrus sich noch den Kopf über die Bedeutung dieses Gerichtes zerbrach, trafen die von Kornelius geschickten Boten ein. Sie luden ihn ein, mit ihnen zum Haus ihres Herrn zu kommen.

Petrus reiste mit ihnen, und als sie zu Kornelius' Haus kamen, fiel dieser vor Petrus auf die Knie.

»Das solltest du nicht tun«, sagte Petrus. »Ich bin ein Mensch wie jeder andere.«

Im Haus des Römers hatten sich viele seiner Freunde versammelt. Sie waren alle Heiden, und Petrus wußte, daß er dem jüdischen Gesetz zuwider handelte, wenn er sich mit ihnen zusammensetzte und von ihren Speisen aß. Aber er begriff jetzt den Sinn der Vision, die er auf dem Dach gehabt hatte. Gott wollte ihm damit sagen, daß alle Menschen und auch alle anderen Geschöpfe vor seinen Augen gleich sind und daß wir sie nicht richten und in verschiedene Gruppen teilen sollen.

Also brach Petrus das Brot und trank mit den Römern Wein, in Gedanken daran, daß Christus gestorben war, um alle Menschen zu erlösen. Kurz darauf ließ König Herodes Agrippa, der dem Herodes Antipas auf den Thron gefolgt war, Petrus verhaften. Aber ein Engel kam zu ihm ins Gefängnis und führte ihn vorbei an den Wachen, die ihn nicht sahen, und durch die Eisentore, die sich von selber öffneten, um ihn durchzulassen.

So war Petrus wieder frei, die Welt zu bereisen und die frohe Botschaft des Herrn zu verkünden.

Paulus' erste Reise

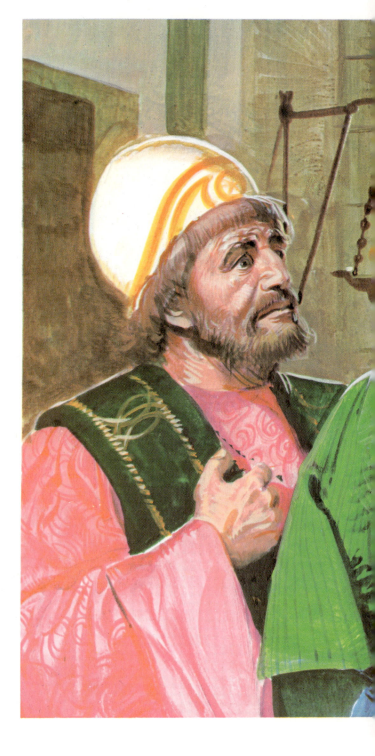

Saulus' Leben hatte sich vollständig verändert. Er begriff selbst nicht, was mit ihm geschehen war, und so zog er sich eine Weile zurück und ging in die arabische Wüste. Wie Moses, Elia und Jesus vor ihm mußte er eine Weile in der Stille der Einöde allein mit sich sein.

Zuvor, als er noch Rabbi war, hatte er sich angemaßt, die Menschen in gute und böse aufzuteilen. Jetzt wußte er, daß Gott die Menschen so nimmt, wie sie sind, genau wie ein Vater seine Kinder hinnimmt.

Saulus kehrte dann zum Volk zurück, das ihn brauchte. Zwölf Jahre lang nahm er sich in schlichter, rastloser Tätigkeit der Armen und Kranken an. Dann eines Tages forderte Gott ihn auf, eine Reise zu unternehmen, und diese Reise brachte eine Wende in der Geschichte des Christentums. Er sollte nach Antiochien reisen, einer wichtigen Stadt.

»Ein Wunder ist in Antiochien geschehen«, sagte Barnabas zu ihm. »Juden und Heiden leben dort in Eintracht zusammen. Sie beten gemeinsam und nehmen gemeinsam am Abendmahl teil. Sie brauchen dich dort, Saulus, daß du ihnen mehr über Christus erzählst.«

Saulus blieb ein ganzes Jahr in Antiochien. Er war während der ganzen Zeit in großer Gefahr, denn die Juden in den Synagogen haßten ihn und trachteten ihm nach dem Leben. Aber Saulus entging ihnen, und es gelang ihm sogar, in Antiochien die Kirche Christi zu gründen, in der die Christen aus aller Welt in Liebe und Frieden zusammenkamen.

Einmal kam Saulus nach Cypern, wo ihn Sergius Paulus, der römische Landvogt der Insel, zu sich bestellte und ihn bat, über Jesus zu predigen. Elimas aber, ein jüdischer Zauberer, warnte ihn: »Hör nicht auf ihn!« Saulus erkannte, daß der Teufel aus ihm redete, und schlug ihn mit Blindheit. Als der Landvogt sah, daß Saulus über eine so große Macht verfügte, sagte er: »Ich glaube jetzt auch an deinen Gott.«

Später, als sie mit ihrer Arbeit gut und erfolgreich vorankamen, brachen Saulus und Barnabas nach Lykaonien, Lystra und Derbe

auf, um dort das Evangelium zu verkünden. Sie reisten meist zu Fuß und hatten einen Schlauch mit Wasser und einen Beutel mit Brot, Käse und getrockneten Früchten bei sich. Sie wanderten über gepflasterte römische Straßen und durch sandige Wüsten. Sie übernachteten an Berghängen und an den Rändern von Sümpfen. Saulus schrieb:

»Wir waren überall den größten Gefahren ausgesetzt – auf den Flüssen und Seen und in der Wüste, und Gefahr drohte uns auch von Räubern und Verrätern. Wir litten Hunger und Durst und wurden von Kälte und Schlaflosigkeit heimgesucht. Wir wurden sehr häufig hart unter Druck gesetzt, aber niemals zermalmt, wir erlitten Verluste, waren aber nie verloren. Wir wurden von Menschen verfolgt, aber nie von Gott verlassen, und obwohl unsere Feinde uns schlugen, gelang es ihnen nicht, uns zu vernichten.«

Paulus' zweite Reise

Von jetzt an nannte sich Saulus mit dem Namen, den ihm die Römer gaben – Paulus. Er kehrte mit Barnabas nach Jerusalem zurück, wo eine Versammlung einberufen wurde, um ein Problem zu diskutieren, das einigen Angehörigen der neuen Kirche Kopfzerbrechen bereitete. »Müssen die Heiden zuerst Juden werden, bevor sie Christen sein können?« fragten sie. »Müssen sie sich an die jüdischen Speisevorschriften halten und beschnitten werden?«

Paulus verneinte das; er sagte zu ihnen, daß Glaube und Liebe wichtiger sind als Vorschriften und Traditionen. Dann gingen Paulus und Barnabas nach Antiochien zurück und fuhren fort, dort und in anderen Städten am Mittelmeer die Lehre zu verkünden.

Paulus wollte in den Osten reisen, wo er vorher schon gewesen war, aber immer hielt ihn irgend etwas auf. Jedesmal, wenn er aufbrechen wollte, kam etwas dazwischen. Eines Abends sprach er im Hafen von Troas zu Seeleuten, die von Rom und aus Griechenland hierher gekommen waren. In seiner Begleitung befanden sich Silas und Thimotheus und ein griechischer Arzt mit Namen Lukas. In dieser Nacht hatte Paulus einen Traum. Er stand an der Küste und sah, wie er es am Tage tatsächlich getan hatte, hinüber zu den fernen Ländern im Westen. Die Sonne stand niedrig über den Bergen, das Meer rings um die Inseln hob und senkte sich. Plötzlich sah er einen Mann über das Wasser auf sich zukommen. Er streckte die Arme aus und rief: »Komm, Paulus, hilf uns! Komm hierher!«

Paulus wachte auf. Er erzählte Lukas seinen Traum, und gemeinsam schifften sie sich ein. So kamen sie nach Athen und brachten die Lehre Christi zu einem neuen Kontinent – nach Europa.

Paulus' dritte Reise

Paulus hatte unlängst seine dritte große Missionsreise angetreten. Er machte in Troas Station und sprach dort am Abend zu der christlichen Gemeinde. In dem Raum im oberen Stock, in dem sich die Leute versammelt hatten, war es warm, und die Fenster waren weit geöffnet. Ein Junge mit Namen Eutychus saß auf dem Fensterbrett. Alle hörten Paulus aufmerksam zu, und keiner bemerkte, daß der Junge eingeschlafen war. Plötzlich kippte er über den Rand und fiel von hoch oben auf das Steinpflaster der Straße.

Er schien sich tödlich verletzt zu haben. Paulus ging hinunter und hob ihn auf seine Arme.

»Er lebt«, sagte er und trug ihn ins Haus. Die Christen blieben bis ins Morgengrauen und sprachen mit Paulus, dann gingen sie und nahmen den unverletzten Eutychus mit.

»Wenn ich mit Engelszungen redete«, schrieb Paulus an die Christen in Korinth, »und mein Herz wäre ohne Liebe, dann wären meine Worte sinnlos und leer. Wenn ich wie ein Prophet spräche und alles wüßte und die Macht hätte, Berge zu versetzen, und fühlte keine Liebe, dann wäre ich ein Nichts.

»Wenn ich alles, was ich besitze, den Armen gäbe und bereit wäre, für meinen Glauben zu sterben, und ich fühlte keine Liebe, dann bedeutete das alles nichts.

»Liebe ist Geduld, Liebe ist Freundlichkeit, Liebe kennt keinen Neid. Liebe prahlt nicht und ist ohne Stolz. Liebe tut keinem ein Leid an. Liebe hat keine Freude an den Schwächen anderer, mit Freuden erkennt sie allein die Wahrheit.

»Sie erträgt alles, glaubt alles, hofft auf alles und nimmt alles auf sich.«

»Wir haben Glauben, Hoffnung und Liebe, die Liebe aber ist die größte unter ihnen.«

Paulus in Jerusalem und Rom

Paulus wollte auf seiner vierten Missionsreise nach Rom, der Hauptstadt der Welt. Aber bevor er dorthin aufbrach, mußte er zurück nach Jerusalem. Er hatte das Gefühl, daß dies seine letzte Reise zur Stadt Davids sei. Er wollte sich von seinem Volk dort verabschieden und »Gott sei mit euch« zu ihm sagen.

»Geh dort nicht hin!« versuchten ihn seine Freunde zu warnen. »Deine Feinde warten nur auf dich. Du hast zu viele Juden gegen dich aufgebracht!« Doch Paulus erwiderte:

»Ich gehöre nach Israel. Ich muß dorthin zurück. Hat Jesus, unser Herr, Jerusalem gemieden?«

Er kam in die Stadt und brachte Geld für die Armen mit. Er ging in den Tempel, um sich nach jüdischem Gesetz zu waschen, zu beten und zu opfern. Als die Leute ihn sahen, erkannten sie ihn sofort, und Haß flammte in ihnen auf. Das war der Mann, der Juden und Heiden zusammengebracht und das Wort Christi in allen Nationen verbreitet hatte. Er war es, der die Spaltung des jüdischen Glaubens herbeigeführt hatte.

»Tötet ihn! Tötet ihn!« schrien sie, aber die römischen Soldaten drängten sie zurück. Hoch über der Menge trugen sie ihn auf ihren Schultern zum römischen Befehlshaber in Jerusalem. Er stellte Paulus, weil er römischer Bürger war, unter militärischen Schutz und ließ ihn heimlich aus der Stadt bringen.

Danach aber wurde Paulus von den Römern in Caesarea verhaftet und auf zwei Jahre ins Gefängnis geschickt. In dieser Zeit diktierte er viele Briefe an die wachsenden christlichen Gemeinden.

An die Philipper schrieb er: »Gnade sei mit euch und Friede von Gott. Seid freundlich zueinander und haltet euch immer vor Augen, wie nahe euch Gott ist.

»Macht euch keine Sorgen. Teilt alles, was ihr denkt, großes und kleines, Gott mit. Der Friede Gottes, der größer ist als alles auf Erden, wird euch schützen.«

An die Christen in Kolossus schrieb er:

»Christus ist in euch. Laßt euch von niemandem verwirren, der euch erzählen will, was ihr zu essen oder zu trinken habt oder an welchen Tagen ihr zur Kirche gehen sollt. Das ist alles unwichtig. Der feste Grund und die Mitte von allem ist Christus. Und wenn ihr das beherzigt, dann wißt ihr auch, daß es zwischen Griechen und Juden, zwischen Fremden und Freunden, Sklaven und Freien keinen Unterschied gibt, denn Christus lebt in ihnen allen.«

Paulus' letzter Brief wurde an den christlichen Landbesitzer Philemon geschrieben, der in Laodicäa in Kleinasien lebte. Philemon hatte einen Sklaven mit Namen Onesimus, der nach Rom geflohen war und sich dort versteckt hielt.

Eines Tages hörte Onesimus Paulus zu einigen römischen Christen über die Lehre Christi sprechen. »Kann ein Sklave wie ich Christ werden?« fragte er Paulus, und Paulus antwortete: »*Jeder* kann Christ werden.«

Onesimus wurde also getauft, und Paulus schickte ihn mit einem Brief zurück zu seinem Herrn Philemon, in dem er schrieb:

»Bestrafe Onesimus nicht. Er hat dich als Sklave verlassen. Er kehrt zu dir als Christ und Bruder zurück. Heiße ihn willkommen, wie du mich willkommen geheißen hast, denn wir sind alle Brüder in Christus.«

Lukas, der griechische Arzt, hatte sich ebenso wie Matthäus und Markus darangesetzt, die Geschichten und Aussprüche von Jesus aufzuschreiben.

Für Judäa war inzwischen ein neuer Statthalter ernannt worden, der Paulus nach Rom

bringen ließ, wo er vor Cäsar verhört werden sollte. Lukas, der Paulus begleitete, berichtete, was sich auf der Überfahrt und später zutrug:

»Große Wolken kamen im Nordosten herauf. Die Segel flatterten im Wind. Wir zogen das Hauptsegel ein, vertäuten die Luken und ließen uns vom Sturm treiben. Das Schiff wurde von riesigen Wellen hochgehoben und dann tief in schwärzliche Wasserstrudel hineingesogen. Es begann sich nach Steuerbord zu neigen, und wir warfen einiges von der Ladung über Bord – Getreidesäcke und Mühlsteine.

»Paulus rief uns im heulenden Sturm zu: ›Verliert nicht den Mut! Keiner von euch wird zugrunde gehen, nur das Schiff wird vernichtet. In der letzten Nacht kam ein Engel Gottes zu mir und sagte: Fürchte dich nicht. Du wirst Rom erreichen, und Gott wird alle, die mit dir sind, schützen.‹

»Wir sahen tage- und nächtelang weder Sonne noch Sterne. Voller Angst warteten wir nur darauf, daß der Sturm uns auf einen Felsen triebe. Schließlich lief das Schiff auf eine Sandbank, brach entzwei, und das Wasser strömte herein. Diejenigen, die schwimmen konnten, sprangen über Bord, die anderen hielten sich an Planken über Wasser, und so gelang es uns, uns durch die Wellen zur Küste der Insel Malta vorzukämpfen.

»Paulus half uns, Holz heranzutragen, und wir machten ein Feuer. Eine Natter biß ihn in den Arm, aber er schleuderte sie von sich. Weil er an dem Schlangenbiß nicht starb, glaubten die Leute, einen Gott vor sich zu haben.

»Schließlich, nach drei Monaten, brachte uns ein Schiff nach Rom. Dort suchten die jüdischen Ältesten Paulus im Gefängnis auf, und er sprach zu ihnen von Jesus. Einige ließen sich bekehren, andere aber stritten sich stundenlang mit ihm herum. Schließlich sagte Paulus: ›Ich werde die Gottesbotschaft den Heiden bringen – *sie* werden auf mich hören.‹«

Paulus' letzte Jahre

Wir wissen nicht viel über die letzten Jahre von Paulus. Er blieb in Rom und fuhr fort zu predigen und zu schreiben. Furchtlos trat er seinen Feinden entgegen. Zu seinen Freunden sagte er:

»Es gibt nichts, das uns der Liebe Gottes entfremden kann. Weder Schmerz noch Unheil, weder Grausamkeit, Gefahr noch der Tod selbst. Denn durch die Liebe Christi zu uns haben wir die Kraft, alles Ungemach zu überwinden. Es ist meine Überzeugung, daß weder der Tod noch das Leben, weder Engel noch andere gegenwärtige oder zukünftige Mächte, noch irgendwelche natürlichen Kräfte oder überhaupt etwas, das existiert, uns die Liebe Gottes nehmen können, die uns durch Christus, unseren Herrn, bewiesen ist.«

»Schuldet niemandem etwas«, schrieb er, »nehmt einzig die Liebe als dasjenige, das ihr anderen schuldet. Denn wer seinen Nächsten liebt, hat das Gesetz Gottes erfüllt. Wacht auf! Lebt! Die Nacht geht zur Neige, der Tag bricht an. Schüttelt die Mächte der Finsternis ab und legt das Licht als eure Rüstung an. Denkt in allem daran, daß wir dem Herrn gehören.«

Im Jahre 64 wütete in Rom eine furchtbare Feuersbrunst. Der Kaiser Nero schrie: »Brandstifter sind die Juden! Sie weigern sich, mich als Gott zu verehren! Tod den Juden!«

Und so begannen die Juden- und Christenverfolgungen.

Nach der Überlieferung soll Paulus in dieser Zeit zusammen mit vielen Christen umgebracht worden sein, die eher als Märtyrer starben, als daß sie ihren Glauben aufgegeben hätten. Seine letzten Worte waren: »Der Herr wird mich in sein himmlisches Reich holen. Gelobt sei Gott in alle Ewigkeit!«

Petrus' Briefe

Im Jahr 70 wurde die Stadt Jerusalem total zerstört. Durch die unauflösliche Feindschaft zwischen Juden und Römern war es schließlich zum Krieg gekommen. Die Juden waren an Zahl weit unterlegen, aber sie widersetzten sich den römischen Armeen mit solcher Hartnäckigkeit, daß es zeitweilig aussah, als würden sie siegen. Am Ende wurden sie aber doch geschlagen. Nach einer der furchtbarsten Schlachten der Weltgeschichte mußte sich die heilige Stadt ergeben. Der Tempel wurde niedergerissen und die Stadt in Asche gelegt. Die Anhänger Christi, aus denen die christliche Kirche bestand, wurden in alle Welt zersprengt, sie blieben aber durch Briefe miteinander in Verbindung. Im römischen Reich gab es keine Post wie heute, und so mußten die Briefe durch Boten von einer Gemeinde zur anderen gebracht werden.

»Ich spreche als einer«, schrieb Simon Petrus aus Rom, »der die Leiden Christi mit eigenen Augen gesehen hat. Er litt für uns, um uns zu Gott zu bringen. Sein Körper starb, sein Geist aber blieb am Leben. Ihr seid alle einer für den anderen verantwortlich. Lebt einfach, bereitet euch auf die Zeit vor, zu der unser Herr wieder zur Erde kommen wird. Seid demütig und habt Vertrauen zu Gott. Seid wachsam, denn euer Feind, der Teufel, ist immer auf dem Sprung wie ein Löwe, der seine Beute jagt. Widersetzt euch ihm; haltet fest an eurem Glauben und denkt daran, daß ihr in euren Qualen niemals allein seid. Eure christlichen Brüder leiden wie ihr. Und wenn das kurze irdische Leiden vorüber ist, wird Gott euch zu sich nehmen, und ihr werdet gesunden.«

Die Offenbarung des Johannes

Das letzte Buch der Bibel wurde in einer Zeit geschrieben, in der die zum Christentum bekehrten Menschen Schweres durchzumachen hatten. Die junge Kirche Christi war für das alte römische Reich eine ernsthafte Bedrohung. Je grausamer die römischen Machthaber den neuen Glauben zu unterdrücken versuchten, desto tiefer drangen seine Wurzeln in das Erdreich.

Auch Johannes war unter denen, die ins Gefängnis geworfen worden waren. Er war aus der Stadt Ephesus in Kleinasien ausgewiesen und auf der Insel Patmos ins Gefängnis gebracht worden. Um seinen christlichen Brüdern in aller Welt Mut zu machen, schrieb er hier seine Offenbarung. Das Buch ist eine Dichtung über den Kampf zwischen der Kirche und dem römischen Reich, in dem schließlich Rom zerstört und die Welt in die heilige Stadt Gottes verwandelt wird:

»Und ich sah einen neuen Himmel
Und eine neue Erde,
Denn der alte Himmel
Und die alte Erde
Waren vergangen.
Und ich sah die Heilige Stadt,
Das neue Jerusalem,
Das, gekleidet wie eine Braut für ihren Bräutigam,

Vom Himmel herabkam, von Gott.
Und ich hörte eine laute Stimme
Vom Thron herab sagen:
›Denn siehe, Gott ist bei den Menschen,
Und er wird immer mit ihnen sein,
Mit ihnen, die sein Volk sind.
Und er wird ihnen ihre Tränen trocknen,
Und es wird keinen Tod mehr geben,
Kein Trauern und kein Klagen,
Und keinen Schmerz wird es mehr geben,
Denn dieses alles ist vergangen.‹

Und er, der auf dem himmlischen Thron saß,
sprach:
›Denn seht, ich mache alles neu.‹
Am Ende werden auch Himmel und Erde
Dahingehen; es wird
Weder Dunkel noch Tod geben, denn alles
Wird in das Licht Gottes verwandelt.
Die Menschen werden Gott sehen,
Und er wird sein Licht über sie ausbreiten;
Er ist das Alpha und Omega,
Er ist der Anfang und das Ende.«